관계의 교실

ATTACHMENT THEORY AND THE TEACHER-STUDENT RELATIONSHIP

Attachment
Theory and the

Teacher-Student
Relationship

교사-학생 애착의 심리학

관계의 교실

필립 라일리 지음 · 김현수 옮김

지식의날개

관계의 교실

교사-학생 애착의 심리학

초판 1쇄 펴낸날 | 2023년 8월 4일
초판 2쇄 펴낸날 | 2023년 11월 10일

지은이 | 필립 라일리
옮긴이 | 김현수
펴낸이 | 고성환
펴낸곳 | 한국방송통신대학교출판문화원
　　　　출판등록 1982년 6월 7일 제1-491호
　　　　03088 서울시 종로구 이화장길 54
　　　　대표전화 1644-1232
　　　　팩스 02-741-4570
　　　　홈페이지 press.knou.ac.kr

출판위원장 | 박지호
책임편집 | 박혜원
교정 | 이강용
본문 디자인 | 티디디자인
표지 디자인 | 플랜티

ISBN 978-89-20-04689-6 03370

차례

교사들에게 애착 이론이 꼭 필요한 이유

새로운 3R: 관계, 관계, 관계!

두 가지 전제를 두고 이 책을 쓰고 싶었다. 첫 번째 전제는 전통적으로 교육의 기초로 여겨지는 3R, 즉 읽기(Reading), 쓰기(wRiting), 셈하기(aRithmatic)는 전혀 교육의 기반이 되어 줄 수 없다는 것이다. 이들 전통적 3R은 더 근본적인 3R, 즉 세 가지 관계(Relationship) 위에서만 구축될 수 있다. 학생의 관점에서 본 관계, 교사의 관점에서 본 관계, 그리고 학교 전체의 운영에 중요한 관계의 형성과 유지가 바로 근본적인 3R이다. 효과적인 학교의 기능과 학생들의 효율적인 학습을 위해 이제 전통적 3R과 근본적인 3R 모두 제자리를 찾아야 한다.

이 책의 두 번째 전제는 이 근본적인 3R에 대한 교육자들의 관심이 너무 부족하다는 것이다. 그러므로 이 책의 목적은 교사들에게 관계가 어떻게 형성되고 유지되는지 보여 주고 이를 교실의 구체적 맥락에 적용하게 함으로써 3R의 중요성을 강조하는 것이다.

아이들은 사람들과 소통하며 말하기를 배우고 이에 기초해 읽기와 쓰기를 배운다. 사람들과 소통하는 것은 중요한 관계를 유지하고, 새로운 관계를 형성해 나가는 것을 의미한다. 아이가 성장할수록 읽기와 쓰기는 다른 사람들과의 의사소통을 촉진하고 향상시킨다. 말할 상대가 없으면 유아의 말하기는 늦어진다. 마찬가지로, 교사와 학생들 사이의 건강한 관계가 없다면 효과적인 학습이 거의 이루어지지 않을 것이다.

이 책이 교실에서의 관계의 중요성을 강조하는 최초의 책은 아니며 마지막 책도 아닐 것이다. 인본주의 상담 교수법의 창시자인 칼 로저스(Carl Rogers, 1983, 1990)는 '교사와 학생의 관계'가 교실에서의 교사와 학생의 행동을 이해하는 데 필수적이라고 제안하면서 많은 경험적 근거를 제시한 바 있다. 교사-학생 관계의 중요성에 대한 근거는 1948년부터 2004년까지 35만 5,325명의 학생들을 대상으로 한 119개 연구에 대한 메타 분석(Cornelius-White, 2007)을 포함하여 많은 연구(R. Lewis, 2001, 2006, 2008; Wanzer & McCroskey, 1998; West, 1994)에서 확인되었다.

교육계에서 기초의 중요성을 역설하며 전통적 3R로의 복귀를 요구하는 목소리가 커질수록 우리가 우선적으로 살펴보아야 할 것은 '교사-학생 관계'이다. 이 전제에 동의하지 않더라도 계속 읽어 보길 바란다. 이 제안이 정당하다는 것을 알게 될 것이다.

애착 이론, 특히 성인 애착 이론을 이해하면 모든 학교 기반 관계에 대한 당신의 이해가 달라질 것이다. 애착 이론에 대한 이해를 통해 학교에서의 관계들을 형성, 유지 및 재검토하기 위한 전반적인 새로운 방법이나 수단을 마련해 볼 수 있다.

관계에 대한 두려움

애착 이론을 본격적으로 이야기하기에 앞서 내가 경험한 두 가지 주제를 독자들과 공유하고자 한다.

첫 번째 주제는 초/중등학교 교직생활을 마감하고 대학에서 교사 양성을 시작한 시절, 예비 초등교사들과 나눈 많은 대화에서 나왔다. 많은 예비 교사들이 교실 내 규율에 관하여, 그리고 커리큘럼과 관련된 문제들에 대하여 논의하고자 하는 열의가 있었다. 우리의 대화가 진척되면서 알게 된 것은 교실 내 규율 관리와 커리큘럼의 영역을 넘어서는, 교실 내에서 기능하는 교사들의 역량에 대한 근본적인 수준의 고민들이었다.

예비 교사들은 아직 만나지 못한 미래의 학생들에 대해 두려움을 가지고 이야기했다. 그들은 교사로서 본인들이 능력을 발휘하게 될지 말지는 미래에 만나게 될 학생들에게 달려 있다고 믿고 있었다.

나는 많은 예비 교사들이 미래의 학생들에게 '호감'을 얻지 못할까 봐 걱정하며, 이 두려움이 학습에 대한 접근 방식에 영향을 끼친다는 사실에 놀랐다. 이러한 두려움은 학급 관리 및 커리큘럼 관련 문제와는 확연히 다른 것으로 보였다.

대부분의 예비 교사들은 아이들을 사랑하고, 잘 가르치고자 했으며, 협력적으로 일하려는 태도를 지니고 있었음에도 한편으로 아이들을 두려워하고 있었다. 나는 이런 예비 교사들의 두려움이 특히 흥미로웠다. 예비 교사들은 아이들을 사랑할 뿐만 아니라 아이들로부터 사랑받기를 원하고 있었다. 그들이 학생들로부터 사랑받지 못할 수도 있다는 두려움은 교수법 학습에 대한 접근 방식에 매우 강력한 영향을 주는 것으로 보였으나, 이러한 두려움이나 걱정은 분명하게 표현된 적이 거의 없기 때문에 검토된 적이 없었다. 16년간 초/중등학교에서 교사로서 또한 관리자로서 일해 온 나로서는 예비 교사들의 이러한 걱정이 아주 흥미롭게 다가왔다. 또한 이런 두려움이 학교 현장에서도 명확하게 공론화된 적이 없다는 점도 그렇다.

나는 처음 9년 동안은 초등교사로 일했고, 그다음 7년은 중등학교에서 일했다. 나의 경험상 초등교사와 중등교사는 매우 다르다. 특히 중등교사들은 초등교사에 비해 학생들로부터 사랑받는 것에 대해 관심이 덜했다. 이런 점에서는 출발부터 다르다고 할 수 있지만, 중등교사들 또한 학생들에 대한 깊은 두려움을 가지고 있었다. 중등교사들은 자신이 가르치는 과목을 학생들이 좋아하도록 할 수 있는 능력이 있는지에 더 많은 관심이 있었고, 자신의 지식 수준에 대해 더 걱정했다. 이를테면 "학생들이 만약 나보다 더 많이 알고 나를 존경하지 않으면 어쩌지?"와 같은.

중등교사에게 학생들로부터 존경을 받는 것은 존경을 잃는 것에 대한 두려움과 마찬가지로 강력한 동기요인이었으며, 이는 초등교사가 학생들의 사랑을 잃는 것에 대한 두려움과 동시에 사랑을 받고 싶어 하는 것만큼이나 강해 보였다.

교사의 감정 성찰과 공격성

두 번째 주제는 교사의 공격성*에 대한 자기 보고형(self-reports) 문서의 발견이었다. 일부 교사들에게서 나타나는 공격성과 학생들의 장기적인 피해에 관해 읽으면서, 나는 이러한 교사의 공격성이 예비 교사들이 보여 준 두려움의 정도와 연관성이 있지 않을까 하는 궁금증이 일었다. 나는 이 시기 심리학자로 정식 등록하기 위한 학업과정의 마무리 단계에 있었는데, 수업에서 소개되는 인

● 학생에게 화를 내며 소리 지르기, 빈정거리며 굴욕감 주기, 잘못한 학생을 찾아낼 수 없어 학급 전체에 벌을 주는 것이 포함된다(Hyman & Snook, 1999).

간행동 이론과 내가 다루고 있던 사례들과의 연관성에 대해 지도교수와 매주 토론하곤 하였다. 어느 날 우리는 예비 심리학자들 중 일부가 강하게 제기한 강의 관련 불만의 잠재적 원인에 대해 이야기를 나누고 있었다. 지도교수는 이들의 불만이 애착 문제와 관련되어 있을 수 있다며, "우리는 애착 이론을 간과하고 있다. 학생들은 너무 많은 교수들을 만나다 보니 그들 중 누구와도 적절하게 연결된 느낌을 받지 못했을 것이다"라고 지적했다. 애착 이론이 학생들의 불만에 어떻게 들어맞는지 논의하는 과정에서, 우리는 이들의 불만이 매우 복잡한 '분리저항(separation protest)'* 행동이라고 결론을 내리게 되었다. 이것은 깨달음의 순간이었다. 타인들과 어려운 상황/환경에서 함께 일할 수 있도록 잘 훈련받은 예비 심리학자들마저 분리저항 행동들을 무의식적으로 표출한다면, 아마도 교사들(특히 사랑해 주고 존경해 주는 학생들이 필요한 교사들) 또한 그러한 행동을 드러내고 있을 것이다.

극단적인 경우, 학생들의 사랑이나 존경의 부재는 교사들이 사랑과 존경을 다시 얻거나 되찾기 위해 무의식적으로 학생들을 처벌하도록 자극할 수 있다. 애착 이론이 현재 통용되는 다른 교육 이론들보다 학교 교실 내 프로세스를 더 잘 설명할 수 있다는 것을 깨달은 순간이었다.

---

* 애착 이론의 기본 개념으로, 1장에서 자세히 설명한다.

그래서 대학에서 교수 업무를 시작한 초반에 두려움, 사랑, 분노가 교사의 업무 방식에 미칠 수 있는 영향에 대해 궁금증을 가지게 되었다. 이러한 개념들은 교육 관련 문헌에서 거의 다루어지지 않고 있다. 경력이 긴 교사들은 학급 내에서 이러한 감정들의 힘을 알고 있지만, 일반적으로 학습 이론과 인지 과정에 더 중점을 두는 교사 교육과정에서는 간과되고 있다. 이것은 큰 실책이라고 생각한다. 왜냐하면 가르침의 과정에서 나타나는 원초적인 감정들에 대한 이해 없이, 그리고 그러한 감정들이 강하게 나타나는 순간 교사 자신과 학생들을 지원할 수 있는 적절한 훈련 과정도 없이, 교사들은 강력한 감정들이 오가는 교실에 무방비 상태로 배치되기 때문이다.

교사인 동시에 상담 심리학자로 일하면서, 나는 교사와 상담사가 직면하게 되는 문제의 유사성에 놀랐다. 문제는 상담사만이 어려운 상황에서 자신과 학생들/고객들을 어떻게 관리해야 하는지에 대한 구체적인 훈련을 받는다는 점이다. 교사들은 스스로 해결해야 하거나, 교사를 그만두거나, 혹은 실패의 감정을 숨기고 지낸다. 이 과정에서 교사들은 거의 말이 안 되는 과정에 놓여 있다는 것을 알게 되었다.

일하는 과정에서 발생하는 감정을 알고 다룰 수 있는 기술은 모든 관련 직업 종사자들이 배워야 하는 절차이며, 당연히 교사들도 배워야 한다. 이 이슈가 이 책의 중요한 출발점이 되었다.

이 책의 큰 목표는 교사 업무의 감정적 측면들을 다룰 수 있도록 돕는 것이다. 그중 첫 번째로 다루어야 할 가장 중요한 감정은 분노(anger)라고 생각한다. 분노라는 감정은 교실에서 가장 즉각적이면서 잠재적 위험을 지닌 감정이며, 또 근본적으로 이 책의 기반이 되는 애착 과정과 관련이 깊은 감정이기 때문이다.

교실에서의 분노는 왜 발생하며 교사들은 이를 어떻게 관리해야 할까?

분노는 어떻게 관리되어야 할 감정인가

학생 또는 교사에 의해 교실에서 나타나는 분노의 감정은 학생과 교사 관계에 대한 중요한 정보를 드러낸다. 교사가 학생들과 소통하는 과정에서 분노를 경험할 때, 이 분노의 감정은 교실에서의 프로세스를 더 깊이 탐구하고 이해하는 데 매우 유용한 정보가 될 수 있다.

분노 감정의 발생은 개인적일 수도, 주관적일 수도 또 상호주관적(intersubjective)일 수도 있다. 혹은 종종 의식 수준 이하에서 일어난 일일 수도 있다. 로프만(Roffman, 2004)은 분노는 매우 빈번하게 공격성으로 이어지는 관계정서(relational emotion)라고 제안했다. 그는 분노가 사람들 사이의 역동적인 상호작용이므로 개인 내부가 아닌 사람들 사이의 관계에 존재하는 것이라고 하였다.

따라서 분노의 출현은 사람들 사이에서 발생하는 어려움을 드러내는 신호이다. 교사가 분노 감정의 요구에 따라 행동하지 않으면서, 분노에 대해 탐구할 수 있는 좋은 방법은 분노 감정의 신호가 출현했을 때 교실에서의 관계를 조사/검토하는 것이다. 이 방법은 분노를 파악하는 유용한 방법이 될 수 있다.

전통적으로 교사들은 분노를 주로 '회피'하는 법을 배워 왔다. 즉, 분노를 '관리'하는 법을 배워 왔으나 그 '관리'란 감정을 억누르는 것을 완곡하게 표현한 것이다(Sutton & Wheatley, 2003). 이 접근법은 분노를 독립적으로 존재하는 것, 관계를 고려하지 않고 관리되어야 하는 '것(thing)'으로 개념화한다. 그래서 개인의 분노 관리(management)라는 개념이 사용되고 있고, 이 접근은 관계를 개입시키지 않는다. 개개인이 분노 관리를 성공적으로 수행하여 모든 사람들이 자신을 안전하게 지키고자 하는 시도이지만, 이 접근법은 분노가 어떻게 사람들 사이에 나타나고 왜 재발하는지에 대해 이해하는 데 한계를 지닌다.

분노에 대한 관계 이해적 접근 방식은 분노의 조기 확산 및 재발의 가능성을 줄일 수 있다. 교사가 분노의 감정에 따라 행동하지 않고 그 감정을 이해할 수 있다면, 분노가 발생되는 맥락은 이전 관계의 어려웠던 측면을 이해하는 통로가 된다. 로프만(2004)은 분노가 단지 '관리되어야 하는 것'(p.161)으로 인식된다면, 그 감정은 위험하고 동떨어진 상태로 남게 될 것이라고 지적했다. 즉, 분노가 사람들 사이의 감정이라는 인식 없이 단순히 피해야 하는 것이라 생각하게 된다. 그는 분노를 부정하는 것은 자아를 부정하는 것이며, 교사와 학생 사이에 있을 만한 일들과 서로 반응적인 관계 형성의 기회를 인정하지 않는 것이라고 하였다. 로프만은 분노가 '관계 현상(in-relation-to phenomenon, p.164)'으로 재개념화된다면 관계의 어려움을 이해하는 통로가 될 것이라고 제안한다.

따라서 학급 관리의 어려움에 대한 교사들의 경험을 탐구하는 출발점은 교실 내/외에서 무엇이 또는 누가 그들을 화나게 하는지를 고민하는 것이 될 수 있다. 분노라는 감정을 파악하는 것은 학급의 관계를 이해하는 데 유용하며 활력을 주기도 한다. 분노와 행동을 잘 분리해서 파악하면, 분노는 이전에 이해하기 힘들었던 혹은 인정하기 힘들었던 교실에서의 역학 관계를 알 수 있는 통로가 되기도 한다. 심사숙고가 없는 분노의 감정은 필연적으로 교사와 학생들의 공격적인 행동과 두려움과 같은 부정적인 결과로 이어진다. 더욱이 분노에 대한 심사숙고가 없으면, 그 분노가 교사와 학생들에게 더 많은 분노를 유발하게 된다.

교사의 분노에 관해서는 거의 연구된 적이 없다(Sutton & Wheatley, 2003). 특히 서구에서 교사의 공격성에 대한 연구가 부족하다(Sava, 2002). 이 책에서는 교사 업무에 있어서 공격성과 관련된 측면을 좀 더 자세히 다루고자 한다.

분노는 사람들 사이에 존재한다는 로프만(2004)의 말을 상기해 보면 '관계'라는 것이 이해를 위한 열쇠임을 알 수 있다. 우리는 분노를 비롯한 다양한 감정들을 더 심도 있게 바라보고, 교육과 학습의 기본으로서 관계적 상호작용의 작동원리를 살펴보아야 한다.

책의 개요

교사는 스트레스가 높은 직업이다(Friedman, 1994, 2006; Johnson et al., 2005; Kyriacou, 2001; Kyriacou & Sutcliffe, 1978; Piekarska, 2000; Wilhelm et al., 2000). 교사는 빈번한 감정 소모를 경험한다. 이 책은 교사가 직면하는 특정 스트레스, 그리고 교사의 행동 패턴과 이를 유발하는 동기요인에 대한 상세한 조사 내용을 포함하고 있다. 결과적으로 교사가 최선의 교육(학생들이 잠재력을 실현하도록 돕는 것)을 하도록 지원하는 효과적인 방법들을 제시하는 것이 이 책의 목적이다.

애착 이론은 1부에 자세히 설명되어 있다. 애착은 인간관계를 설명하는 가장 포괄적인 이론이다(Hrdy, 2009). 그리고 최근 성인 애착 연구의 발전은 아동기 이후의 애착에 대한 이해를 확장시켜 왔다(상호애착 또는 이원애착). 주로 3세에 확립되는 아동기 애착 이후, 애착의 양자 관계를 구성하는 개인은 주어진 순간의 상황에 따라 때로는 보살핌을 받는 역할, 때로는 돌보는 역할을 하게 된다. 이 개념은 보살핌을 받는 아이, 그리고 아이를 보살피는 부모와 같이 일방적인 관계만을 보는 원래의 애착 개념으로부터 발전한 것이다(Hazan & Shaver, 1987).

1부의 기본 전제는 교사-학생 관계가 애착 측면에서 일방향성이 아니라 양자적이라는 것이다. 1장, 2장에서는 양자적 애착을 이론적 기반으로 교실 행동의 기본이 되는 정신역동적(psychodynamic) 과정에 대한 교사들의 이해를 증진시킬 수 있는 논의들을 전개한다.

3장에서는 교사의 공격성과 스트레스에 대한 자기 보고에 대해 논의한다. 이는 스트레스와 애착 행동 시스템 간의 관계에 대한 내용이다. 스트레스 수준이 증가하면 공격성이 증가할 수 있다고 한동안 알려져 왔지만, 애착 이론은 교육과정과 관련된 특정 유형의 스트레스에 기인하는 교사의 공격적 행동(분리저항으로 알려진 행동들의 복합적인 형태)에 대한 신뢰할 수 있는 설명들을 제시한다(Bowlby, 1975).

교사들이 공격적인 감정을 로프만(2004)의 '관계 현상'의 관점에서 볼 수 있도록 돕는 것은 교사들이 교실에서의 역학관계를 이해할 수 있도록 하며, 이는 대안 관리 전략을 도출할 수 있도록 한다.

2부(4장~6장)는 교사 및 애착 이론과 관련된 연구 결과들을 포함한다. 자기 보고식 애착 설문 결과를 4장에서 분석하고, 5장, 6장에서는 애착, 교사 동기부여, 교실에서의 공격성에 대한 자기 보고 및 감정적 경험에 대한 정성적인 접근들을 설명한다. 5장에서는 이러한 이슈들을 연구하기 위한 새로운 방법론인 '맥락적 통찰에 기반한 탐색 대담(CIND)'을 설명하고, 다섯 가지 사례(vignette)가 제시된다. 6장에서 CIND는 신규 학교 리더들에게 멘토링 훈련을 제공하기 위해 제시되었다. 이번에는 특정 사례 연구가 아닌, 많은 참가자로부터 취합된 응답들로서 토론 자료가 제시된다.

이 책의 마지막 부분인 3부는 개념적 이해와 관련된 결과와 이슈들을 다루고, 1, 2부에서 다루었던 연구 결과들을 제시한다. 7장은 신규 교사 교육, 학급 관리 및 멘토링을 위한 교사 연수의 변화, 학교 리더십, 연구의 의의 및 향후 연구 방향 등을 논의한다.

8장은 이전 7개 장에서 다룬 복잡한 개념 중 일부를 확장하고 세부 사항을 추가하는 기술적 내용을 포함한다. 이것은 정신역동적으로 교사들과 협업하기 위해 CIND 모델 및 개발 관련 내용을 더 많이 알고자 하는 독자들을 위한 내용이다.

3R의 확장

이 책의 서술 과정에 추가된 두 가지 가정에 관해 부연하고자 한다. 이 두 가지 모두 정신역동학 관련 문헌에서 가져온 것이다.

첫 번째는 인간관계에서의 상호작용이 의식적 과정뿐 아니라 무의식적 과정에도 기반한다는 것이다. 따라서 모든 상호작용은 주관적이고 또 상호주관적인 내용을 포함하고 있다. 이것은 교실에서의 관계 측면에서 간과되어 왔으나 교실 환경에서도 마찬가지이다. 어떤 관계에 있어 모든 당사자들의 주관적인 경험은 다른 정보와 마찬가지로 해당 관계의 역학을 이해하는 데 매우 중요하다.

두 번째 가정은 정신역동학 관점에서 문제들을 바라보고, 경험과 관련된 기저 요인과 그 경험들로부터 파생된 의미에 집중함으로써, 학교에서의 관계를 이해하고 관리하는 새로운 도구를 개발할 수 있다는 것이다.

방법론에 대한 간략한 설명

이 책에서 다루고 시도하는 심리학 및 교육학은 모두 '관계'에 대한 연구 근거들을 가지고 있다. 목표는 두 분야를 더 밀접하게 연결하는 것이다. 왜냐하면 부분적으로 각 분야가 다른 분야에 많은 것을 제공할 수 있으며, 여러 학문 분야를 아우르는 접근이 새로운 방식으로 문제를 인식할 수 있는 기회를 창출한다는 녹스(Knox, 2003)의 주장에 동의하기 때문이다.

이들 두 분야의 구조 및 방법론은 겹치는 부분이 많다. 각 분야는 정량적/정성적 방법론을 사용하며, '혼합 방법론(mixed methods)'이 이해력 향상을 위해 점점 더 보편화되고 있다. 따라서 나는 "관점과 패러다임이 서로 대립하고 중첩되는 사이"(Denzin & Lincoln, 2005, p.6)에서 작업을 시도하였다.

정량적 방법론을 통해 경향성을 도출할 수 있으나 시급한 문제들에 대한 확실한 답을 얻을 수는 없다. 정성적 연구를 통해 전체적인 맥락에서 개별 교사들을 깊고 넓게 보려고 노력하였으나, 완벽한 결과를 얻는 것은 불가능하다는 것도 알고 있다. 나는 이 책에서 넬슨과 동료들의 "연구 방법의 선택은 질문과 상황에 따라 달라진다"(Nelson et al., 1992, p.2)라는 말을 따랐다.

심리학이나 교육학 모두 매일 전 세계 교실에서 일어나는 복잡한 행동, 상호작용, 대인관계 및 내적 동기 등을 연구하기 위한 합의된 '황금률'을 가지고 있지 않다.

이 책은 한 가지 방법론이나 주장만을 고집하지 않는다. 전직 교사, 현 대학 교수 및 심리학자로서 개인적인 경험, 성찰, 교사들과의 직업적 연계 및 전문 문헌을 통해 문제와 관련된 모든 기술들을 적용해서 이해해 보고자 하였다.

1부

애착 이론

1장
애착 이론과 교실: 공유의 영역

애착은 한때 인간 발달에 관한 매우 논쟁적인 이론 중 하나였다. 애착을 교육에 적용하는 것 또한 학교에서의 관계에 매우 다른 관점을 제시하며, 교사가 교육자로서 자신의 역할을 바라보는 방식에 도전하기 때문에 새로운 논쟁을 불러일으킬 수 있다. 1장과 2장에서는 교사와 학교 관리자들의 직업적 관계와 관련된 특정 요소들에 집중하기에 앞서 애착 이론의 개요를 설명한다. 현재까지 애착 이론 개념은 주로 심리학 영역에서 다루어져 왔다. 그러나 이 개념은 교육자들에게도 동일하게 유의미하다. 정신역학적 심리학과 교육 사이의 겹치는 영역을 상세하게 기술함으로써, 교사들, 예비 교사들, 그리고 그들의 멘토와 리더들에게 새롭고 유용한 방식으로 교육의 과정을 설명하는 것이 목표이다. 이 접근 방식을 적용하는 이유는 세 가지이다.

첫째, 애착 메커니즘을 알게 됨으로써 교사는 관계 구축 과정을 보다 잘 이해할 수 있다. 이 과정은 전문적인 업무를 위해 매우 중요한 부분이지만, 일반적으로 예비 교사 교육에 포함되어 있지 않았다.

둘째, 교실의 학생들을 위한 안전기지로서 교사의 역할, 교무실의 교사들을 위한 안전기지로서 리더 역할의 중요성이 분명해진다. 이는 교사가 업무를 어떻게 그리고 왜 해야 하는지를 설명하기 때문에 중요하다. 안전기지의 부재는 아이들의 공격성을 예측하고(Sroufe, 2005), 일부 교사들이 학생들에게 공격적으로 대하는 원인을 설명할 수도 있다.

셋째, 심리학과 교육의 서로 겹치는 이론적 영역은 교사/학생의 긍정적이고 부정적인 행동을 예측하고 설명하기 위한 새로운 도구의 잠재적 원천자료가 될 수 있으므로 신중하게 검토할 가치가 있다.

애착 행동 시스템

'애착 행동 시스템'은 보살핌을 받는 사람이 신체적 분리나 질병 또는 피로로 인하여 위험에 처할 때마다, 보살펴 주는 사람과 서로를 인지하고 찾아내는 일련의 상호적인 행동으로 구성된다.

Holmes, 1993b, p.218

애착 이론은 돌보는 사람과 보살핌을 받는 사람이 서로 편안함을 유지하면서 충분히 가까이 머무르도록 노력하는 가운데 안정감을 느낄 수 있는 정서적 거리를 조절하도록 고안된 항상성(homeostatic) 이론이다. 체온 조절이나 혈압과 같은 신체 기능이 건강을 위해 적절한 범위 내에서 유지되는 것처럼, 애착은 "명확하게 확인된 사람들에 대한 거리 또는 접근성으로 … 생리적 수단 대신 행동에 의해 유지되는"(Bowlby, 1988a, p.29) 조절 시스템이다. 애착 행동 시스템은 위계가 있는 것으로 보인다. 가장 상위의 부모로부터 시작하여 조부모, 형제자매, 숙모 등으로 이어지는 선호 보호자 리스트가 그 예이다. 어린아이는 각 유대 단위(주로 가족)에 대해 고유의 위계를 형성해 놓는다. 진화론적 관점에서 애착은 스스로 생존 욕구를 충족시킬 수 없는 무력한 유아에게 필수 불가결한 생존방식이다. 애착 행동 시스템은 사람들 사이에 연결을 만드는 강력한 체계이다.

애착 행동

애착과 애착 행동은 같은 개념이 아니다. 애착은 "세상에 더 잘 대처할 수 있다"(Bowlby, 1988a, p.27)라고 생각되는 특정 개인에 대해 보살핌을 필요로 하는 사람이 느끼는 유대감이다. 특히 스트레스를 받을 때 가까이 있으려고 하는 욕구가 지속된다. 보살핌을 받는 사람이 돌보는 사람과 가까이 있기 위해 하는 다양한 행동을 애착 행동이라 한다. 보살핌을 받는 사람의 애착 행동은 돌보는 사람과 실제로 분리되거나 또는 분리된다는 상상에 의해 유발된다. 이 행동은 사람이 두려움을 느끼거나 아프거나 피곤할 때 가장 분명해진다(Holmes, 1993b, p.68). 두려움, 아픔, 피곤 등과 관련되지 않으면 애착 행동은 덜 나타난다. "그럼에도 불구하고 자신에게 관심을 보이고 반응해 주는 애착 대상이 있는 사람은 강한 안정감을 느끼게 되므로 그 관계를 소중히 여기고 지속하려 한다"(Bowlby, 1988a, p.27).

애착 유대

다른 사람들과 섞이지 않고 지내는, 순수하고 단순한 인간이란 존재하지 않는다. 각각의 개인은 하나의 세계이고, 수많은 세계의 집합체이다. 그 자아는 자신과 다른 사람 사이의 끝없는 영향력과 교류로 형성된 복합 구조체이다. 따라서 타인은 사실 우리 자신의 일부이다. 우리는 서로의 구성원이다.

Riviere, 1955

정상적인 발달을 위해 생존에 필요한 것들을 스스로 충족시킬 수 없는 아기는 돌보는 사람과 가까이하려고 노력한다. 돌보는 사람이 없으면 배고픔, 부상 또는 더 심각한 위험에 처하게 된다. 아기의 애착은 보고, 듣고, 붙잡는 것으로 이루어지며 아기의 이 행동들은 안정감을 느끼기 위한 것이다. 아기는 자신에게 편안한 상태를 만들어 가면서 주위 세상을 탐색하고 발달 과제를 수행해 나간다.

반면 아기를 무관심하게 대하거나 소홀히 대하고 학대하는 보호자는 호기심을 억제하고 공격성, 경계심 및 절망감을 유발할 수 있다(Ainsworth, 1982; Bowlby, 1975). 아기는 생존이 위태로운 상황에서 최소 한 명의 보호자와 충분히 긴밀한 관계를 맺어야 한다. 따라서 아기는 태어날 때부터 얼굴이나 그와 비슷한 물체에 강하게 반응하고, 매우 중요한 얼굴에 반복적으로 노출됨으로써 주요 보호자의 중요성을 인식하게 된다(Knox, 2003). 마찬가지로 성인은 아기의 울음, 옹알이, 웃음 및 이와 유사한 행동에 반응함으로써 아기의 근접성 요구에 반응한다.

보살핌을 필요로 하는 행동은 선천적인 반면, 아기와 보호자 사이에 형성되는 관계 유대는 서로에 대한 반복적인 노출을 통해 학습된다. 이것은 모든 종 전체에 해당하는 합리적 생존 메커니즘이다. 볼비에 따르면 이러한 '애정 유대(affectional bond)'는 교사-학생 관계를 포함한 모든 다른 관계들의 기초가 된다.

보다 최근에 이루어진 연구들에서는 아동기 초기에 형성되는 내적 작동 모델(internal working models)은 고착되는 것이 아니라 생후 경험에 따라 변경될 수 있다고 한다. 즉, 내적 작동 모델의 결정론적 측면에 상당한 의문들이 제기된 것이다(Bartholomew, 1994; Fonagy et al., 1996; Fraley & Shaver, 2000; Gillath et al., in press; Kobak & Hazan, 1991; Masiello, 2000). 물론 많은 연구자들이 생의 초기에 이루어지는 1차 애착이 미치는 강력한 영향에 대해서는 여전히 동의한다.

교사들에게 애착 관계가 정적으로 고착되는 것이 아니라는 사실은 희소식이 아닐 수 없다. 왜냐하면 불안정한 애착을 가진 학생들에게 더 나은 미래에 대한 희망과 안정을 줄 수 있는 기회가 있기 때문이다. 이것은 같은 맥락에서 리더들에게도 좋은 소식이다.

아동 애착: 애착 유대의 발달

애착 시스템의 발달은 사람 얼굴에 대한 아기의 강한 관심과 반응으로 태어날 때부터 시작되어 평생 지속된다. 유아는 '목표 설정 애착(set goal attachment)' 기간(6개월~3년)을 거치게 되는데, 이는 볼비에 의해 제시되었으며 온도조절기 설정과 유사하다고 하였다. 유아는 이 기간 동안 보호자에게 충분히 가까이 있어야 하며, 보호자는 아기가 세상을 탐구하다가 잘못될 경우 돌아갈 수 있는 안전기지의 역할을 한다. 이 기간 동안 유아는 분리저항을 표현한다. 볼비(1975)는 분리저항을 아기가 보호자에게 그들 사이가 너무 멀어졌음을 경고하는 위험 신호라면서, 이것은 마치 열 추적 미사일처럼 작동한다고도 하였다.

3세에 이르면, 아동이 언어와 함께 보다 정교한 사회기술을 습득함에 따라 보호자와의 근접성 유지 레퍼토리에 협상, 간청, 뇌물, 매력을 추가하여 상호 관계를 형성하기 시작한다. 이 단계에서 아이의 내적 작동 모델이 형성되고 이 모델은 아이가 세상과 소통하기 위해 사용된다. 내적 작동 모델은 세 가지 차원을 포함한다. 첫 번째는 자기 표상(representation), 두 번째는 물리적 세계 표상, 그리고 세 번째는 타인 표상이다(Knox, 2003).

3세가 지나면서 아이는 확실하게 돌봄 제공자와 안정적으로 애착되었는지, 불안정하게 애착되었는지를 알 수 있게 된다 (Ainsworth & Bowlby, 1991; Bowlby, 1982). 아이의 발달과 함께 내적 작동 모델의 증폭이 있지만, 일단 3세 정도에 형성된 모델은 아이가 학교에 진학했을 때 교사와의 관계를 포함하여 아이에 의해 형성되는 다른 모든 관계의 기초가 된다. 또한 성인기에 이르기까지 비교적 안정적으로 유지되는 것으로 보이며(Bartholomew, 1994; Hazan & Shaver, 1987), 아마도 교사가 학생들과 형성하는 관계의 기초가 되는 것으로 보인다. 이러한 내용들은 아랫부분에서 더 자세히 다룰 것인데, 교사가 학생들과의 분리불안에 취약할 수 있는 메커니즘 등도 설명될 것이다. 무엇보다 제일 중요한 것은 '안정 애착'을 이해하는 것이다.

안정 애착

　안정 애착(secure attachment)은 아동의 필요에 일관되고 예측 가능하게 반응하는 양육자와의 관계 속에서 형성된다. 안정 애착은 자신과 타인에 대한 자신감의 내적 작동 모델을 생성하여 점차 자신의 독립성이 발달할 수 있도록 한다. 보호자는 자녀에게 필요한 것이 무엇인지 예측할 수 있으며, 자녀와 상호작용할 때 자녀에게 공감한다. 보호자는 세상을 탐색하기에 안전하고 안정적인 장소로 만들지만 완벽하지는 않다. 보호자가 어린아이를 위해 많은 것들을 하는 동안, 아이가 원하는 목표에 도달하기 위해 스스로 노력하도록 하는 시기/방법을 알아 가는 일도 매우 중요하다. 아이가 노력하는 방법을 알아 나가면서 보호자는 아이가 물리적/사회적 환경을 다루는 데 있어서 자기 효능감의 발달을 배울 수 있도록 돕는다. 이 경험들이 학습됨에 따라 아이들은 보호자로부터 더 멀리 떨어져 탐색하는 것에 대해 칭찬을 받는데 이는 아이들의 능력과 욕구에 따른 것이다. 위니콧(Winnicott, 2002)은 이 과정을 아이에게 부모가 공감하는 것에 점차 어려움이 생기는 것으로 여겼고 당연한 하나의 과정으로 묘사했다. 반면, 보호자의 아동에 대한 부주의, 공감 부족으로 인해 스스로가 자신을 보호해야 하는 아이는 탐색 과정에 성취감을 느끼지 못하고, 자신의 탐색이 위험하거나 나쁜 것으로 받아들여지기 때문에 모험을 하지 않고 자신이 속한 환경에 호기심을 잃게 된다. 이것은 아이가 취학 연령이 되었을 때 아이와 교사에게 심각한 영향을 미친다.

불안정 애착: 회피적, 양가적

예측할 수 없거나 아동을 거부하는 보호자와 관계를 맺는 아이는 불안정 애착을 형성하게 된다. 불안정 애착 관계를 가진 아이는 분리의 고통을 경험하지 않기 위해 애착에 대한 충족되지 않은 욕구를 최소화하려고 한다. 불안정 애착은 원래 회피적 또는 양가적 두 가지 유형으로 구분되었으나, 이후 회피적 애착과 양가적 애착의 측면을 모두 보이는(매우 드물기는 하지만) 세 번째 유형이 추가되었다(Ainsworth, 1989). 극단적으로 회피적 또는 양가적인 사람들은 타인, 자신의 감정, 그리고 관계에 대해 경계하고 불신한다. 그들은 자신의 진정한 애착 필요를 충족시키지 못하는 고통으로부터 자신을 보호하기 위해 방어적일 가능성이 크다. 종종 인지적·정서적 재구조화(Brown, 2002)를 통해, 자신은 애착이 필요하지 않다거나(회피) 친밀한 관계에 있어서 통제할 수 있다고(양가적) 스스로 확신함으로써 충족된다. 이런 재구조화를 겪은 아이들에게는 양육자와의 거리두기, 지나치게 집착하거나 복종하기, 아이가 보호자를 위로하려고 하는 역할 반전, 극도의 경계, 분노와 절망(Bowlby, 1975)과 같은 행동이 나타날 수 있다.

불행하게도, 유년기 학대나 방치된 애착 형태로 인해 패턴화된 심각한 불안정 애착의 형성은 나이가 들면서 폭력적인 삶으로 이어질 것이라고 예측되곤 한다(Appleyard et al., 2005; Shulman et al., 1999; Sroufe, 1986, 2005; Yates et al., 2003). 이런 분리저항의 병리적 형태는 아이들이 주된 애착 대상으로부터 분리되는 상황에 직면했을 때 나타난다. 이 행동은 공격적 반응의 왜곡이라고 할 수 있다.

분리: 학교 생활의 구조적인 부분

학교 시스템의 정상적인 기능으로 인해 애착 관계(dyad), 예를 들면 교사-학생 관계 등에서 여러 분리 상황이 발생하게 된다. 이때 일어나는 분리는 교사와 학생 모두의 통제를 벗어나는 것도 많다. 몇 가지 예를 들면 시간표, 주말, 공휴일 등이다. 각각의 분리는 분리불안의 가능성을 높이기도 하지만, 재회 경험은 교정 또는 확신의 감정 기회를 제공하기도 한다. 신뢰할 수 있고 일관된 교사 및 학교 시스템에 속한 안정적 가정의 아이들은 가정/학교 분리가 영구적이지 않고 용인될 수 있으며, 일관된 애착 대상과의 재회가 기다려지고 즐거운 일임을 배운다. 더욱이 아이는 일관되고 신뢰할 수 있는 교사가 집과 같은 학교에서 안전기지가 될 수 있음을 배운다. 이것은 아이의 안전감을 강화하고 가정환경에서 떨어져 자기 효능감과 호기심을 키울 수 있게 한다. 이는 학교생활이 줄 수 있는 최상의 시나리오이다.

반면, 불안정 애착을 가진 아동들은 적어도 초기 단계에서 애착 대상과의 재회를 염려하고 두려워하거나, 일관성 없는 부모를 대체할 수 있는 애착 대상으로서 교사에게 필사적으로 가까워지려고 할 가능성이 높다. 불안정 애착 아이들은 모든 것이 잘될 수 있을 것이라는 지속적인 재확신을 필요로 한다. 또한 이 아이들은 무의식적으로 친구들과 교사들을 통해 교정적 정서 경험(corrective emotional experience)을 찾고자 할 것이다. 일부 아동들은 학교가 이러한 요구를 충족시켜 준다는 것을 알게 될 것이다.

학교에 온 학생이 회피적 애착 유형을 가진 아동이라면, 처음에는 독립적으로 보이고 일상에 빠르게 적응하는 것처럼 보일 것이다. 그러나 시간이 지남에 따라 그 아이는 학교의 일상을 고수하며 융통성 없이 굴고, 정서적 도움이 필요할 때도 지나치게 금욕적이며, 동료들의 우정과 교사의 도움을 회피하는 모습을 보일 수 있다. 회피형 애착을 보이는 아이들은 교사와 동료들과의 안정적인 애정 유대를 형성할 수 있는 정서적 에너지가 적고, 학교가 제공하는 흥미로운 발달 과제에 대한 호기심이 부족한 모습을 보일 수 있다.

교사가 되고자 하는 동기에 애착이 미치는 영향

불안정 애착을 가진 아동들은 안전하고 지속적인 애착을 통해 교정적 정서 경험을 제공해 줄 수 있는 애착 대상을 찾는 경향이 있다(Brown, 2002). 불안정한 애착 경험의 아동도 성장해서 종종 교사가 될 수 있다. 교사와의 관계 형성이 아동에게 교정적 정서 경험을 제공했다면, 나중에 그 아동은 자신의 직업으로 교사를 선택하는 데에 의식적으로 영향을 줄 수 있다. 이런 영향은 다른 사람도 자신과 같이 성공적인 결과를 얻을 수 있도록 돕고자 하는 소망으로부터 비롯된다.

하지만 학교에서의 교정적 정서 경험이 불완전했던 경우도 있을 수도 있다. 이런 아이들은 교실에 가능한 오래 머무르면서 무의식적으로 안정감에 대한 경험을 반복하려고 할 수 있다. 애착 요구를 충족시키기 위해 교실에 머무르기를 바라는 것은 교사가 되고자 하는 무의식적 동기로 이어질 수 있다. 이런 동기로 교사가 된 경우는 안정감을 제공하기보다는 받기를 원하게 된다. 학생들 및 동료 교사들로부터 안정감을 받지 못한다면 분리저항 행동에 더 취약한 교사가 될 것이다. 이에 대한 논의는 2장에서 더 자세히 다룬다.

애착 이론은 또한 교실에 남고자 하는 대안적 이론적 무의식적 동기로서 '안전(safety)'을 제안한다. 에인스워스와 동료들(1978)은 불안정 애착을 가진 아이들이 탐색적 놀이를 더 적게 한다는 것에 기초하여 불안정 애착과 호기심 사이의 반비례 관계를 설명했다. 이런 유형의 아동들은 발달하면서 세상과 상호작용을 하지만 많은 경우 억지로 하고 있을 가능성이 높다. 학교에서의 구조와 일과를 이해하고 학교 환경에 익숙해짐으로써 학교에서 안정감을 느끼게 되는 일부 아이들은, 학교를 안전한 피난처로 생각하고 그 안에서 교사로서 머물기를 원하게 될 수 있다. 이것은 또한 학교 전반의 변화에 대한 교사들의 저항을 설명하는 방법이기도 하다 (Herr, 1999; Kelchtermans, 2005; Marshak, 1996; Gitlan & Margonis, 1995).

애착 이론의 기본 개념

상실

애착 이론의 기본 개념은 애착 대상을 잃어버리는 것에 대한 상실과 두려움으로부터 출발한다. 애착 대상으로부터 멀어짐에 따라 안전하지 않다는 두려움도 커진다. 어린 아이들에게 두려움은 물리적 거리로부터 시작되며, 성장한 이후에는 감정적 거리로 바뀐다. 물리적이든 감정적이든 그 거리가 멀어짐에 따른 애착 대상 상실의 위협은 아이에게 분리불안을 유발한다. 분리불안은 "사랑하는 사람을 잃거나 그에게서 분리되는 것에 대한 불안"이다

(Bowlby, 1988a, p.29). 동물행동학적 관점에서 분리불안은 생명체에 대한 위험 증가의 신호이며, 따라서 환경적 불안 유발 요인에 대한 자기 보호 반응에 속한다.

애착 행동은 분리불안에서 비롯된다. 볼비는 이 분리불안이 환경적 상황에 대한 병리적 반응이 아닌 정상 반응이라고 확인한 최초의 이론가였다. 궁극적 두려움은 유기(abandonment, 버려짐)인데 이는 우리가 아는 가장 큰 두려움 중 하나이다(Fraley & Shaver, 1997; Holmes, 1993b; Holtzworth-Munroe et al., 1997; Hoshmand & Polkinghorne, 1992; Macnab, 1991a, 1991b; Mann, 1981, 1991; Teyber, 2006).

분리는 아이에게 불안을 유발할 때에만 위협적이다. 일단 불안이 활성화되면 돌보는 사람이 가깝게 돌아오도록 하기 위한 다양한 애착 행동이 이어진다. 이러한 행동들은 분리저항이라는 포괄적 용어로 불린다. 불안 및 그에 따른 행동들을 종합한 것이 애착 행동 시스템의 주요 구성 요소이다.

분리불안, 분리저항, 공격적인 행동

애착 관점에서 아기가 돌봄 제공자로부터 분리된다는 것은 육체적인 위협이면서 동시에 심리적인 소멸을 의미한다. 아기들은 상대적으로 무력하기 때문에 보호가 절대적으로 필요하다. 무리를 지어 사는 대부분의 목축 종(herding species)은 나이가 많고 능숙한 구성원이 어리고 취약한 구성원들을 보호한다. 볼비는 아기가 보호자에게 잠재적 위험을 경고하기 위해 내재된 안전 기제를 사용한다고 처음 제안했다. 자연은 우리 각자에게 태어날 때부터 불안과 분리에 대한 저항을 전달할 수 있는 능력을 부여했다. 아기는 울고, 보채고, 비명을 지르면서 성장하고, 회유 및 조종 등을 통해 자신을 돌보는 사람을 자기에게 데려오는 데 능숙해진다. 볼비(1975)는 분리불안과 공격 반응은 장갑 안의 손처럼 잘 맞물려 있는 것이라고 하였다.

분리불안에서 비롯된 화난 반응은 주로 애착 대상을 향한 것이다. 보살핌을 받는 사람으로서 아이의 목표는 돌보는 사람이 '편안한' 거리를 넘어 멀리 이동하지 못하게 하는 것이다. 돌보는 사람의 입장에서 보면, 아기에게 멀어져서 아기의 불안 수준을 높인 것에 대해 공격적 처벌을 받은 것이 된다.

이런 현상은 교실과 교직원실에서 중요한 상관관계가 있다. 교사와 학생이 특정 상황에서 서로 공격적으로 되는 이유를 설명해 준다.

분리에 대한 저항은 관계 행동의 정상적인 부분이지만 행동의 양상은 매우 다양할 수 있다. 적절한 경고, 관계가 위기에 처할 수 있다는 두려움을 인정하는 것, 부적절하게 권력을 휘두르는 것, 애착 대상을 가깝게 유지하기 위해 위험을 가하는 것에 이르기까지 다양하다.

분리는 관계의 자연스러운 부분이다. 돌보는 사람은 보살핌을 받는 사람의 모든 애착 요구를 충족시킬 수 없다. 때때로 분리는 돌보는 사람과 보살핌을 받는 사람이 원하는 것보다 너무 길게 지속되기도 한다. 그런데 너무 길다는 것은 얼마나 긴 것인가? 돌보는 사람과의 분리가 너무 길어지게 되면 보살핌을 받는 아이는 어떻게 될 것인가?

절망, 애도, 방어

분리불안이 재결합을 통해 회복되지 않으면, 분리저항 행동들은 가라앉으면서 결국 애도와 절망으로 바뀌게 된다. 건강한 애도 (Bowlby et al., 1952)에 대해 기술한 것은 볼비가 처음이었다. 볼비는 부모의 방문이 일주일에 한 번 허용되는 병원에 오랜 기간 입원하는 등 장기간에 걸쳐 보호자와 분리되는 영유아들의 행동을 주의 깊게 연구함으로써 애착 행동 시스템의 다음 단계 이론을 구축하였다. 즉, 분리저항으로부터 절망과 단절(detachment) 단계로 이어지는 애도(mourning)의 단계를 설명하는 모델을 개발했다. 그는 건강한 애도의 속성들을 확인함으로써 건강하지 못하거나 병리적인 애도를 면밀히 식별할 수 있었다.

건강한 애도는 상실을 점진적으로 받아들이고, 분노, 재회에 대한 열망, 슬픔을 다룰 줄 알며, 그 사람이 돌아오지 않더라도 기억 속에 살아 있다는 것을 받아들인다.

건강하지 못한 애도는 볼비(1988a)가 "분노 및 방어적 배제 (defensive exclusion)"라고 명명한 방치의 사이클에 그 사람을 가두어 둘 수 있다. 이 개념은 설리번(H. S. Sullivan)의 선택적 무관심 개념과 프로이트(S. Freud)가 억압(repression)이라 묘사한 것과 매우 유사한 의미를 갖는다(Spiegel, 1981). 볼비(1980)는 정보 처리 이론을 사용하여 정신분석적 방어 구조에 대한 프로이트적 내부 관점을 상호작용주의, 방어 과정의 후성적 모델, 방어적 신념 및 방어 활동으로 재분류하였다. 볼비의 이 재구성은 교실 및 리더-팔로어 관계에서의 공격적인 행동을 이해하는 데 중요한 것일 수 있다.

탈애착

탈애착(detachment)은 애착 이론에서 두 가지 기능을 가지고 있다. 첫 번째는 애착 대상을 심리적으로 놓아주는 것이며 건강한 애도 과정의 일부이다. 단절은 애착 대상의 상실 이후에 발생한다. 예를 들어, 사랑하는 사람의 죽음에 따른 슬픔의 시간은 건강한 것이며, 상실된 애착 대상으로부터 분리되어 유족의 기억 속에 내면화된다. 건강한 애도에서 탈애착의 과정은 애착 대상을 잃어버린 사람이 그 사람을 심리적으로 내면화함으로써 현실적으로 가깝게 유지할 수 있도록 한다. 실제 사람은 상실되었으나 따뜻한 기억과 감정은 유지되고 재구성된다. 브라운(Brown, 2002)은 이 과정을 인지 및 정서적 재구성의 한 형태로 설명한다.

탈애착의 두 번째 기능은 병리적 보호 메커니즘이다. 적절한 양육과 보살핌을 받지 못한 일부 사람들은 "괜찮습니다. 누구의 도움도 필요하지 않습니다"라며 자신의 애착 필요성을 스스로 부인하려 한다. 이러한 형태의 탈애착 과정은 두 가지 방식으로 발생하는데, 항상 무의식적으로 발생하는 것은 아니다. 첫 번째는 분리불안에 대한 내부 인식을 감소시키기 위한 방어적이고 보호적인 조치로서 자신의 애착 욕구를 거부하거나 무시하는 것이다. 이것은 파크스(Parkes, 1986)의 첫 번째 슬픔 속성인 부정 단계와 유사하다. 두 번째 형태는 타인에 대한 방향의 변화이다. 이것은 환경 조건에 따라 다양한 형태를 취할 수 있다. 그러나 기본적인 행동 패턴은 타인과 거리를 두는 것이다. 이 행동이 극단적일 때 교정적 정서 경험(궁극적으로 애착 안정감을 증가시키는)을 위한 안전기지를 제공할 수 있는 다른 사람과 긴밀한 유대감을 가질 기회를 스스로 거부하는 경향이 있다. 이것은 거의 항상 무의식적인 행동으로 볼비는 이것을 감각적 방어(perceptual defence)라 명명하였고, 애착에 관한 그의 3부작 중 제3권에 자세히 기술하였다(Bowlby, 1988c). 볼비는 감각적 방어라는 용어를 제시하면서, 행동을 형성하고 사람의 마음 상태에 영향을 주는 무의식적인 과정에 대한 아이디어를 발의했다. "애착 욕구의 미충족 같은 고통스러운 감정은 인식되지 않지만 그럼에도 사람의 마음 상태와 행동에 영향을 미칠 수 있다"(Holmes, 1993b, p.223). 학생 또는 교사가

감각을 통해 들어오는 정보가 의식에 도달하는 것을 막을 수 있다
는 아이디어를 이해하는 것이 교사들에게는 매우 중요하다. 이것
은 특히 이후에 논의되는 교정적 정서 경험 개념 및 뒤따르는 안
전기지의 개념과 관련되어 있다.

안전기지 현상

'안전기지(secure base)'는 에인스워스(1967)에 의해 처음 설명되
었으며, 볼비는 안전기지를 좋은 양육의 핵심적인 특징으로 간주
하였다. 다른 전문가들도 이 개념을 훨씬 더 널리 사용하고 있다.
예를 들어 포퍼와 동료들은 이 개념이 포함된 좋은 양육 원칙에 기
반한 리더십 이론을 개발하였다(Popper, 2004; Popper & Mayseless,
2003; Popper, Mayseless, & Castelnovo, 2000). 교사도 리더 중 하나
이므로 교사-학생 관계를 이해하는 데 이 개념은 매우 중요하다.
부모가 아이의 필요에 반응할 때, 아이는 세상을 발견하고 소통하
는 발달 과제에 맞설 수 있다. 즉, 아이가 한계를 넘어서야 하는
도전에 직면했거나, 두려운 마음이 들거나 부상을 입었거나, 혹은
단순히 피곤해서 휴식이 필요할 때, 부모가 구해 주거나 편안히
해 주기 위해 안전기지로서 늘 그곳에 있다는 것을 알고 있는 상
태여야 과제에 맞설 수 있다. 그 명명에서 알 수 있듯이, 안전기지
또는 안전한 안식처는 견고하고 예측 가능한 본거지이며, 대부분

의 경우 아이가 세상을 탐구하기 위해 떠났다가 휴식, 돌봄 및 안전이 필요할 때 돌아오는 중요한 애착 대상이다. 아이의 정서적/육체적 요구에 대해 부모가 일관성 있게 대응할 때 아이는 부모가 어디에 있을지 정확히 예측하는 능력을 갖게 되며, 이 능력은 안전기지에 대한 느낌을 촉진한다(Ainsworth, 1982; Crowell et al., 2002; Roisman et al., 2004).

복잡한 사회생물학적 시스템으로서 작용하는 애착은 아이와 보호자에게 기본적으로 제어 메커니즘으로 사용되는데, 이는 중추신경계에 위치한 다른 항상성 시스템과 유사하다(Bowlby, 1988b). 필요 시 도움을 얻을 수 있는 지원팀과 함께 세상으로의 모험을 떠날 수 있다는 것을 '알고 있는' 아이는 주변 세상을 탐구할 가능성이 더 높다. 탐구를 위해 멀어지면 애착 대상을 잃어버릴까 두려워하는 아이는 탐구를 위해 세상으로 나갈 가능성이 낮다.

세상에 대한 이 두 가지 기대 방식은 성인에게도 마찬가지이다. 단, 성인은 정서적인 가까움을 통해 안정감을 느낄 수 있는 반면, 어린아이는 물리적 근접성이 더 필요하다는 차이가 있다. 자신의 안전기지를 결정하기 위해서는 가장 편안하게 느끼는 사람과 불안감을 느끼는 사람에 대해서 생각해 보면 된다. 이는 우리를 이해해 주는 사람에게 가장 편안함을 느끼기 때문이다. 우리의 애착 행동에 반응해 주는 사람들은 우리를 존중하고 예측 가능한 존재이므로 안전감을 준다. 볼비는 "자녀의 애착 행동에 대해 직관적으로 이해하고 존중하지 않는 한, 부모는 자녀에게 안전기지를 제공할 수 없다"(Bowlby, 1988a, p.12)라고 지적했다.

안전기지로서의 부모를 교실에서는 교사라는 단어로 대체하고, 교직원실에서는 리더라는 단어로 대체하면, 애착 이론은 학생들이 교실에서 안정감을 느끼기 위해 필요한 것이 무엇인지에 대한 새로운 관점을 제시한다. 그러나 교사는 부모와 다르게 동시에 많은 학생들을 대한다. 이것은 중요한 차이점이며 교사들이 다양한 애착 유형을 가진 학생들을 관리할 때 고려해야 하는 점이다. 교사는 개인적으로 경험했던 것과는 매우 다른 발달 과정을 가진 학생들을 관리해야 한다. 부모들이 자신과 동일하거나 유사한 애착 유형인 자녀를 대하는 경우와는 다르다.

내적 작동 모델

내적 작동 모델(inner working model)은 환경, 자신 및 타인에 대한 일련의 내재된 규칙, 신념 및 기대를 형성하는 모델을 말한다. 이는 다른 사람들의 태도와 행동을 예측하는 데 사용된다. 예측 가능한 세상은 자신이 안전할 수 있는 곳이기 때문이다(Knox, 2003).

볼비는 정보 이론, 정보 흐름 및 사이버네틱스(cybernetics) 등을 통해 서로 다른 연구 결과를 얻었고, 이것은 나중에 인지심리학으로 알려지게 되었다(Beck et al., 1979; Buxton, 1985; Craik, 1943;

Knapp, 1986). 인지심리학은 세계 안에 생존하기 위해 일련의 이해 또는 인지지도(cognitive map)가 필요하다는 것을 제시한다. 볼비는 이 모델이 두 부분으로 나누어져 있다고 하였다. 첫 번째 부분은 환경 모델로서 물리 법칙과 같은 정보를 통합하고 외부 세계에 대한 예측 및 조작을 가능하게 하는 것이라고 했다. 두 번째 부분은 유기체로서 환경 내 자신의 위치에 대해 이야기하는 모델이다. 제레미 홈스는 다음과 같이 요약하였다. "우리는 자신과 타인의 지도, 그리고 둘 사이의 관계를 가지고 있다. 그 지도는 경험을 통해 만들어지며 고통스러운 감정을 방어해야 할 필요에 영향을 받는다"(Holmes, 1993b, p.221).

"부모와 자녀 간 상호작용 모델은 한번 구축되면 지속되는 경향이 있으며 매우 당연한 것으로 간주되어 무의식적으로 작동하게 된다"(Bowlby, 1988, p.130). 안정적으로 애착된 사람은, 다른 사람과의 관계가 변화하고 시간이 지남에 따라 자신의 작동 모델을 수정하고 업데이트할 수 있다. 그러나 불안정하게 애착된 사람은 앞서 언급한 지각적 방어와 같은 방어적 배제로 인해 자신의 내적 작동 모델을 변경할 수 없다. 이러한 방어 메커니즘은 내적 작동 모델에 부합하지 않는 유입 정보를 차단하기 위해 작동하므로 안정적 애착을 촉진할 수 있는 기회들을 지속적으로 거부하게 된다. 이것은 무의식적인 인식들이 행동을 변화시키는 것과 같은 방식으로 작동한다(Dixon & Henley, 1991; Mikulincer et al.,

2002; Mikulincer et al., 2005).

아이는 자신이 형성하는 이후 관계의 원형으로 내적 작동 모델을 사용한다. 따라서 아이는 이후 중요한 타인들과의 관계가 초기 애착 관계와 유사한 특성을 가질 것으로 기대한다. 볼비는 우리가 위협, 스트레스 또는 피로를 느낄 때마다 내적 작동 모델을 통한 애착 시스템이 평생 동안 작동한다고 주장한다. 이것은 교사가 학생들과 형성하는 관계에 대해 고민할 때, 그리고 이러한 관계 중 일부는 왜 다른 관계들보다 어려운 것인지 생각해 볼 때 유용한 모델이다.

예를 들어, 내적 작동 모델이 "나는 칭찬받을 가치가 없습니다"라고 선언하면, 친구나 동료가 하는 칭찬은 내부에 불협화음을 만들며, 그 불협화음을 줄이기 위해서는 타인에 의한 긍정적 판단을 포함하도록 내적 작동 모델을 변경하거나, 타인의 칭찬을 틀린 것으로 배척할 수 있다. 자신이 잘한 일에 대한 칭찬을 거부하는 사람은 자신의 노력의 가치를 부정함으로써, 칭찬으로 인해 발생된 정서적 불협화음을 극복하려는 것일 수 있다. 칭찬을 경험하는 것은 세상을 예측하기 어렵고 덜 안전한 곳으로 만드는 것이다. 이것은 교사가 학생들이 최선을 다하도록 언제 어떻게 격려해야 할지 고민할 때 고려해야 할 중요한 정보이다.

정서적 반응: 비계 및 애착, 교육의 내부 맥락

비계(scaffolding)는 교육 분야에서 비유적 용어로 흔히 사용되고 있다. 교사, 환경 및 프로그램은 학습에 대한 비계를 설정한다. 애착 대상인 부모나 교사가 아이들의 정서적 반응에 대한 비계를 설정할 수 있다.

애착 이론에서 정서적 의미로 활용되는 애착 비계 감정에 관해서 너무 엄격하게 비고츠키 관점에서 재단하지 않기를 바란다. 애착 비계 감정은 근접 발달 지대(zone of proximal development)에 세워진, 아이가 나중에 그 영역을 벗어나면서 해체되는 구조가 아니고, 자신을 발견하는 관계적 환경을 말하는 것이다.

비계는 내적 작동 모델이 외부에 기능적으로 표출되는 것이며, 감정 정보의 공유 및 개인의 모델을 조정하는 데 기여한다. 어떤 의미에서 비계는 자신을 돌보는 사람에 의해 인도된 감정 세계에 반응하고 행동하는 개인의 잠재력과 관련된 것이다. 왜냐하면 이런 비계 설정은 스스로 할 수 있는 것은 아니다. 비계는 유용한 용어인데, 견고하면서 일시적인 구조로, 고정적이기보다는 반영구적이고 의지에 따라 변경 가능하지만 구조 자체를 파괴하지 않고 수정할 수 있기 때문이다. 이것은 환경에 대한 감정 반응을 매개하는 내적 작동 모델의 일부분을 잘 표현한 것이다. 그리고 비교적 예측이 가능하다.

정서적 비계의 한 가지 예를 살펴보면 이해가 더 명확해질 수 있다. 어린아이들이 놀면서, 아이들끼리 소통하고 또 부모들과 소통하는 것을 관찰하다 보면, 한 아이가 미끄러지거나 넘어져 다치는 것을 보게 된다. 크게 다치지 않은 모호한 상황에서 아이들은 그 상황에 대한 판단을 부모의 반응을 통해 학습한다. 볼비(1982)는 아이가 모호함을 불편함으로 느끼는 상황에서, 어떻게 행동해야 하는지에 대한 지침을 부모의 반응으로부터 찾게 된다고 하였다. 아이는 부모에게 이렇게 묻는다. "내가 넘어졌고 다쳤는데 어떻게 대처해야 하는지 혼란스러워요. 이게 내가 울고 상처가 되었다고 할 만큼 큰일인가요? 나 스스로 진정할 수 있는 상태를 넘어섰기 때문에 엄마의 위로를 받아야 하는 건가요? 혼자 일어나서 먼지를 털고 다시 놀이를 해도 될까요?"

애착 이론은 이 같은 모호한 상황에서 아이의 넘어짐에 대한 부모의 반응이 바로 정서적 비계라고 제안한다. 중요한 것은 아이들의 반응을 결정하는 것은 넘어짐이 아니라 비계, 즉 부모의 반응이라는 것이다. 아이가 넘어진 후 부모의 반응을 볼 때, 그 아이는 새로운 연계 네트워크를 만들어 부모의 반응을 아이의 반응 세트(response set)에 통합한다. 넘어짐이 나타내는 사건은 환경적·신체적 감각 및 인식(신체 부위가 부딪히는 것, 찰과상, 베임 등)이고 이것이 부모의 반응과 짝을 이루게 된다. 아이는 이제 비슷한 사건들에서 다시 재생할 수 있는 부모의 반응 신호를 기다리고 있다.

부모가 그 사건에 대해 동요하거나 겁을 먹은 것 같아 보이면 아이는 하던 것을 멈추고, 울고, 새로운 신체적 감각들(스크래치, 베임, 타박상 등)을 해당 수준의 반응으로 연계시킨다. 만약 부모가 그 사건에 동요되지 않으면 아이는 다시 놀이를 한다. 아이가 일상생활 속에서 무수한 사건에 접하고 부모와 협상하면서 정서적 반응들의 체계가 제공됨에 따라, 모호하거나 중립적 환경 자극에 대한 반응으로 유발되는 비계를 통해 내적 작동 모델이 구축되고 수정된다.

1장에서는 유년기 애착 이론의 광범위한 구성 요소들을 개괄적으로 살펴보았다. 다음 장에서는 성인 애착 이론으로 확장되며, 보다 복잡한 모델을 설명한다. 학교 교실과 교무실에서의 역동적 관계를 설명하기 위한 애착 이론의 적합성(관련성)은 명확해져야 한다.

2장

성인 애착 이론과
교사-학생 관계

이 장에서는 관찰로 연구하기에는 더 어려운 성인 애착 과정을 다루고자 한다. 하지만 유아기의 일방향 애착 과정보다는 성인 애착 과정이 교사-학생 관계의 구조를 이해하는 데 더 도움을 준다는 근거도 제시할 것이다. 교사, 학교 관리자 및 교사 교육 담당자들이 성인 애착 과정을 잘 이해하게 되면, 교실 및 교직원실에서 벌어지는 인간관계의 역학을 더 잘 관찰하고, 잘못된 계획에 의해 무슨 일이 일어났을 때 더 잘 인지할 수 있고, 불가피하게 발생하는 새로운 상황에 효과적으로 대처할 수 있게 된다. 명심해야 할 것은 애착 과정에서 일어나는 일들은 관찰 대상만큼이나 관찰자 내부에도 벌어지는 일이라는 것이다. 그러므로 우리는 '우선 자신을 아는' 사람이 될 필요가 있다.

애착과 내적 작동 모델은 세 살 이후에도 발달을 멈추지 않고 지속된다. 애착 방식에서 긍정적인 움직임을 억제할 수 있는 지각적 방어(perceptual defence)의 작동에도 불구하고, 내적 작동 모델은 세상과의 새로운 경험들이 쌓이고 그 결과로 시간이 지남에 따라 조정되고 변화한다. 볼비와 에인스워스에 의해 확인된 원칙들을 바탕으로 연인과 커플 대상 연구를 통해 더 복잡한 애착 이론인 성인 애착 모델이 개발되었다. 이 더 복잡한 모델은 교육에서의 교사-학생 관계를 더 잘 설명한다. 교사-학생 관계는 양자적 관계이므로 모든 양자 관계들의 일반적인 속성 중 일부를 가지고 있으나, 대부분의 문헌에 나와 있는 연인 관계에서의 양자 관계와는 다른 측면도 많다.

성인 애착 이론은 기본 애착 이론을 기반으로 사람들 사이의 양자적 또는 상호적 애착의 개념을 보탠 것이다. 연인 관계, 커플 관계에 있는 사람들은 특정 시점이나 개개인의 필요에 따라, 보살핌을 받는 사람과 돌보는 사람의 역할을 번갈아가며 모두 수행한다. 볼비(1982)는 '요람에서 무덤까지' 지속되는 애착에 대해 썼던 바 있고, 볼비의 이론을 재개념화한 하잔과 셰이버(Hazan & Shaver, 1987, 1990)도 '낭만적인 사랑은 새로운 애착 과정일 수 있으나, 아동기의 내적 작동 모델과 공유된 경험에서 출발한다'는 가설을 세웠다. 하잔과 셰이버는 에인스워스와 동료들(1987)이 분류한 유년기 애착의 세 가지 유형(안정, 회피, 불안/양가적)에 따라 연인 관계를 간략히 기술할 수 있는 방식을 사용하였다.

하잔과 세이버의 연구에 참가한 사람들은 세 가지 설명문을 읽고 본인을 가장 잘 설명하는 것을 결정하도록 요청받았다. 연구자들은 낭만적인 사랑의 경험과 관련된 데이터를 수집하고 그 데이터를 애착 프로파일과 연관시켰다. 그리고 어린 시절 형성된 내적 작동 모델이 성인이 되었을 때 연인 관계 애착의 특성에 영향을 줄 것이라고 가정하였다. 그들은 세 가지 주요 연구결과를 보고했다.

첫째, 성인 애착 방식이 어린 시절의 애착 방식과 일치하는 것을 발견했으며, 이는 애착 방식과 내적 작동 모델이 한번 형성되면 견고하고 비교적 변하지 않는다는 것을 나타낸다. 둘째, 세 가지 유형의 성인들은 예상대로 낭만적 사랑의 경험에 차이가 있다는 것을 발견했다(Hazan & Shaver 1987, p.511). 세 번째 중요한 발견은 애착 방식이 자기 자신 및 사회적 관계, 그리고 부모와의 관계 경험과 관련 있으며, 이것은 이론적으로 유의미하다는 것이다(Hazan & Shaver, 1987, p.511). 연구자들이 사용한 안전, 회피, 불안/양가적 애착에 대한 각각의 간략한 설명과 성인 애착 면접 결과는 높은 일치성을 보였다. 성인 애착 면접은 부모의 애착 방식을 측정함으로써 자녀의 애착 방식을 예측하는 표준적인 방법이다(Brennan et al., 1998).

성인 애착: 3개 유형에서 4개 유형으로

애착 이론은 상당한 발전이 있었지만, 하잔과 셰이버(1987)는 애착 모델의 심리측정 정확도를 확신하지 못했다. 그래서 이 분야에 대한 연구를 계속했다. 그들은 에인스워스와 동료들(1978)에 의해 확인된 애착의 두 가지 축, 즉 친밀한 관계에 대한 불안, 그리고 그 불안으로 인한 친밀감 회피에 대해 관심을 가지게 되었다. 이러한 두 가지 차원을 고려하면, 심리측정에 있어 세 가지 유형이 아닌 네 가지 유형을 고려할 수 있다고 하였다.

또한 바솔로뮤(Bartholomew, 1990)는 회피 영역을 개념적으로 구분되는 2개 범주인 무시와 두려움으로 설명하고, 불안과 회피 행동 수준에 따라 사분면으로 나뉘는 4개 유형 모델을 제안하였다. 4개 유형 모델은 원래 볼비가 제안했던, 드물게 나타나는 불안정한/무질서한 애착 유형 또한 통합하였다. 사분면의 4개 영역은 각각 안정(secure, 낮은 불안 및 낮은 회피), 몰입(preoccupied, 높은 불안 및 낮은 회피), 무시(dismissing, 낮은 불안 및 높은 회피), 두려움(fearful, 높은 불안 및 높은 회피)으로 명명된다. 이 모델은 바솔로뮤와 호로위츠(Bartholomew & Horowitz, 1991)에 의해 심리측정학적으로 테스트되고 지지를 받았다. 이 모델은 성인 애착 연구자들로부터 상당한 지지를 얻었으며, 사실상 종전의 3개 유형 모델을 대체하였다(Bartholomew, 1994; Bartholomon & Horowitz, 1991;

Bartholomew & Shaver, 1998; Brennan et al., 1998; Fraley et al., 2000). 모델의 형태는 [그림 2.1]에 나와 있다. 〈표 2.1〉은 사분면의 4개 영역 각각의 특징과 관계를 보여 준다.

바솔로뮤(1990)는 또한 내적 자기 모델을 불안축에, 내적 타인 모델을 회피축에 개념적으로 추가함으로써, 에인스워스와 동료들의 기본 모델을 확대하였다(그림 2.1 참조). 이러한 발전을 통해 이전 모델에서 누락된 개념적 깊이 및 영역 간 명확한 심리측정학적 적합성을 확보하였다. 이 모델은 계속 개선되고 있으며, 여러 문헌들에서 광범위하게 논의되어 왔다(Cummings, 2003; Edelstein & Shaver, 2004; Fraley & Shaver, 2000; Fraley et al., 2000; Sibley, Fischer et al., 2005).

이 모델을 적용함으로써 관계에 대한 개인의 인식과 관련 행동들이 관계에 대한 불안, 회피, 친밀감, 의존 수준과 경험적으로 연계될 수 있게 되었다. 또한 교사, 학생 및 학교 관리자들이 교실과 교직원실에서의 관계를 구축하고 유지하면서 발생되는 긍정적이거나 혹은 부정적인 행동 유형들의 중요한 정보를 설명해 준다.

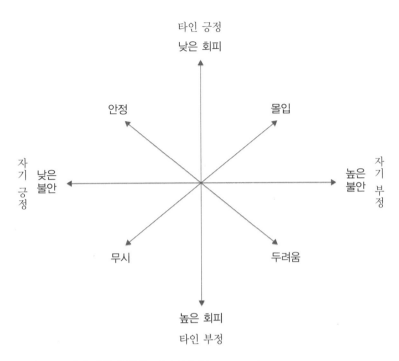

그림 2.1   성인 애착 유형의 4개 영역(바솔로뮤, 1990)

표 2.1   성인 애착 유형별 특징

		의존성(자기 모델)	
		낮음(자기 긍정)	높음(자기 부정)
회피성 (타인 모델)	낮음 (타인 긍정)	안정형: 친밀하면서 자율적	몰입형: 관계에 집착
	높음 (타인 부정)	무시형: 친밀감을 무시 반의존성	두려움형: 친밀감에 대한 두려움 사회적 회피

* 바솔로뮤(1990)가 개발하고 바솔로뮤와 호로위츠(1991)가 확정

4가지 성인 애착 유형

안정형

이 유형은 자신과 타인에 대해 건전하고 균형 잡힌 견해를 가진 사람들이다. 안정 애착 유형은 상호 의존하는 것에 대해 행복해한다. 안정형은 관계에 대한 불안감이 낮고, 친밀한 관계를 피하지 않는다. 이 유형은 [그림 2.1]의 왼쪽 상단 영역에 배치된다. 그들은 자신의 '가치(사랑스러움)'에 대해 알고 있고 다른 사람들이 '수용하고 반응할 것'을 기대한다(Bartholomew & Horowitz 1991, p.227). 또한 안정적으로 애착된 사람들은 불안정하게 애착된 사람들에 비해 훨씬 더 호기심이 많다.

몰입형

몰입형 성인은 안정형에 비해 자신의 가치를 덜 느끼지만, 다른 사람에 대해서는 더 긍정적 견해를 유지한다. 몰입형은 친밀한 관계에 대한 불안도가 높고 타인에 대한 회피성은 낮다. 이 유형은 [그림 2.1]의 오른쪽 상단에 배치된다. 몰입형은 신뢰할 수 있고, 가치 있는 타인에게 자신이 받아들여질 때에만 스스로를 받아들이는 경향이 있다. 다른 사람들을 신뢰하고 싶지만, 경험을 통해 타인을 믿지 말라고 학습되었기 때문에 문제가 발생한다. 몰입형은 자신에 대한 좋은 감정을 느끼기 위해 남에게 인정받는 것에 몰두하게 된다. 다른 사람들의 의견에 계속 집중해야 하므로 주변 세상에 대한 호기심이 낮아진다. 이 성향은 그들을 돌보는 사람을 향한 분노와 통제적인 행동으로 종종 이어지는 혼란스러운 상태로 나타나기도 한다. 왜냐하면 그들은 타인의 진심 어린 반응과 속임수를 구별하기가 어렵기 때문이다(Bartholomew & Horowitz, 1991). 앨런과 동료들(Allen et al., 2005)은 이 유형의 끊임없이 소모적인 성격에 대해 다음과 같이 설명했다.

> 거절 및 버림받는 것에 대한 두려움과 계속되는 낙심과 실망감. 더 나쁜 것은 양가성과 분노에 있어서 관계 자체가 규제할 수 없는 바로 그 고통의 주요 원천이라는 것. 애착 대상으로부터 반응을 이끌어 내려는 강압적인 행동은 불가피하게 거부감을 조장하고 버림받는 것에 대한 두려움을 증폭시키게 된다.
>
> Allen et al., 2005, p.67

무시형

이 애착 유형 그룹에 해당하는 사람들의 전형적인 행동은 강박적인 자립성(self-reliant)으로 설명된다(Bowlby, 1980). 이 유형은

[그림 2.1]의 왼쪽 하단에 배치된다. 친밀한 관계에 대한 회피성이 높지만 불안도가 낮다는 것은 이 유형의 사람들이 다른 사람들에 비해 자신의 감정을 잘 알지 못할 수 있음을 시사한다(Bartholomew & Horowitz, 1991). 애착 욕구를 부정하는 내적 작동 모델을 갖는 다는 것은 다른 사람들의 애착 욕구를 목격할 때 정서적 불일치가 생길 가능성이 크다는 것이다. 이 애착 유형을 가진 사람들은 타인에게 감정적 거리감을 느끼게 하고 관계를 맺는 것이 어려운 사람으로 보일 수 있다. 이 유형의 사람들은 관계의 발전에 의존하는 대화 기반의 여러 치료에 덜 반응하는 것으로 나타난다. 왜냐하면 회피형들은 관계들을 적절하게 형성하고 유지할 수 없을 가능성이 높기 때문이다(Crittenden & Ainsworth, 1989; Holmes, 1994). 회피 애착 유형을 가진 교사는 학생 및 동료를 신뢰하기 매우 어렵기 때문에 일로 관계를 형성하고 유지하는 것이 어려울 가능성이 높다. 회피 유형의 학교 관리자들은 같은 이유로 타인에게 책임을 위임하는 것에 많은 스트레스를 받을 것이다.

두려움형

불안과 회피성이 모두 높은 사람들은 자신이 사랑받기에 부족하다고 느끼며 자신에 대한 다른 사람들의 의견이 부정적일 것이라고 생각하는 경향이 있다. 두려움 유형의 사람들은 가까운 관계를 피함으로써 고통스러운 감정으로부터 자신을 보호한다. 경험상 가까운 관계는 그들이 두려워하는 거절을 낳기 때문이다. 두려움 유형의 사람은 자신을 다른 사람들이 신뢰할 수 없고 거절받는 존재라고 생각한다. 하지만 타인으로부터 인정받고 싶어 한다. 이것이 이 유형의 사람들에게 있어 끊임없는 딜레마이다(Bartholomew & Horowitz, 1991). 인정받고 싶다는 측면에서 이 유형의 사람들은 몰입형의 사람들과 크게 다르지 않지만, 다른 사람에게 매달리기보다는 거리를 두고 주위를 맴도는 경향이 있다는 점이 차이이다.

비애착

검토가 필요한 마지막 유형인 비애착(nonattachment)은 개념적으로 이해가 어려운데, 위에서 설명한 애착 관계와 비애착 관계의 차이를 아는 것이 중요하다. 그 미묘한 차이는 교실 관계 측면에서 중요한 상관관계가 있다. 해당 분야 전문가의 인터뷰를 통해 앨런과 동료들(2005)은 관계 측면에서 애착과 비애착을 구별할 수 있었으나, 종종 그 차이점을 알아내기 힘들 때도 있었다. 그들이 보고한 흥미로운 발견 중 하나는 '회피' 행동과 비애착을 구별하기 어렵다는 것이다.

애착 관점에서 학교 관계를 검토할 때 명심해야 할 중요한 이슈는 관계 구성원들이 서로 관계를 유지한 시간이다. 일반적으로 초등학교에서의 교사-학생 관계는 1년 동안만 지속된다. 반면 중학교 이상의 학생들은 수년에 걸쳐 동일한 교사와 교류할 가능성이 높지만, 한 주 단위로만 보면 초등학교보다 동일한 교사와 보내는 시간은 훨씬 적다. 두 경우 모두 접촉 기간이 애착 관계를 위한 엄격한 기준(애착이 충분히 형성되기 위해서는 어린아이와 성인 모두 약 3년이 소요된다)을 충족시킬 만큼 충분히 길지 않을 수 있다. 그러나 관계의 구성원 모두 서로 의미 있는 관계를 맺고자 하는 감정적 노력은 애착 행동을 유발할 수 있다. 애착에 필요한 시간이라는 점에서 교사-학생 관계는 첫해에 애착 유대가 형성되거나 아니면 비애착 관계로 남을 수도 있다. 중요한 것은 애착 행동 시스템이 학생, 교사 또는 모두에게 활성화되는지 여부이다.

숨겨진 애착 욕구

안정감을 높이는 교정적 정서 경험이 없으면, 불안정한 성인은 애착 욕구를 억누르거나 그 욕구를 다른 곳으로 돌리는 방어 메커니즘을 사용하여 무의식적으로 애착 욕구를 숨기게 될 것이다. 숨겨진 애착 욕구는 여러 가지 미묘한 방법으로 수행된다. 예를 들어, 정서적 치료의 필요성을 신체화하는 방법이 있다. 약한 감기 증상이 있다며 다른 사람들의 관심을 거절에 대한 두려움 없이 끌어들여(Skynner & Cleese, 1993) 원하는 보살핌을 받을 수 있다.

"나는 아프니까 보살핌을 받아들일 수 있지만, 아프지 않다면 보살핌을 받을 자격이 없다"라고 생각하는 것이다. 그리고 다른 심리적 욕구를 숨길 수 있는 여러 방식이 있는 것처럼 애착 욕구를 숨기는 많은 방식들이 있다. 애착 욕구를 숨기는 것은 정서적 불일치를 예방하거나 감소시키기 위해 무의식적으로 나타난다.

성인 애착: 유형 모델에서 연속 모델로

자기 보고형 측정 연구의 지속적인 개선으로 인해 성인 애착 모델은 범주/유형 모델에서 연속성 모델로 새롭게 개념화되었다. 그리고 애착 유형에 따른 행동 레퍼토리는 이제 애착 패턴뿐 아니라 맥락의 영향에 의해 형성되는 것도 고려하게 되었다. 이런 중대한 이론적 발전은 셰이버, 프랠리 등과 그들의 동료들에 의해 제안되었다. 그들은 애착 유형이 고정된 것이 아니라 상황에 따라 행동 반응이 달라진다는 증거를 발견해 냈다(Fraley & Shaver, 2000; Fraley & Spieker, 2003; Fraley et al., 2000). 셰이버와 프랠리 등은 애착에 따른 여러 복잡한 행동은 많은 변수들에 의존적이며 유형 모델에 따른 분류법을 사용하는 것은 지나치게 단순하다고 주장했다. 인간관계는 쌍방향적이며, 관계를 맺는 두 당사자 각자의 행동은 상대 행동에 따라 수정되는 경향이 있다고 주장했다.

이들의 이론적 관점이 많은 연구자들에 의해 채택되고 널리 적용되면서 성인기 애착 개념의 발전은 계속 진화되고 있다. 애착 패턴들은 연속적이고, 양자 간 경험에 의해 유형들 간의 이동이 가능하다는 이론이 수용되면서 애착 유형들 사이의 경계에 대한 논쟁이 해결되어 가고 있다. 그렇지만 이런 주장에도 불구하고 저명한 애착 이론가나 전문가들은 에인스워스의 전통적 유형 모델의 유지를 강력하게 주장하고 있기도 하다(Sroufe, 2003).

애착 방식의 안정성 및 변화

스미스·머피·코츠(Smith, Murphy and Coats, 1999)는 내적 작동 모델 및 애착 방식의 안정성과 변화에 대한 문헌들의 메타 분석을 수행했다. 애착 분야의 연구자들 사이에 일반적으로 내적 작동 모델과 애착 방식의 안정성에 대해 합의를 하지만, 유아기에 형성된 내적 작동 모델과 연인 관계를 형성하는 능력에서의 일치에 대해서는 논란이 있다. 성인 애착 방식은 더 복잡하고 다양한 개념화에 대한 근거가 필요한 것으로 생각된다.

사람들은 일반인 또는 특정 관계에 있는 사람 모두에게 적용할 수 있는 심적 표상(기억, 정서적 반응, 기술 및 전략 등)을 가지고 있다. 이 표상들은 활성화 빈도 및 최근 활성도에 따라 접근성 수준이 다르다. 그리고 두 개 이상의 표상들은 현재 진행 중인 관계 또는 새롭게 형성된 관계에 대한 반응들에 영향을 줄 수 있을 것이다. 그러나 특별한 관계를 형성할 때에는 관계에 따라 반응하는 특별한 표상들이 일반적인 표상들에 비해 더 강력한 영향을 미칠 수 있을 것으로 기대할 수 있다.

Smith et al., 1999, p.95

특별한 목적으로 특별한 상황에서 형성되는 애착 유대로서 교사, 학생 관계의 개념화를 하는 데 스미스 등의 연구는 중요한 의미를 갖는다. 교사들이 일하는 맥락 자체가 전문가로서, 개인적으로 강력한 영향을 교사들에게 미칠 수 있다. 애착의 연속 모델이 매우 유용한 개념이라는 근거를 제시한다. 하지만 애착 유형 모델은 비록 단순화된 측면이 많지만, 애착 관계를 통해 설명할 수 있는 많은 장점이 있다는 것도 사실이다.

교사-학생 관계

성인 애착의 원리를 교사-학생 관계에 적용하는 것은 애착 원리를 바라보는 방식을 재구성하는 것이다. 케스너(2000)는 모든 애착 관계는 친밀한 관계이지만, 모든 친밀한 관계가 전부 애착 관계는 아니라고 경고한다. 케스너 또한 볼비(1984)가 아이들이 부모 이외의 중요한 성인들에게도 애착을 형성한다고 언급했던 것을 상기하면서, "아마도 아이들의 삶에서 가족을 제외한 사람

중에서 교사보다 더 중요한 성인은 없을 것이다"라고 하였다 (Kesner, 2000, p.134).

학생들이 교사를 자신의 인생에서 중요한 타인으로 느끼듯이, 교사들도 학생들에게 강력한 애착 유대감을 느낀다. 아이들에 대한 애착 유대감은 아이들과 가깝게 연결된 많은 사람들에게 생성된다. 허디(Hrdy, 2009)는 이 현상을 인간을 포함한 모든 영장류의 약 절반 정도에서 행해지는 공동육아의 개념으로 설명한다. 그러나 이러한 상호 애착 유대는 교사 또한 학생과의 관계에서 필요로 하는 것이 있다는 것을 의미한다. 우리가 공동 애착(alloattachment)이라고 명명할 수 있는 교사와 학생 간 상호 애착은 학교 환경에서 고유한 속성을 지닌다. 교사는 자신의 직업적인 정체성을 구축하고 유지할 수 있도록 학생들이 어느 정도 의존성을 보여 주는 것이 필요하다. 학생 없는 교사는 없고, 추종자 없는 리더는 있을 수 없다.

애착과 직업적 정체성

교사 직업의 정체성을 유지하기 위해서는 한 명 이상의 학생과 관계를 형성해야 한다. 교사의 직업적 정체성은 적어도 한 명의 학생에 대한 교사의 이해와 교사-학생 간의 관계 없이는 존재할 수 없다. 그러나 이러한 두 사람 사이의 양자 관계는 단순하지 않다. 교사-학생 관계에서 법적 문제와 책임 관계는 동등하게 나누어지지 않고, 각각의 역할에서 힘의 배분도 평등하지 않다. 이것이 교사-학생 양자 관계의 특성 중 하나이다. 또 다른 특성은 교사는 자신의 정체성 유지를 위해 학생들에게 의존하는 반면, 학생들은 반드시 그렇지는 않다는 것이다. 이 특성으로 인해 교사가 오히려 돌봄을 구하고, 학생이 돌봄을 제공하는 위치에 놓이기도 한다. 학생들은 이런 역할에 준비가 되어 있기도 하고 그렇지 않기도 하다.

학생은 교사의 존재 유무와 상관없이 존재하고 배울 수 있다. 교사들의 업무는 학생 자신을 풍요롭게 할 수 있는 적극적이고 독립적이며 스스로 성장할 수 있는 지혜로운 학생들을 배출하는 것이다. 물론 이 과정은 일부 교사들은 받아들이기 힘들어하는, 학생들과의 암묵적인 분리의 과정을 수반한다.

결과적으로 교사와 학생 간 관계는 교사의 직업적 정체성, 학생들의 학습 정체성 및 교사와 학생 간 전문적 작업 관계의 기초가 되는 토대를 제공한다. 성인 애착 관점으로 보면, 학생들은 그 관계에서 많은 힘을 얻는데 이 중 상당한 부분은 무의식적인 과정으로 인한 것이지만 강력한 힘이 된다. 학급에서 발생하는 분리의 위협은 친구들에게는 인기가 있지만 교사 입장에서는 다루기 힘든 학생과 교사 사이의 갈등에서 올 수 있다. 이러한 경우 교사는 무의식적으로 해당 학급 그룹 전체와 본인이 멀어지게 되지는 않을지 위협을 느끼게 되고, 애착 대상인 그 학급과 관련하여 분리불안 수준이 높아지게 된다. 이러한 불안은 분노와 분리저항 행동을 포함한 애착 행동을 유발한다.

이러한 논리는 돌보는 사람과 보살핌을 받는 사람의 역할이 교실 내에서 교사와 학생 모두에 의해 수행된다는 것을 암시한다. 즉, 교사는 학생들에게 보살핌을 구하는 역할일 때도 있지만 동시에 자신의 보살핌하에 있는 학생들에 대한 법적·도덕적 책임을 가지고 학생들을 돌보는 역할을 유지한다. 이러한 두 가지 역할을 유지하는 것은 교실 환경에서 교사와 학생 모두에게 작동하는 애착 행동 시스템을 복잡하게 만든다.

학생에 대한 애착: 개별 학생, 학급 전체, 혹은 둘 다

양자적 애착의 관점에서 교실 관계를 바라볼 때 더 복잡한 것은 교실 환경에서 양자 관계를 구성하는 것이 한 명의 교사와 다수의 학생이라는 점이다. 교사는 각 학생과 개별적으로 양자 애착 관계를 형성하는가, 아니면 학급 단위로 작동하는 다른 종류의 애착 혹은 공동 애착을 형성하는가? 실상 두 가지 모두 맞다. 교실에는 교사 대 학생, 학생 대 학생, 교사 대 학급 등 여러 가지의 양자 관계가 있다.

로흐런(Loughran, 2006)은 다른 관점에서 이 문제를 다루면서 교육에서의 이론과 실천 사이의 간극으로 연구자와 교사들은 서로 다른 사고방식을 갖는다고 했다. 로흐런의 연구 결과에 따르면, 연구자의 경우 개별 학생에 관심을 갖는 반면, 교사들은 종종 개별 학생들로 구성되는 전체 학급을 하나의 단위로 생각한다는 것이다. 그래야만 교사는 개별 학생들을 다룰 수 있다. 교사들이 학급과 개별 학생을 바라보는 방식에 관한 중요한 관점이다.

애착 관점에서 보면 일부 교사들에게는 학생 개인이 아닌 학급 전체가 애착 대상이 되는 것 같다. 하지만 이들 교사에게 학급 내 학생들 전체가 하나의 애착 대상이 되는 것인지, 또는/동시에 모든 학생들 각자가 애착 대상이 되는 것인지는 불분명하다. 어떤 학생들은 좋아하는 대상으로 인식되고, 다른 학생들은 회피 대상이 되지만, 교사가 직업적 정체성 유지를 위해 애착 대상으로 추구하거나 회피하는 것은 학급이라고 할 수 있다. 교사들이 무의식적으로 또는 의식적으로 가지게 되는 이러한 사고방식은 많은 교사들이 그들의 업무를 설명할 때 사용하는 언어로 나타나게 된다. 그들은 종종 학급을 하나의 단위로 이야기한다.

교사들은 종종 학급 전체에 관하여 이야기하면서 학급을 한 개인인 것처럼 간주하기도 한다. "오늘 오후에 8F반을 만날 거예요", "오늘 9C반 좀 맡아 줄래요?", "오늘 아침 10B반과 돌파구를 마련한 것 같아요", "오늘 8D반이 기분이 좋으면 좋겠네요", "9F 반의 그런 태도가 너무 싫어요", "나는 3학년을 사랑해요". 이것은 개인을 대표하는 학급의 내적 작동 모델을 암시하는 것이며, 학급 내 각 구성원들은 집단적 측면을 나타낸다.

집단에 대한 애착은 스미스·머피·코츠(1999)에 의해 연구되었다. 그들은 집단 애착(group attachment)이 관계 애착과 집단 정체화(group identification)와는 별개로 "그 집단에 관한 감정, 집단과 함께한 시간과 활동, 사회적 지원, 집단 자존감, 갈등 해결 방법 등과 같은 몇 가지 중요한 결과들을 예측할 수 있도록 한다"라고 보고했다(Smith et al., 1999, p.77). 스미스 등은 성인들은 과거의 관계 경험들로 인해 접근성이 다른 여러 개의 내적 작동 모델들을 가지고 있다고 제안했다. 이러한 모델에는 여러 개의 집단 구성원 및 소속 모델이 포함된다.

예를 들어, 어떤 사람이 자신을 훌륭한 팀 플레이어이지만 한편으로는 외톨이로 여길 수 있고, 그래서 자신이 속한 집단은 "자신을 따뜻하게 받아들이거나 혹은 자신에게 강압적이거나 자신을 거부할 수 있을 것"이라고 생각할 수 있다. 이러한 기대 패턴은 상황에 따라 다르며, 개인에게는 두 가지 차원, 즉 집단 애착 불안과 회피에서 작동한다. 이것은 교사-학생 관계 관점에서 중요한 의미가 있다.

불안도가 높고 회피도가 낮은 교사들은 교실에서 스트레스가 많은 애매한 순간에 직면했을 때 감정적으로 취약할 것이다. 모든 교사들은 자주 이러한 상황에 직면하게 된다. 회피도가 높은 교사도 다른 면에서 역시 취약할 수 있는데, 방어 배제를 통해 반사적 반응을 회피하려고 하므로, 특히 잘못 행동하는 학생들을 대할 때 지나치게 규칙에 얽매이고 엄격해질 가능성이 크다.

이것은 애착 회피 기능과 관련된 주의력, 기억 형성 및 인출의 변화에 주목한 많은 연구자에 의해 교실 이외의 상황들에서 경험적으로 테스트되었다(Edelsta 2006; Edelstein & Shaver, 2004; Fraley & Shaver, 1997). 이러한 맥락에서 예비 교사와 학교 리더들에게 중요한 질문은 다음과 같다.

- 교사로서의 발달 과정에서 교육을 직업으로서 매력적으로 느끼게 하는 무언가가 있었는가? 혹은 교사라는 직업을 선택하게 한 다른 매력이 있는가?
- 초임(그리고 경력이 많은) 교사들이 이것을 인지하고 있는가? 그리고 이것은 교사들을 직업적 시련과 고난에 취약하게 만드는가, 아니면 그들의 회복력을 더 강화시키는가?

이 질문들은 우리를 무의식적 동기부여의 영역으로 인도한다.

교직에 대한 무의식적 동기부여

멜게스(Melges)와 볼비의 애착 3부작 중 첫 권(1969)이 출판되기 전인 1963년, 라이트와 셔먼은 "교사들의 성향은 자신의 부모 및 학창 시절 선생님들과 동일시를 통해 상당 부분 결정된다"라는 주장을 하였다(Wright & Sherman, 1963, p.67). 부모와 교사는 신규 교사들의 발달에 있어 서로 다른 부분에서 영향을 미친다. 부모는 도덕적·지적 훈육을 제공하는 반면, 교사는 주로 공감력에 영향을 주는 것으로 밝혀졌다. 이로 인해 교사들은 "자신들이 겪었던 이전 교사들과 밀접하게 관련된 방식으로 교실에서 생각하고 행동"하며(Wright & Sherman, 1963, p.67), 이것은 의식적으로 받아들여진 방식이 아니라 무의식적으로 영향을 받은 것이다. 라이트와 셔먼은 감성적 언어를 강하게 사용하여 교사와 학생의 관계가 사랑(love)의 한 형태이며 교사와 학생 사이의 사랑은 교사와 학생 모두에게 필요한 것임을 제안했다. 현재 이런 용어는 교육적 담론에 있어서 잘 사용하지 않게 되었는데, 아마도 이 단어가 선정적 요소를 포함할 수 있기 때문일 것이다. 라이트와 셔먼이 교사-학생 관계를 연구할 당시 개발된 애착 이론 또한 사랑의 개념을 직접적으로 다루고 있다. 여러 유형의 교사들을 설명하는 데 있어, 라이트와 셔먼(1963)은 볼비의 이론에 대한 지식 없이도 애착 이론을 해석할 수 있는 안정적/불안정적인 교사에 대한 충분한 설명을 제시하였다. 아래 내용은 안정적 교사와, 교정적 정서 경험을 찾는 안정적이지 못한 교사에 대한 설명이다.

다정한 교사의 여러 유형 중 한 가지는 교사가 기억하는 어머니 이미지를 유지하는 것이라고 주장할 수 있다. 이 유형의 교사는 다정했던 어머니의 모습을 기억하고 또 어머니에게 순종하고 사랑받는 것으로 어린 시절을 기억한다. 교사는 이 소중한 이미지를 반복하고 보존함으로써 사랑을 주고 지지해 주는 어머니와 자신을 동일시하게 된다. 이 의존성은 교사에게 만족스러운 것인데, 왜냐하면 그에게 가장 중요한 것은 어머니에게 받았던 사랑, 그리고 지금 그가 자신의 행동으로 유지하고 있는 사랑이기 때문이다. 다정한 교사의 또 다른 유형이 있는데, 어린 시절 사랑으로 보상받은 경험이 없는 교사이다. 이들은 보상에 대한 기대가 아닌 처벌에 대한 두려움 때문에 어머니의 요구에 굴복한 경험이 있다. 이들의 다정한 행동은 자신이 상실한 것들을 보상받으려는 욕구로 인한 것이다. 첫 번째 유형의 교사와는 대조적으로 이들은 제자들에게 사랑을 받기 위해서뿐만 아니라, 한때 빼앗겼던 사랑을 아이들에게 제공함으로써 대리 보상 만족을 얻기 위해 학생들을 사랑한다.

Wright & Sherman, 1963, p.71

보상 만족, 보살핌을 받고자 하는 욕구 또는 교정적 정서 경험에 대한 욕구는 일부 교사들을 학생들에 의한 거부에 취약하도록 만든다. 교사들이 학생들에게 원하는 관계가 부분적으로 보살핌의 일종이라고 감안할 때, 일부 교사들이 교정적 정서 경험에 대한 무의식적 욕구로 인해 학생들과 새로운 애착을 형성함으로써 교사라는 직업을 선택하게 된다는 주장은 논쟁적일 수 있다. 이를 탐구하기 위해 고안된 연구에서, 적어도 5년 동안 교사 직업을 유지한 교사들은 그들이 교사라는 직업에 합류함으로써 추구했던 일종의 교정적 정서 경험을 얻은 것으로 나타났다(Riley, 2009c).

회복의 경험: 교정의 관계 경험

내적 작동 모델이 직업 선택에 중요한 역할을 한다고 추론하는 것은 논리적이다. 불안정하게 애착된 사람은 학생 시절 교사들에 대한 긍정적 경험의 결과로서 또는 학생이라는 애착 대상이 있다는 점 때문에 교사라는 직업을 선택할 수 있다. 두 경우 모두 교사에게 교정적 정서 경험의 기회를 제공한다. 만약 이러한 바람들이 지각적 방어의 무의식적 형태로 남아 있다면, 이들은 교직의 긍정적인 측면들을 추구하긴 할 테지만, 한편으로는 교실에서의 총체적 현실을 받아들일 준비는 부족할 수도 있다. 그들은 무의식적으로 학생들 그리고/또는 상급자들로부터 보살핌을 받기만을 원하고 돌보는 역할을 회피할 수 있다. 불안정하게 애착된 일부 교사들의 경우, 보살핌이 제공되더라도 조직 및 직업적인 제약이나 지각적 방어로 인해 이를 받아들이지 못할 수 있다. 이것은 교사를 교실 내에서 분리불안에 취약하게 만들고, 학생들을 향한 분리저항과 공격적 대응이 더 많이 발생할 수 있는 조건들을 형성한다.

다음 절에서는 애착 유형에 따른 일반적인 특성들을 설명하려고 한다. 독자들에게 각 유형의 특징을 전달하기 위해 일부 속성들이 과장되게 설명될 수도 있다. 하지만 개별 사례에서 보면 훨씬 더 복잡한 특성들이 관찰될 것이다.

안정적 교사의 잠재적 특성

교사들은 그들 자신이 충분히 대접받을 때 학생들에게 교사로서 최고의 역할을 할 수 있다.

Sergiovanni, 2005, p.101

교실에서 안정적 교사의 관심은 주로 학생들을 이해하는 것에 집중된다. 교사는 학생들에게 의지하고, 학생들이 자신에게 의지하는 것을 기쁘게 생각한다. 이 신뢰가 깨져 교사가 학생에게 실망하게 된다면, 안정 애착의 교사는 일반적인 상황이 아닌 일탈이라고 볼 가능성이 높다. 일탈이 지각되면, 타인에 대한 교사의 내적 작동 모델은 이를 부당하다 여기고, 교사는 곧이어 정보 전달

또는 상호작용의 질을 향상시킬 수 있도록 학생에게 왜 그런 일이 일어났는지 조사하여 이유를 알려고 할 것이다. 그래서 학생은 이해를 얻고 이를 통해 세상에 대한 호기심이 증가하게 되어 학습 경험을 통한 즐거움도 얻게 된다. 안정 애착의 교사는 자신의 실천을 쌓고 개선하기 위해 자신의 경험을 사용할 줄 안다. 안정 애착의 교사는 자신의 내적 작동 모델을 학생, 교사 및 인간관계에 도움이 되는 방식으로 사용하고 확인하려고 한다. 라이트와 셔먼

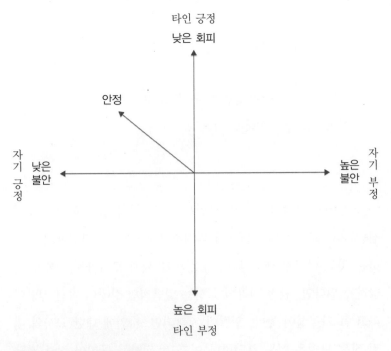

그림 2.2 안정 애착(바솔로뮤, 1990)

(1963)이 제안한 것처럼, 학생들에게 애착을 느끼는 교사들은 비애
착된 교사들보다 학생들의 성취에 대한 기쁨을 훨씬 더 많이 나눌
수 있다. 이것은 로이만과 로진(Royzman & Rozin, 2006, p.82)이
심리학과 학부생들을 대상으로 한 실험을 통해서도 입증되었다.
로이만과 로진은 단순한 동정이 아닌 더 큰 공명(symhedonia)은 이
전의 애착 경험이 있는 사람들에게 더 많이 일어난다고 하였다.

몰입형 교사의 잠재적 특성

교실에서 몰입형 교사는 학생들을 대하는 데 일관성이 없는 것
으로 보일 수 있다. 몰입형 교사는 일부 학생들을 편애하고 다른
학생들은 평가 절하한다. 높은 평가를 받고 있는 학생들은 몰입형
교사의 눈에는 잘못을 하지 않는 것으로 보이는 반면, 다른 학생들
은 잘못하는 것처럼 보인다. 몰입형 교사들은 애착 측면에서 특별
하다고 생각하는 학생, 예를 들어 다른 학생들에게 긍정적 또는 부
정적으로 영향을 미치는 것으로 보이는 학생들의 지지를 잃지 않
으려고 노력한다. 이런 태도는 선호 학생에 대한 지나친 관여로 이
어질 수 있다. 바솔로뮤와 호로위츠(1991)는 몰입 애착 유형은 감
정적으로 과도하게 표현하고, 부적절한 자기 노출 및 보살핌의 경
향이 있다는 근거를 발견했다. 그들은 또한 관계를 통제하는 것에
지나치게 관심을 가진다. 따라서 많은 욕구를 충족시키기 위한 수

단으로서 교사라는 직업의 매력을 느끼며, 이런 측면이 교사가 되고자 하는 동기를 부여할 수 있다. 통제에 대한 욕구는 학급에 대한 법적 책임과 이에 수반되는 관련 권한을 가짐으로써 충족된다.

　몰입형 교사는 자신과 가까워지고 싶은 학생을 선택할 수 있으며, 선호하는 학생들과 가까워질 수 있는 많은 기회를 만들 수 있다. 하지만 만약 학생들이 가까워지는 것을 거부하게 되면, 분리 불안이 커지면서 무시 또는 두려움 유형의 교사들과 마찬가지로

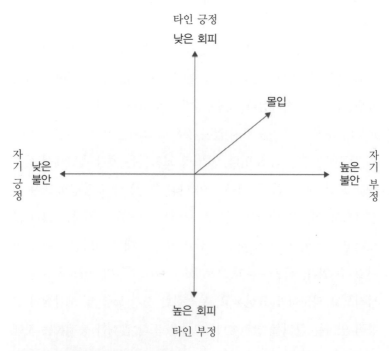

그림 2.3　몰입형 애착(바솔로뮤, 1990)

학생들에게 분리저항 행동을 보이는 자신을 발견하게 된다. 몰입형 애착을 가진 사람은 다른 유형들보다 더 교사라는 직업에 끌릴 수 있다. 아마도 관계를 통제함으로써 호감을 받는 것에 대한 불안을 감소시키면서, 자신을 좋아하는 학생들로부터 보상을 받을 수 있다고 생각하기 때문일 것이다.

무시형 교사의 잠재적 특성

강제적인 접근과 많은 사람들과 교류해야 하는 점 때문에, 많은 무시형 사람들이 교사라는 직업에 끌리지 않을 것으로 생각한다. 하지만 무시형으로 교사가 된 사람들은 학생들 다수를 만나지 않고 특정 학생으로 제한하며, 나쁜 행동을 지적하는 특성으로 교직을 수행한다. 이들은 학생들의 좋은 면이나 적극성은 잘 포착하지 못한다(R. Lewis, 2006). 만약 무시형 교사가 나쁜 학생이 좋은 일을 하는 것을 목격하게 되면, 그 교사의 정서적 불일치가 증가되고 따라서 이는 내적 작동 모델과 충돌하게 된다. 회피적 애착을 유지하기 위해 무시형 교사는 적어도 물리적으로는 아니더라도 정서적으로나 상징적으로 학생들과 거리를 두려 한다. 하지만 이런 거리두기는 학생들의 분리불안 또는 분리저항을 증가시킬 수 있다. 많은 학생들은 애착 욕구를 충족시키기 위해 교사와 정서적으로 가까워지려고 하는데, 이런 행동은 무시형 교사의 불안 수준을 높이게 되고, 무시형 교사는 다시 학생들과 거리를 유지하려고 하다 보면, 잘못된 행동을 할 가능성을 높일 수 있다.

.무시형 교사들은 학생들이 자신에게 접근하려고 할수록 더 많은 학급 규율 문제들로 인해 힘들어할 수 있다. 학생들로부터 정서적으로 거리를 유지하려는 무시형 교사의 노력은 학생들의 분리저항 반응을 유발하며, 학생들은 돌보는 사람으로서의 교사와 더 가까워지기 위한 방식으로 행동할 것이다. 8장에서 설명되는

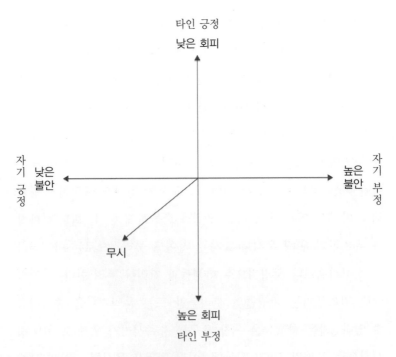

그림 2.4　무시형 애착(바솔로뮤, 1990)

할로(Harlow)의 원숭이처럼, 학생들은 무시형 교사에게 더 강하게 집착하여 교사의 분노를 유발할 수 있다. 할로(1958)에 의해 확인된 학대의 순환 사이클은 무시형 교사가 담당하는 일부 학급들에서 낮은 수준의 강도로 나타날 수 있다.

두려움형 교사의 잠재적 특성

무시, 두려움과 같은 회피적 애착 패턴을 보이는 교사들은 대부분의 시간 동안 애착에 대한 각성도가 매우 높은 상태에 있는 자신을 발견하게 된다. 두려움형 교사는 근접성(proximity)을 추구하기도 하지만 동시에 회피를 추구하기도 한다. 이런 특성이 물리적인 근접성이 강제적으로 주어지는 교실 환경에서는 여러 가지 독특한 어려움들을 야기한다. 두려움형 교사는 다른 애착 유형에 비해 본인이 자격이 없다는 느낌을 더 많이 경험하는 유형이다. 두려움형 교사는 동료들보다 자신의 직업적 역량이 부족하다고 느낄 수 있으며, 동료, 학생 및 학부모와 같은 중요한 타인들이 그런 자신을 발견하고 결과적으로 자신에 대해 부정적인 인식을 갖게 될 것을 두려워한다(Bartholomew, 1994; Bartholomew & Horowitz, 1991). 이 불안으로 인해 두려움형 교사들은 다른 사람들의 기대에 더 취약해지고, 사람들과 해야 하는 일상의 경쟁적인 일들을 하는 데 더 큰 어려움을 겪는다. 그리고 이 과정에서 상사와의 관계도 어려워질 수 있다. 두려움형 교사의 직업 정체성에서 직속 상관은 중요한 역할을 한다. 타인의 의견에 큰 가치를 두지 않는 무시형 교사와 달리, 교장 및 다른 상사들의 도움과 지원은 두려움형 교사의 불충분한 감정들을 크게 줄여 줄 수 있다. 두려움형 교사가 타인에게 지원을 받는다는 느낌을 갖게 되면, 직업적 안전기지를 형성하고, 학생들을 다루는 새로운 방법들을 시도하도록 지원과 격려를 받는다고 느끼면서, 상사와 학생들과의 교정적 정

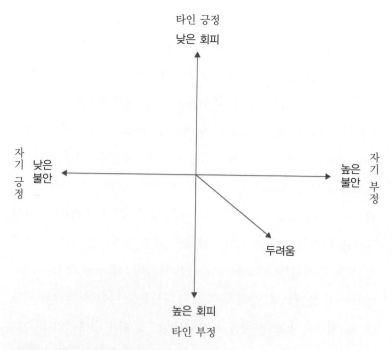

그림 2.5 두려움형 애착(바솔로뮤, 1990)

서 경험 기회를 만들 가능성이 크다. 동시에 분리불안도 감소하여 교실에서 더 큰 정서적 자유를 누릴 수 있게 된다. 결과적으로 학생들에게 유연하게 대처하는 능력을 증가시키고, 방어적이고 자기 보호적인 행동, 즉 학생들과의 정서적 거리를 늘리는 데 집중하여 역설적으로 분리불안을 증가시키는 행동보다는 자유로운 정서적 에너지를 촉진하게 된다.

요약

애착 이론은 수십 년 동안 관계를 연구하는 유용한 방법으로 활용되어 왔다. 애착 이론을 교실에 적용하면 교실에서의 관계, 교직원들 사이의 관계, 학교 관리자들 사이의 행동 차이를 이해하고 설명하는 데 큰 도움을 얻을 수 있다. 또한 분리에 대한 저항 기제로 선의를 가진 교사들에게 학생들이 공격적으로 대할 수 있다는 것도 이해할 수 있게 된다.

이 이론은 학생들을 헌신적으로 돌보는 교사가 정서적으로 위험에 처할 수 있다고도 보는데, 그것은 바로 학생들에 의한 거절에 교사들이 취약할 수 있기 때문이다. 모든 교사는 때때로 학생들의 거절을 경험한다. 안정 애착 유형의 교사는 학생의 거절을 독립을 향한 긍정적인 움직임, 관계 유지를 위해 더 잘 지내기 위한 도전 혹은 그 둘의 조합으로 이해한다. 안정 애착의 교사들은 거절을 자신의 안정에 대한 위협으로 보지 않는다.

반면 무의식적으로 학급을 자신의 안전기지로 생각하는 불안정 애착 유형의 교사들은 학생들이 자신을 거절하게 되면, 자신의 깊은 내면에서 그동안 다루어오지 않았던 두려움, 즉 자신이 학생들에게 혹은 누구에게도 가치 없는 존재가 아닌가 하는 두려움을 확인하게 된다. 불안정 애착 유형의 교사들은 학생들이 자신의 진정한 자아를 발견하게 되면 다른 사람들이 이전에 그랬던 것처럼 자신을 거부할 것이라는 두려움을 갖고 있다. 불안정 애착 교사의 불안은 교실에 중요한 것들은 줄어들게 만들고, 분리저항의 기제가 작동하게 만든다. 교사에 의한 분리저항 행동은 학생들을 불안하게 만들고 아무에게도 이득이 없는 악순환을 만든다. 학생들과 더 가까워지는 노력을 하는 대신 교사가 분리저항 행동을 하는 것은 많은 학생들과의 관계에 해를 끼칠 수 있다. 최악의 시나리오는 교사의 저항 행동이 교사와 학생 사이에 쐐기를 박아 결국 교사와 학생 모두 절망과 단절 상태로 이어지는 것이다.

앞서 설명한 것처럼, 분리저항 행동들은 일반적으로 공격적이다. 거의 예외 없이 교실 공격성에 대한 대부분의 연구는 학생-학생 또는 학생-교사 간 공격성에 집중해 왔다(Sava, 2002; Sutton & Wheatley, 2003). 교실 공격성 연구 문헌의 대부분은 이성적이고 합리적 전문가인 교사가 공격적이고 비이성적인 학생들을 대상으로 상황, 훈련 및 경험을 감안해서 효과적으로 컨트롤한다는 가정에 기반을 두고 있다. 이 주장은 지속적으로 제기되고 있지만 사실 잘못된 주장이라고 할 수 있다(Cuker, 1990; Lewis et al., 2005; Poenaru & Sava, 1998; Sava, 2002; Sutton & Wheatley, 2003).

교실에서 행해지는 모든 사람의 행동은 감정적 경험을 가져다 준다. 교실은 교사의 합리적인 행동, 그리고 그러한 교사와의 접촉 및 교육 시스템을 통해 점점 합리적으로 변화하는 학생들의 행동과 같이 그저 합리적이기만 한 행동들의 집합체가 아니다. 교실 생활의 현실에 대한 보다 정확한 설명은 합리적이고 의식적인 수준을 뛰어넘어, 교사들과 학생들 사이에 팽팽한 긴장감이 감돌면서 높은 정서적 에너지가 오고가며 정서적 유대감이 형성되는 과정이라는 것이 더 타당하다. 그 과정을 통해 교사와 학생들 사이에 깊은 애착이 형성되며, 교사와 학생들은 서로 선호하는 사람들과 견뎌야 하는 사람들이 누구인지를 파악한다. 다른 모든 관계와 마찬가지로, 교실에서의 관계 그리고 교직원들 사이의 관계 역시 필요, 요구, 동기, 동화되고 싶은 욕망, 소속, 성장, 발달의 복합적 감정들이 뒤섞여 있다. 예를 들자면, 대부분의 사람들은 모두 자신에게 긍정적이든 부정적이든 깊은 영향을 미친 교사를 쉽게 기억해 낼 수 있다. 그리고 그 교사에 대한 기억은 보통 그 교사의 말보다는 그 교사가 어떤 느낌이었는지에 대한 감정적인 것들이다.

교사의 성인 애착 유형에 주의를 기울여 살펴보면, 학생 관리 방식을 개선하기 위해 예측하고 개입할 수 있는 기회를 만들 수 있다. 성인 애착, 특히 양자 애착 관계에 대한 최근 연구들에 따르면, 교사의 애착 욕구가 만들어 내는 교사-학생 및 학생-학생 관계에 대한 정서적 비계가 교실 환경에 큰 영향을 미칠 수 있다고 제시한다.

대부분의 교사들은 상황에 따라 애착 사분면에 배치할 수 있는 행동 방식 사례들을 보고했다. 교사는 대부분의 관계에서 사분면 중 특정 영역에 머물러 있을 가능성이 높지만, 상황에 따라 행동 반응이 결정되며 긍정적 변화와 부정적 변화는 모두 발생할 가능성이 있다. 최근의 이런 관점은 애착 유형을 고정된 분류가 아닌 연속적인 것으로 보는 것이 합당하다는 생각을 뒷받침한다. 또한 우리 모두에 의해 작동하는 상황 맥락이야말로 우리의 행동에서 가장 중요하다는 것을 다시금 확인해 준다. 다음 장에서는 인간의 맥락을 포함한 가르침의 맥락을 더 깊이 살펴보고자 한다.

3장
가르침에 담긴 감정들

이 장에서는 교육, 그리고 교사-학생 관계에서 발생하는 다양한 맥락을 탐색하고자 한다. 교실 상황의 본질적 특성들을 파악하다 보면, 보편적인 맥락에 놓인 부분들은 불가피하게 간과될 수 있다. 이번 3장에서는 현실에서는 개별적일 수 없는 수많은 요인이 개별적으로 다루어질 것이다. 그런 점에서 이번 탐색은 가르침의 맥락과 연관된 많은 출발점 및 관점을 제시하는 것처럼 보일 수 있다. 그러나 나는 독자들이 자신의 경험을 참고하여 이들 관점의 조각들을 조합하고 전체적으로 재구성할 수 있기를 희망한다. 이 장의 목적은 문헌 연구를 통해 교실과 교무실의 관계에 큰 영향이 있다고 추정되는 공통적인 요인들을 확인하고 기술하는 것이다.

학창 시절 경험한 선생님들과의 반복된 상호작용은 이후 교사가 되어 학생들과 반응하는 방식의 비계를 형성한다. 우리가 부모들에 의해 길러진 방식대로 양육하는 것과 마찬가지로(Cassidy & Saver, 1999; Roisman et al., 2004; Sroufe, 2005; Yates et al., 2003), 교사들은 자신들이 배운 대로 가르치는 경향을 보인다. 이러한 패턴은 상당히 강력하게 유지되는데, 건강한 안정감 또는 학대 혹은 방임이 가족 내에서 세대를 통해 전달되는 것처럼 공격성을 포함한 교사의 행동에 대한 주기적 순환도 한 세대에서 다음 세대의 교사들에게 이어질 수 있다.

애착 이론은 관계에 대한 축적된 경험으로, 우리 모두는 관계를 형성하고 유지하며 살아가고 있다는 것을 알려 준다. 내적 작동 모델은 우리가 다른 사람들의 행동을 예측하는 데 중요한 도움을 준다.

따라서 새로운 관계에 대한 우리의 초기 접근 방식은 교실과 교직원 관계에 대한 교사의 접근 방식을 포함한 이전 경험에 기반해 형성된다. 모든 신규 교사는 축적된 경험을 통해 교직에서의 관계가 내적 작동 모델로 어떻게 나아갈지 예측한다. 이 시기는 직업적 정체성 발달에 있어 민감한 시기이며, 이 시점에 가장 유연하게 변화할 수 있다. 그러므로 교사교육, 오리엔테이션, 멘토링과 지지 등이 포함된, 신규 교사가 교직에 들어서는 전 과정은 직업적인 내적 작동 모델의 구성 및 재구성과 직업적 정체성의 초기 형성을 위해 중요하다.

내적 작동 모델은 세상과 사람을 예측할 수 있게 하여, 내적 작동 모델 안에서 세상과 사람이 안전하도록 만들어 주는 구조를 말한다. 신규 교사들이 교실에 처음 들어서는 상황에서, 경험은 적은 반면 책임은 무거운 상태로 자신들이 안전하지 않다는 느낌을 강하게 받아 왔다는 것은 오랫동안 알려진 사실이다(Fuller, 1969). 직업적 관계에서 나타나는 내적 작동 모델과 자신이 원래 지녔던 내적 작동 모델과의 연결은 완전하지는 않더라도 성찰되고 설명될 필요가 있다. 그렇지 않으면 이 연결에 대한 인식은 의식 밖으로 밀려나고, 교사의 적극적인 변화와 성장에 개방적인 효과를 발휘하지 못할 것이다.

교사 이전의 삶과 교사로서의 삶에 대한 내적 연결이 단절된 채로 지내면, 교사들은 자신의 경험을 넘어선 관계를 다룰 때 선택이 어려워진다. 이런 상황에서 선택하는 만남은 적절하지 않을 가능성이 높고, 과거의 실패한 관계가 반복되는 것을 회피하기만 하는 무의식적 시도로 나타날 수도 있다. 하지만 교사는 학생이나 동료 교사와의 관계를 극단적으로 회피하면서 지내는 것이 불가능하다. 이 장에서는 교사가 학생, 동료와의 관계를 회피할 때 나타나는 수많은 전문적, 개인적 어려움에 대해서도 다루어질 것이다.

교사들과 학생들이 형성하는 관계는 독특하고 복잡하며 대부분의 다른 관계들과 다른 양상을 보인다. 이 관계는 특유의 자체

적 방식이 있고, 공식적인 구조이면서 동시에 비공식적인 구조이
기도 하다. 모든 직업 중에서 반복적 변화를 경험하면서 특별한
관계를 맺는 영역이라고 할 수 있다. 이 독특한 관계는 학생 성취
도에 중요하게 작용한다(Cochran-Smith, 2005; Onwuegbuzie et al.,
2007; Sava, 2002; Vanboven, 2005). 그러므로 교사들은 자신들이
학생들과 형성하는 관계의 독특한 역학에 대해 배우는 것이 의미
가 있다. 마찬가지로, 학교 지도자들이 학교 내 동료 교사들 사이
의 전문적인 협력 관계를 주도하는 힘을 이해하는 것 또한 의미가
있다. 학교 내 여러 관계의 형성과 유지에 관하여, 더욱 보편적이
며 인간적인 관점으로 교사들이 직면하는 맥락적 세부 사항을 조
사함으로써, 교사와 학교 지도자들 모두 자신들의 직업적 상호작
용에 더 잘 대비할 수 있다.

교사에게 감정은 중요하다

가르치는 일은 전통적으로 이성적이고 논리적인 일로 간주되
었다. 이런 전통으로 교사들은 발달의 인지적 측면을 다루며, 가
장 효과적인 방법으로 교육과정을 전달하고자 한다. 이런 가정에
도전하는 것은 강한 반발을 일으킬 수 있다. 감정을 이성적 반응
의 반대로 인식하는 경우 더욱 그렇다.

그러나 오늘날 모든 사고의 중심에 감정이 작동한다는 뇌과학

의 개념이 대두되면서 교육학자들은 교육적 담론과 실천에서 감정을 통합해야만 하는 상황이다(신경학적 연구의 발달과 이 연구들을 학습에 적용한 것으로는 다음을 참조: Bechara et al., 2007; Damasio, 2004; Damasio et al., 2004; Goleman, 1995, 2006; Goleman et al., 1993; Immordino-Yang & Damasio, 2007; Rudrauf & Damasio, 2006).

그리고 교사들의 업무에서 교사들의 감정을 무시하거나 부정하는 것은 결과적으로 교실 맥락에서 교사들이 겪는 진실을 무시하거나 부정하는 것이 된다. 교사와 연결된 감정이 부정된다는 것은 잘못된 결론으로 이어질 수 있다. 첫째, 이는 교사들이 교실에서 온전히 자신을 드러내는 것이 어렵다고 느끼는 교육 체계를 만든다. 교사의 감정이 부정되면 학생들과 온전한 관계를 맺을 기회가 축소되거나 없어진다. 둘째, 이러한 접근은 교사가 학생들과 동료 교사들의 감정 표현에 더 쉽게 상처받게 한다. 신규 교사에게는 더 큰 어려움을 줄 수 있는데, 신규 교사들이 자신들의 감정을 넘어 어떻게 감정을 다루는지에 대한 훈련을 받지 않는다면, 학생들이 보이는 강렬한 감정에 압도될 수도 있다. 사람들은 모든 교사들이 감정을 잘 통제하고 있는 것처럼 행동하기를 기대한다. 그러나 신규 교사들은 감정 통제에 어려움을 느끼며 스스로의 안전을 유지하기 위해 두려운 반응을 나타낼 수도 있다. 셋째, 교실 수업 중 교사가 가지는 감정의 정당성을 부정하는 것은 심리학자들이 내담자들과 적극적 관계를 맺기 위해 사용하는 두 가지 중요한 수단, 즉 '전이'와 '역전이'를 부정하는 셈이다.

간단히 말해서, 전이와 역전이는 치유자와 내담자, 두 참여자가 상호 작동할 때 내적으로 유발되는 감정이다. 특정한 실습을 통해 전이와 역전이는 많은 교사들이 획득하는 전문가적 직관의 한 형태가 되고 있다. 어떤 교사들은 이런 기술들을 직관적으로 발전시켜 사용하고 있고, 또 어떤 교사들은 전이와 역전이의 사용 훈련을 감정적 반응의 집합으로 교실 분위기를 측정하고 수정하는 도구로서 활용해서, 교실과 교무실에서의 효능과 참여를 증가시키는 데 기여할 수 있다. 전이-역전이에 관한 훈련이 교사 교육에 공식적으로 포함된 것은 아니다. 서튼과 위틀리(Sutton & Wheatley, 2003)는 이 같은 중요한 훈련이 제외된 것은 교육이 다른 어떤 것보다 인지 발달을 독려해 왔고, 이는 인지 발달이 더 쉽게 측정 가능하여 학교가 더 강조하기 때문이라고 했다.

교수 학습의 맥락 속에 작용하는 복잡성, 까다로움, 그리고 감정을 교수 학습 경험의 중심에 놓는 오늘날의 신경과학의 발달을 인정해야 한다. 그리고 교실에서 사람들 사이에 실제 어떤 일이 일어나는지를 더욱 온전한 이해로 통합할 수 있는 시기에 도달했다. 물론 인지 발달은 지극히 중요하다. 그러나 인지 발달은 우리의 근원적 존재에 대한 이해작업에서 상대적으로 아직 얇은 겉포장에 불과하다고 할 수 있다. 즉, 인류와 세상의 상호작용은 수만

년의 진화를 통해 먼저 이루어지며, 복잡하고 지적인 시대의 제약은 그다음에야 작용한다. 리처드 리키(Richard Leakey, 2005)가 《보스턴 글로브》에서 설득력 있게 말했듯이, 인류가 진화의 이해 당사자가 아니었다면 우리는 그저 또 다른 다섯 번째의 유인원이 되었을 것이다.

애착 이론은 현재의 과도한 인지적 교육과정의 개념화에 대한 이의를 제기하기보다는, 교실 속 역학 관계의 복잡성에 대한 이해의 간극을 메울 수 있는 많은 통찰력을 제공한다. 이렇게 중요한 간극을 메워서 공유된 실천을 확장하는 목록을 만들어 갈 수 있다.

신경과학자들은 인지를 더 잘 이해하기 위해서는 인지 작용의 이면을 보라고 우리에게 조언한다. 인지 작용의 이면을 보기 위해서는 새로운 발견과 기존의 지식을 잘 전달하기 위한 공통된 언어가 필요하다. 감정 노동과 정서적 지지는 모든 교실에서 매일 작용하지만 거의 논의되지 않았던 두 가지 구성 요소라 할 수 있다.

애착과 감정 노동

애착 이론의 강력한 특징은 두 사람의 관계에 관한 심리학, 즉 대인관계에 관한 이론이라는 점이다. 애착 이론의 이 특성은 교실에서 일어나는 대인관계의 복잡성을 연구할 때 아주 유용한 렌즈로 작동한다. '감정 노동'이라는 용어를 만든 혹실드(Hochschild,

1983)는 이 개념을 직업 역할을 수행할 때 특정한 감정적 입장을 보여 주어야만 하는 노력을 묘사하기 위하여 썼다고 하는데, 이 환경은 여러 학생이 모여서 함께 지내는 교실 환경에서의 요구와 크게 다르지 않다. 혹실드는 교사와 크게 다르지 않게, 늘 예의 바르고, 승객을 기꺼이 도우며, 승객의 안위를 걱정하는 것처럼 보여야 하는 항공 승무원들과 전혀 그렇게 행동할 필요가 없는 채무 추심업자들의 감정 노동에 대해 연구를 했다.

혹실드는 노동자에 대한 고객의 기대와 실제 노동자가 느끼는 감정 사이의 충돌이 노동자의 모든 장단기적 문제를 일으키는 문제라는 점을 주목했다. 그리고 노동자들이 자신의 직업에서 특정 방식으로 행동해야만 하기 때문에 개인이 희생해야 하는 부분에 대하여 많은 기록을 남겼다. 다른 많은 직업에서 요구되는 감정 노동 역시 교사들의 역할에서도 필수적으로 부과되어 있었다.

유치원부터 대학까지 교사들은 학생들에게 민감하게 반응해야 한다. 그리고 학생들의 정보를 공유하면서, 비밀을 유지해야 할 경우 교사들은 도덕적이고 윤리적인 딜레마와 마주하기도 한다. 지문 채취, 2차 방정식, 외국어, 학교의 통합 교육과 연관된 다른 수많은 활동으로 이루어진 학생들의 삶에 관심을 가지면서 교사들은 학생에 관한 무수한 정보를 취득할 수 있다. 신규 교사들은 학생들의 삶에 대한 정보로 인하여 괴로워하기도 한다.

교사들이 원하든 원하지 않든 특정 학생에 관한 민감한 정보를 알게 되기 시작하면, 불가피하게 교사들은 무언가 판단해야 할 일들이 생기고 이 일들에 대해 스스로에게 자문해야 한다.

이럴 때, 교사들이 전해 들은 그대로를 학교 당국에 보고하면 오랜 시간에 걸쳐 공들여 쌓아 온 학생과의 관계에 문제가 생길 수 있다. 관계가 무너져 회복할 수 없게 손상될까? 그렇게 하는 것이 그 학생을 위해 어떤 교육적인 시사점이 있는 것인가? 학생에 대해 그렇게 알리는 것으로 누가 혜택을 보고, 누가 손해를 볼까? 학생들이 전한 이야기는 진실일까? 아니면 나의 반응을 시험하기 위해 만든 것일까? 모두 진실이라면, 어떤 정보를 누구에게 알리고 보고해야 할까? 이런 상황을 다루는 매뉴얼이 있는가?

이런 일이 생겨도 많은 교사들은 외부 세상을 향해 기쁜 표정을 짓고 침착하게 상황을 잘 통제하고 있는 것처럼 보이도록 노력한다. 바로 이런 것이 감정 노동이다. 교사들이 얼마나 자주 감정 노동을 강요받는지, 즉 학생, 동료, 학부모와의 관계로 인해 자연스러운 감정 상태와는 거리가 먼 상황에 얼마나 자주 처하게 되는지를 도표로 만들어 보면 흥미로운 결과가 나올 것이다.

누가 의사결정을 하는가: 외부적 맥락

교사는 다른 누군가가 정해 놓은 일정에 맞추어 매일같이 학생, 학부모, 관리자, 동료를 만나야 한다. 교사들은 자신들이 실제 느끼고 세상을 경험하는 것과 상관없이 항상 전문적이고 배려하는 방식으로 행동하도록 기대되는데, 이것이 흔한 교사 역할의 감정 노동이다(Hochschild, 1983; Johnson et al., 2005; Rafaeli & Sutton, 1987; Taylor, 1998; Zapf et al., 1999).

교사들은 스트레스를 가져다주는 외적 압력과 자주 마주하게 된다(Johnson, 2006; Johnson et al., 2005), 이런 스트레스들은 많은 부작용으로 이끈다.

1장과 2장에서 애착과 관련된 스트레스를 대략 개관했다. 그러나 지금까지 이야기한 것은 오직 일부에 불과하다. 교사들의 직업적 책임감의 특성은 스트레스를 유발하는 것들이 대부분이다. 그러므로 교사들은 자신의 역할을 수행하는 환경적 맥락 안에서 작동하는 애착의 힘을 알 필요가 있다. 볼비(1982)는 이를 '진화적 적응 환경(the environment of evolutionary adaptedness)'이라고 했다. 이것은 애착 이론의 중요한 측면인데, 우리가 살고 있는 환경이 각 개인의 발달에 영향을 준다는 것을 인정한다. 이 환경에는 사람들의 발달이 이루어지는 동안 마주치고 적응해야 하는 모든 것, 즉 사람, 물건, 감정 등이 포함된다. 그러므로 동기부여의 영향, 교실의 맥락 그리고 가르침의 이상과 현실 등은 각 학교의 적응 환경 안에서 형성되는 관계의 종류와 질에 영향을 주므로 반드시 고려되어야 한다.

다른 직업과는 다르게 교사들은 한 번에 25명 또는 그 이상인 학생 그룹을 다룬다. 이는 독특한 맥락과 어려움을 야기하는데, 가장 잘 준비된 교실의 현장 전문가들조차 특정한 어려움을 겪게 한다. 그러므로 1장에서 시작된 '공유의 영역'의 탐색을 지속할 때, 가르치는 환경의 맥락에 비추어 교사의 역할과 교사와 학생의 관계에 대한 새로운 개념적 가정이 논의되어야 할 것이다. 상담 심리학자들이 그러하듯, 교사들도 많은 동일한 사안, 어려움, 딜레마를 마주한다. 그러나 교사들은 불가피하게 마주하는 이러한 까탈스러운 상황들을 어떻게 다뤄야 하는지에 대해 공식적으로 훈련받은 적이 없다. 교사들이 까다로운 학생뿐 아니라 점차 증가하는 까다로운 학부모를 다뤄야 할 때 더 취약해지고 있는데, 빡빡한 예비 교사 교육과정에서는 이런 어려움을 간과하거나 자원이나 시간의 부족을 탓하며 외면하는 것은 아닌지 모르겠다.

요구가 높아지고, 빠르게 변화하는 대인관계 환경에서 일하는 교사들이 자신의 일을 가장 잘하도록 돕는 것은 학생들에게 가능한 최고의 교육적 결과를 얻을 수 있도록 돕는 것이기도 하다. 아이들을 지원하는 가장 효과적인 방법이 부모를 돕는 것이라고 쓴 볼비의 말을 살짝 비튼다면, 학생들을 돕는 가장 좋은 방법은 교사들을 돕는 것이며, 이는 결과적으로 학생들의 필요를 충족시키는 것과 마찬가지이다. 그간 이 문제들을 여러 이론가, 정책 입안자, 그리고 노동조합은 종종 산업계의 쟁점인 급여와 계약 조건으로 다루려고 했다. 급여나 계약 조건은 이 책의 논의를 넘어서는 것이지만, 이 또한 중요한 고려 사항이라고 생각한다. 하지만 교사들의 감정적 요구에 대해서는 가장 최근까지도 연구가 잘 이루어지지 않았기 때문에 이에 대한 체계적인 관심이 요구된다. 교사가 반드시 겪어야 하는 스트레스의 수준이 무엇인지를 탐색하는 것에서 시작하는 것이 논리적 출발점이 될 것이다.

스트레스

많은 직업군에서 발생하는 물리적·심리적 문제들의 원인은 스트레스, 그리고 적절한 지원 부족인 것으로 나타났다(Johnson et al., 2005; Lazarus & Folkman, 1984; Zapf et al., 1999). 교사들이 매일처럼 겪는 어려움을 기록해 보면 가르치는 것과 관련된 스트레스의 수준이 상당히 높다는 것을 알 수 있다. 케이 윌헬름, 조디 듀허스트-서벨리스, 고든 파커(Kay Wilhelm, Jodie Dewhurst-Savellis and Gordon Parker, 2000)는 교사들의 직업적 스트레스의 원인에 관한 인식을 다룬 문헌들을 검토했다. 그들은 "학생들의 잘못된 행동, 가르치는 활동에 쏟는 시간, 동료 교사, 학생들 및 학부모와의 관계, 학습에 대한 학생의 태도, 근무 환경"을 주요 스트레스로 확인했다(p.292). 이러한 스트레스 요소들은 관계적 스트레스 요인의 최전선에 놓인 문제들이라 할 수 있다.

관계로 인한 스트레스: 감정 노동과 연결하여

관계를 기반으로 하는 모든 직업, 그리고 그 밖의 여러 직업들 역시 감정 노동의 요소를 지니고 있다. 그러나 그중에서도 교사들은 집단을 다루기 때문에 더 독특한 어려움과 마주한다. 교사들은 매일 수백 가지 판단을 해야 하는데, 그중 일부는 학생들에 대한 돌봄에 중대한 영향을 미치기도 한다. 교사의 결정은 때로 오랜 시간이 지난 뒤에도 법적인 책임을 져야 할 성질의 것도 있다. 이러한 속성을 고려하면, 존슨과 동료들(2005)이 설문조사를 통해 보고한 교사들의 스트레스 수준이 그들이 조사한 관계 기반 직업 26가지 중 최고 수준이라는 사실은 별로 놀랍지도 않다. 존슨 등은 로버트슨 쿠퍼(Robertson Cooper, 2002)의 연구를 토대로 스트레스의 5개 영역을 측정했다.

1. 직업에 내재된 스트레스: 열악한 물리적 환경, 업무 과다, 시간 압박 등
2. 역할 관련 스트레스: 모호한 역할과 역할 간 갈등 등
3. 경력 개발 관련 스트레스: 직업의 불안정성, 불충분하거나 과도한 승진 등
4. 인간관계 관련 스트레스: 상사나 동료와의 불편한 관계, 집단 따돌림 등의 극단적 요소 등

5. 조직 구조 및 문화 관련 스트레스: 의사결정 과정이나 사무
   실 정치 역학에서의 배제 등

- Johnson et al., 1999, p.179

관계 기반의 최전선에 있는 다른 직업군과 교사를 비교했을
때, 교사들은 스트레스의 5개 영역 모두에서 유의한 높은 수준을
보였고, 이는 교사가 가장 높은 스트레스를 받는 직업 중 하나임
을 보여 준다.

책무성과 감정 노동

교사는 많은 이들에 대한 책임이 요구되고, 이를 위해 교장, 교
감, 부장 같은 관리자들의 지원도 종종 필요하다. 영국의 존슨 등
(2005)은 어려운 문제들을 매일 처리한다는 점에서는 비슷하지만
스트레스라는 점에서는 학교 현장 최전선에 덜 노출되어 있는 학
교 관리자보다 현장 교사들이 더 높은 스트레스를 겪고 있다고 보
고했다. 연구자들은 현장 교사의 역할을 수행하는 것이 관리직 교
사보다 더 높은 수준의 감정 노동을 겪고 있는 것임을 시사했다.
감정 노동 경험의 차이가 두 그룹 간 스트레스 수준의 차이일지도
모른다.

혹실드(1983)가 시작하고 다른 학자들(Fox & Spector, 2002;

Rafaeli & Sutton, 1987; Taylor, 1998; Zapft et al., 1999)이 확장해 간 연구에 기초하면, 감정 노동은 감정적 부조화를 만들며, 감정 노동은 일의 의미와 성취를 발견하는 능력 중 중요한 요인과 관련 되어 있다. 관리자들은 교사들의 스트레스를 줄이기 위한 지원이 필요하다는 데에는 대체로 동의한다. 그러나 가장 필요한 부분이 어떤 부분인지, 행정적 부분인지, 기술적 부분인지, 학업적 부분인 지, 아니면 심리적, 상징적 지원인지에 대해서는 각자 다르게 보고 있다(Ackerman & Maslin-Ostrowski, 2002; Barth, 2004; Sergiovanni, 2005a, 2005b).

이 주제에 관한 문헌을 검토해 보면, 교사들의 공통된 불만이 드러난다. 교사들은 대체로 국민이나 관리자들로부터 적절한 상 징적 혹은 전문적 지원을 받지 못한다고 느끼고 있다. 이런 분위 기는 특히 사회적으로 교사들에 대한 호의가 감소하는 추세일 때 더 심각해진다(Ackerman & Mackenzie, 2007). 레이시와 그론(Lacey & Gronn, 2007)은 최근 호주의 빅토리아, 퀸즐랜드와 태즈메이니 아에 있는 학교 지도자들을 연구 차원에서 면담을 했다. 이들 3개 주의 학교 지도자들은 교장이 조기 사임하는 일이 늘어날 정도로 아주 높은 수준의 스트레스를 겪고 있는 것으로 조사되었다. 이는 유능한 교사를 선발하고 유지하는 것, 또 교사들이 일을 잘할 수 있도록 적절한 지원을 제공하는 것에 상당한 어려움이 있다는 것 을 의미한다. 학교에서 리더십을 발휘하려면 너무도 큰 정서적 대가를 치러야 하는 것으로 나타났다.

취약한 아동을 책임감을 갖고 돌보는 사람들이 가진 약점들에 대해, 높아진 공공의 인식과 언론의 과다한 보도는 문제를 더 악화시키기도 한다. 돌봄과 관련된 직업군에서 소아 성애자나 다른 종류의 가해 행위 문제가 발견되면, 이러한 범법 행위로 기소되거나 유죄 판결을 받은 교사는 상대적으로 거의 없다는 사실에도 불구하고(Halliday & Ius, 2009), 교사 집단에 대한 대중의 불신은 더 깊어진다. 교사들이 위법 행위를 하지 않도록 더 많은 책무성에 대한 교육이 필요하다는 인식이 커지고 있다. 최근 서구 사회에서는 의사, 변호사, 성직자 등 모든 전문직 종사자들의 정보에 대한 공공적 조회와 접근이 늘어나고 있는 추세이다. 이런 경향은 직간접적으로 교사가 전문가로 어떻게 행동할 것인지에 영향을 미치며, 감정 노동을 구조적으로 변형시킬지도 모른다. 변화된 방식으로 일을 하면서 법적 시비에서 자신을 보호하려는 경향이 늘어났고, 방어 교육이라는 용어가 문헌에 훨씬 증가하기 시작하였다. 한 연구는 이러한 방어 교육이 점차 중요해지고 있으며, 교사들이 점점 더 좌절하고 있다는 것을 보여 준다(Stewart & Knott, 2002). 역설적이게도 방어적인 교육은 교사와 학생들이 더 나은 학습을 촉진하는 종류의 관계를 발전시킬 수 있는 기회를 제한한다. 그리고 이것은 그간의 관행으로 행해지던 전문적 교수법을 유지할 수 있게 해 주어 예전의 방법을 더 옹호하게 하는 결과를 가져오기도 한다.

교사들은 다른 전문직 종사자보다 더 자주 '선무당'에게 비난받는 상황에 처한다. 교사들을 비난하는 이들은 그 자신이 과거 학생으로서 오랜 시간을 교실에서 보냈던 경험을 근거로, 가르치고 배우는 과정에 대해 의견을 제시할 권한이 있다고 믿는다. 하지만 교사의 역할로 교실을 경험하는 것은 학생으로서 경험하는 것과는 같지 않기 때문에 이러한 주장에 권위를 실어 주기는 어렵다. 일간신문을 읽다 보면, 일반적으로 사회는 교사들에게 높은 책임감, 부모와 같은 돌봄, 우수한 성적을 요구한다는 것을 쉽게 알 수 있다. 정치인들은 교사들이 학생들에게 일정한 수준의 문해 능력과 수학 기준에 도달하지 못하도록 지도했다고 흔히 비난한다. 그들의 주장은 교육에 비즈니스 모델이 적용되어야 한다는 보편적인 정치적 합의가 있는 것처럼 보인다. 결국 이 논쟁이 진전되면, 교육은 경제 발전을 위해 노동자를 훈련시키는 것이 된다. 교육의 역할에 대하여 더 폭넓은 이상을 지닌 많은 교사들은 이런 종류의 주장에 스트레스를 받는다.

교사들이 직면하는 또 다른 종류의 스트레스는 당사자인 교사들의 동의 여부와 무관하게 정치가들이나 정치 조언자들이 고안하고 교사들이 실행해야 하는 일방적인 교육과정 결정들이다. 이는 자신들의 직업적 운명으로서 거의 통제할 수 없다는 인식을 강요하기 때문에 교사들이 느끼는 스트레스를 증가시킨다. 교사들이 겪는 이런 직업적 스트레스는 영국의 중간 관리자급 공무원을 대상으로 한 '화이트홀 연구'와 유사하다(Batty et al., 2005; Carroll et al., 1997; Carroll et al., 2001; Marmot, 2006; Marmot & Smith, 1997; Roberts et al., 1993 참조). 이 종단 연구에 따르면, 건강과 스트레스 상관관계 중 조직의 사회적 위치가 유의미하게 영향을 미치는 것으로 보고되었다. 공무원의 지위와 건강 결과를 살펴보았을 때, 공무원의 지위가 낮을수록 건강이 나빠질 위험이 크다는 강력한 역상관관계가 발견되었다(Marmot, 2006). 자신의 직업적 운명을 통제할 수 없을 때, 건강과 웰빙(행복)이 결정적으로 감소한다고 보고되었다. 공무원의 자율성 부재는 교사들의 경험과 매우 유사하다.

이러한 직업적 환경으로 인한 스트레스는 교사들이 교실에 들어서기도 전에 부담으로 작용하고, 학생을 가르칠 때에도 불안이 의식 속에 떠다닌다. 학교 조직과 관계 기관은 교사들에게 더 나은 안전기지를 제공하는 방법으로 애착의 프레임을 사용할 수 있을 것이다. 이런 방법마저 없다면 교사와 관리자는 아주 제한된 내부 자원 내에서 문제 해결의 자원을 찾아야 하고, 그들이 힘들게 수행해야 하는 역할에 담긴 스트레스로 인하여 갈수록 취약해질 것이다. 결국 자기방어의 일환으로 교육계를 떠나게 될지도 모른다.

스트레스는 대가를 치른다

일부 교사는 스트레스로 인해 교실에서 부적절한 행동을 드러내고 이에 대한 자료가 축적되고 있다. 관련 문헌은 비영어권인 프랑스, 루마니아, 러시아와 스페인 문헌에서 많이 나타난다. 보고서는 오스트레일리아, 중국과 이스라엘, 폴란드, 스코틀랜드와 일본에서도 발표되었다. 비영어권에는 교사의 부적절한 행동에 대한 학생의 경험을 지칭하는 '교원병(didactogeny)'이라는 용어가 있는데, 의학적·심리적·교육적으로 "아이들에게 해를 입히는 교사들의 교육"을 의미한다(Sava, 2002, p.1008).

돈 왓슨(Don Watson, 2005)은 좋은 교사들이 삶을 바꾸는 것만큼, 나쁜 교사들도 삶을 바꾼다고 주장한다. 좋은 가르침과 나쁜 가르침이 무엇인지에 대한 논의는 조금 뒤로 미루고, 좋은 가르침과 나쁜 가르침은 서로 겹치는 면이 거의 없다는 왓슨의 생각이 옳다면, 나쁜 교사들이 개선되도록 돕는 것을 직접적으로 다루는 연구가 좋은 교사들이 최고의 수업을 하도록 돕는 것만큼 중요하다고 할 수 있다. 피해를 최소화하는 전략의 입장에서는 그렇다고 할 수 있다.

나는 그의 주장에 타당성이 있다고 생각한다. 그러나 왓슨의 주장은 그렇게 많이 다루어지지 않고 있다(Donohue et al., 2003; Piekarska, 2000; Poenaru & Sava, 1998; Sava, 2002). 연구가 많이 되지 않는 이유 중 하나는 그러한 연구가 교사에 대한 공격으로 와전될 위험을 감수해야 하기 때문이다. 이는 본래 연구의 목적이 아니다. 오히려 나쁜 가르침에 대한 연구는 교사가 된다는 것의 모든 면에 대한 재검토이므로, 모든 교사가 최선을 다할 수 있도록 지원하는 측면이 있다고 볼 수 있다.

자신이 공격적으로 변해 간다고 보고하는 교사들은 교실 관리에도, 교사로서의 자존감에 있어서도 어려움을 겪는다고 보고한다(Poenaru & Sava, 1998). 오스트레일리아, 이스라엘 그리고 중국에서는 초등 및 중등 교사들의 공격성을 줄이기 위한 종합적 연구가 정당화될 만큼 관련 문제가 흔하다는 것을 보여 준다(R. Lewis, 2001, 2006; Lewis et al., 2005, 2008; Lewis & Riley, 2009). 그러나이 부분에 대한 연구는 서구 사회에서 크게 간과되어 왔다. 사바(2002)는 서구 연구자들이 이 부분을 터부시하는 것으로 보인다고 말한다. 현재 미국 정부는 전반적인 제도 개혁을 모색하고 있고 교사 이직률은 지속적으로 높은 수준을 유지하는 상황에서 교직 생활에 관한 모든 면을 재검토하는 것은 더 이상 미룰 수 없는 일이다. 우리는 잠시 멈추어서 교실에서 교사와의 관계의 질에 따라 크게 좌우되는 학생들의 성취도와 학생들에 대한 교사의 기대가 얼마나 중요한지 이해해야 한다(Kesner, 2002).

교사의 공격성은 교사 간 따돌림 같은 부정적 관계의 요인이 되고 있다(Lewis, 2008; Lewis et al., 2005; Natvig et al., 2001;

Olweus, 1997; Roland & Galloway, 2002; Tauber, 2007). 도너휴와 동료들(Donohue, et al., 2003)은 캘리포니아의 초등학교 1학년 교실 14곳을 검토하여 또래 거부와 교사의 가르치는 방식에 대한 흥미로운 연구를 진행했다. 그들은 교사가 이끄는 수업보다 학습자 중심의 수업에서 학생들의 공감이 높아지고 분노가 낮아진다고 보고했다. 6개월의 후속 연구에서도 학생들의 문제 행동이 감소했다고 보고했다.

애착은 복잡한 문제를 다루는 틀을 제공한다

사바(2002)는 공격적인 방법으로 학생들을 다루는 교사들에 대한 보고서를 종합적으로 검토했고, 교사들의 이러한 행동이 항상 즉각적으로 나타나는 것은 아니라 복잡한 변수들이 밀접하게 관련되어 작동한다는 증거를 발견했다. 애착 이론은 이러한 관련성을 보여 주는 논리를 제공하고 있다.

다음은 어떻게 애착 이론이 교실에서 교사가 보이는 공격적인 행동에 관련된 복잡한 일련의 행동을 설명하는지, 그래서 이를 다루는 더 효과적인 방법들을 제공하는지 보여 준다. 교실 관리 기술의 영역에서 오랫동안 교사들과 함께 일했던 레이먼 루이스 (Ramon Lewis, 2006)는 교사의 공격성 발생 정도가 왜 그렇게 빈번하고 오래 지속되는지, 그리고 왜 연구자들은 이 부분을 회피했는지를 설명하는 데 도움이 될 수 있는 역설을 제안했다. 그리고 학생들에 대한 공격성을 줄이도록 설계된 교사 연수 이후에 감소하던 공격성이 다시 증가하는 일부 교사 소집단을 확인했다.

교사 연수 직후 교실 관리와 교실 생활이 전반적으로 개선되었다고 교사들은 보고했다. 그러나 초반의 개선 이후에, 교사들의 장기적 관리 전략을 실천하는 것은 대략 비슷한 크기의 세 가지 그룹 중 하나에 속하는 경향이 있다. 첫 번째 그룹은 새로운 방법을 영구적으로 지속했다. 두 번째 그룹은 일부 방법은 거의 영구적으로 지속했지만, 그 기술들이 습관이 되기 전까지 교사 연수를 여러 번 반복할 필요가 있었다. 세 번째 그룹은 역설적인 반응을 보였다. 이 교사들은 처음에는 첫 번째 그룹처럼 공격성의 수준이 낮아졌지만, 이후에 이전 수준의 공격성으로 되돌아갔다. 이는 상식에서 벗어난 것처럼 보인다. 교사와 학생들에게 교실 생활의 개선처럼 인식된 교실 관리 전략을 성공적으로 수행한 교사가 이후에 왜 그 전략을 폐기할까? 이 역설은 일부 교사들이 교실에서 성공적으로 기술을 적용하고 나서 이러한 방법을 사용하는 것에 저항한다는 것이다. 사실상 그들은 자신의 공격성 수준을 줄이는 데 저항한 셈이다.

새로운 방법을 사용하도록 돕는 교사 훈련이 일부 교사에 한해서 단편적 성공만 거둔다는 발견은 잉바슨과 동료들이 실행한 교사 3,250명의 교사 연수 활동에 대한 광범위한 메타 분석을 통해 사실로 확인되었다. 그들은 교사 연수가 교실 수업에 효과를 미치려면, 연수는 '적극적 학습(active learning)'과 '실천에 대한 성찰'을 포함할 필요가 있다는 것을 발견했다. 교사 연수 프로그램이 지식과 실천에 영향을 주는 정도는 교사 연수 프로그램이 전문적 공동체의 수준을 강화하는 정도에 의해 향상된다(Ingvarson et al., 2005, p.14). 잉바슨과 동료들은 애착 이론을 모를 수 있지만, 그들의 연구는 사실상 애착 이론을 교사들의 전문성 개발에 적용할 수 있음을 보여 준다. 그러나 이런 방식의 연수는 그간의 방식과 근본적으로 다르기 때문에 일부 교사들은 저항할 수도 있을 것이다.

루이스(2006)는 학생에 대한 공격적인 반응은 교사의 자존감을 낮춘다는 포에나루와 사바(Poenaru & Sava, 1998)의 발견을 지지한다. 그는 공격적인 반응이 낮아지다가 이전의 공격적인 행동으로 돌아가는 것은 교사들이 새로운 방법 이전보다 자신의 수업이 덜 효과적이라고 인식하기 때문이라고 주장한다. 놀랍지 않게도, 이는 자아효능감과 자존감의 수준을 감소시킨다. 이러한 관찰을 통해 교사의 공격성이 드러났다, 사라졌다, 다시 드러나는 데에는 어떤 요인이 관련되는지 애착 이론은 이에 타당한 설명을 제공한다.

가령 교사들이 방법 자체에는 그다지 반응하지 않았고, 방법을 시연하는 사람(이 경우에는 루이스)에게 반응했다고 해 보자. 교사들이 교사 연수를 전달하는 사람과 연결되었다고 인식하면, '안정감을 느끼는' 감각은 더 강해졌을 것이다. 과거에 어려운 학생들을 성공적으로 다루었다는 안정감을 주는 루이스는 교실 훈육에 대한 전문가로 인식되었을 것이다. 그러므로 어려운 학생들을 다루기 위한 루이스의 제안은 따라야 할 방법들의 단순한 목록 그 이상이다. 그것들은 '안전기지'에 연결되어 교실에서 생존하기 위한 수단을 나타낸다. 루이스는 교사들에게 지원, 정보, 지침을 제공하면서 교사들과 계속 연락하는 동안, 결과적으로 교사들은 불안을 덜 느끼고, 학생들을 관리하는 것에 자신감이 증가한다. 하지만 이러한 방법이 정착되면, 루이스는 다른 학교로 옮겨 이 과정을 반복한다. 공격적인 반응으로 회귀하는 것은 루이스가 물러난 이후에 일어나기 시작한다.

필요할 때 기댈 수 있는 안전기지인 루이스가 근처에 없을 때, 이 교사들은 우선 자신감을 잃는다. 결국 수업을 효과적으로 하기 위해 교사 연수에서 제공된 기술들은 폐기되고, 이전의 행동으로의 회귀가 발생한다. 안전기지는 위험을 감수하는 것을 허용하고, 기술 이상을 제공한다. 안전기지가 제거되면 불안한 교사들은 견디기 너무 어려워하고, 그에 따른 스트레스는 증가하는 불안에 대한 반응으로 애착 행동을 활성화시킨다. 그 결과 교사들의 자존감이 낮아지기 시작하고, 행동의 부정적인 순환이 강화된다.

다양한 교실 상황을 다루는 데 능숙하지 못하다고 느끼는 교사들이 교실 상황에 대처하는 자신들의 기술에 자신감이 있는 교사들보다 더 부적절하게 행동할 가능성이 높은 것은 자명하다. 교사들의 잘못된 행동과 이러한 행동이 학생들에게 미치는 엄청난 변화는 문헌에 보고되기 시작했지만(Hyman & Snook, 1999; Lewis & Riley, 2009; Lewis et al., 2008; Poenaru & Sava, 1998; Riley et al., 2009; Sava, 2002 참조), 애착의 관점에서 이러한 연구를 볼 때 더 많이 걱정되는 것은 교사들 자신에게 미치는 영향이다. 이러한 교사들은 자신들이 필요하다고 느끼는 것보다 더 많은 지원이 필요하다. 그렇지 않으면 공격성의 순환이 다음 세대의 교사들에게 전달될 수도 있다. 이는 학교 지도자들이 겪는 새로운 시대적 도전이다.

내적 작동 모델을 보존하는 공격성

루이스의 역설로 돌아가면, 애착의 어려움과 정서적 불일치에서 탄생한 교사의 공격성은 아마도 교사가 되는 무의식적 동기를 고려해야 함을 시사한다. 교정적 정서 경험을 추구하는 교사는 교직을 시작하면서 관계하는 새로운 방식의 감정적 불일치에 직면해야 한다. 학생들을 관리하는 새로운 방식을 통해 교실 관계를 개선하면서 친사회적 교실 행동이 교사 자신과 다른 이들에 대한 교사들의 내적 작동 모델에 의도하지 않게 도전이 되었을 경우, 어떤 교사들에게는 무의식적으로 감정적 불일치가 야기된다. 어떤 교사들에게는 이러한 경험을 통해 시간이 흐르면서 자신의 내적 작동 모델을 수정하길 바라는 무의식적 소망에도 불구하고, 이 과정이 불가피하게 야기하는 감정적 불일치가 너무 과도할 수도 있다. 따라서 그들은 부조화를 줄이고 내적 작동 모델을 그대로 보존하고 그 안에서 안전하다고 느낄 수 있을 만큼 예측 가능한 세계를 유지하기 위해 교직을 떠나 버린다.

또 다른 교사들은 학생의 대응 방식을 바꾸게 하여 부조화를 줄이려고 공격적인 대응으로 회귀할 수 있으며, 이 경우 내적 작업 모델은 현재 상태로 유지되지만 학생의 학생-교사 관계 모델은 필연적으로 바뀔 수밖에 없게 된다.

내적 작동 모델의 공유: 신념, 조정 그리고 공격성

애착 이론에서는 교사의 행동을 포함한 교실의 상호작용을 이해하고 설명하기 위하여 내적 작동 모델의 공유라는 개념이 중요하다. 내적 작동 모델의 개발은 아이가 3세가 되기까지 거의 이루어진다는 것을 상기해 보자. 이 시기에 아이는 성찰적 기능의 시스템 구조를 개발한다(Knox, 2003, 2004). 녹스뿐 아니라 포나기 등(Fonagy & Target, 1997, 2005)의 연구자들도 모두 다른 사람의 내적 작동 모델과 구별된 모델로서 한 사람의 내적 작동 모델을 이해하는 능력은 그 아이가 다중의, 분리된 내적 모델을 내재화할 수 있다는 것을 시사한다고 주장한다. 이런 내적 작동 모델은 아이가 학교에서의 교사를 포함하여 애착을 보이는 대상과 공유하는 목표를 협상하기 시작하는 토대를 이룬다. 두 가지 모델이 일치하지 않을 때 항상 그러하듯, 분리불안을 증가시키고 결과적으로 분리에 저항하는 행동의 가능성을 높이는 것처럼, 괴로움을 초래할 가능성이 있다.

아이가 자라면서, 내적 작동 모델이 불일치하는 시기에 애착을 보이는 대상과의 협상은 모델을 수정할 수 있는 하나의 방법이다. 모델 안에서 인지된 불일치는 돌보는 사람의 내적 작동 모델을 바꿔서 아이의 모델과 더 밀접하게 일치시키도록 그 아이를 자극한다. 교사와 학생의 관계는 성인 애착 모델인 돌봄을 구하고, 돌봄을 제공하는 관계 중 하나가 될 때, 그러한 불일치로 인해 서로 상대방의 세계관을 바꾸려고 시도함으로써 교사와 학생 모두에게 어려움이 될 수 있다. 그러나 아이의 관계적 역사에 따라 긍정적인 과정이 되거나 혹은 부정적인 과정이 될 수도 있다.

포나기는, 부모의 반응을 통해 자신의 정서적 상태를 인식할 수는 없지만 수정된 이미지를 받은 아이는 정신 내적(intrapsychic) 인식을 발달시키지 못하여 심리적 분리감을 발달시키는 데에도 실패할 수 있다고 제안했다(Fonagy, 2001, p.172). 이런 상황에서는 감정과 심지어 말 자체가 커뮤니케이션이 아니라 강압적인 조작으로 사용되거나 경험된다. 그래서 다른 사람들에게 자신의 정신 상태를 전달하기보다는 다른 사람들이 원하는 대로 반응하도록 강요당한다(Knox, 2004, p.13).

이것은 분명히 극단적인 예이다. 그러나 교실에서 발생하는 관계가 역기능적이고 모두에게 해로울 수 있다고 분명히 주장한다. 교육의 과정에 내재된 위험을 인식함으로써 교사들은 이러한 많은 위험에서 훨씬 더 잘 보호될 수 있고, 이는 그들의 학생이 그러한 종류의 관계적 해로움에서 예방되도록 돕는다.

내적 작동 모델의 공유는 성인 애착에 대한 이해의 기본이다. 내적 작동 모델의 공유를 협상하는 것을 통해 아이들은 다중의 애착된 사람들 그리고 애착되지 않은 사람들과 상호작용하면서 지낼 수 있다. 그리고 이 발달 과정은 일단 시작된 이후부터 죽을 때까지 지속되는 과정이다(Bowlby, 1982). 우리를 돌보고 보살펴야 하는 사람들과 내적 작동 모델을 공유해야 하는 과정은 매우 빠르게 분리불안을 유발할 수도 있다. 사람들이 공유된 경험을 나눌 때, 내적 작동 모델의 중첩 수준은 분리불안의 수준에도 직접적으로 영향을 미친다.

내적 작동 모델의 공유를 학교 관계로 확장하면 상당히 복잡해진다. 무엇보다 관계의 접촉점과 관계의 출발점이 많아질 것이다. 학교와 같이 여러 사람이 모인 복잡한 환경에서 발생하는 여러 현실 관계를 설명하자면, 내적 작동 모델의 폭포수 혹은 강물로 비유할 수 있다. 복잡한 조직의 기반이 되는 여러 관계를 이러한 방식으로 개념화하면 한 안전기지에서 다른 안전기지로의 내적 작동 모델의 매개에 의한 흐름이 필요하다고 느껴진다. 다중의 부모 상이 있는 학교의 위계적 모델에서 구조적으로 위, 아래 모두에서 교사에 대한 의존성은 증가한다.

학교의 표준화 모델에서 발견되는 위계 질서는 학교가 유연하게 기능하기보다는 방어적 기능을 더 강화하는 것으로 보인다 (Diamond, 1986). 그러나 다이아몬드가 말한 것처럼 조직 내에서 교사들의 성장이 방해되기보다는 교사들은 조직에 대한 의존성을 통해 학교 관리자와 학생들과의 관계에서 교정적 정서 체험을 하게 된다. 내적 작동 모델의 공유를 통해 안전기지의 흐름을 협상하고자 노력하는 교사들은 자신의 모델과는 극적으로 다른, 즉 자신이나 다른 사람의 모델들과 부딪히게 것이다. 만약 내적 작동 모델의 차이가 커서 교사가 심각한 분리불안을 느끼게 되면, 여러 방식의 만남을 통해 그 교사는 자기 자신의 내적 작동 모델을 수정하거나, 혹은 협상, 조작, 공격을 통해 다른 사람의 모델을 수정하려 할 것이다. 이것은 교사들이 여러 가능성을 방어하면서 무의식적으로 교정적인 정서 경험을 추구하기 때문에 교사의 잘못된 행동의 확산과 수준을 모두 설명할 수 있다.

성인의 애착 행동은 스트레스 상황에서만 나타난다

애착 행동 체계가 교사의 교실 내 행동에 미치는 영향을 조사할 때 마주치는 어려움은 성인이 되면 애착 행동의 강도가 줄어들고, 애착 행동은 스트레스나 위기의 상황에서만 간헐적으로 나타난다는 것이다(Ainsworth, 1989). 그럼에도 애착의 필요성은 사라지지 않는다. 그리고 모든 학생들처럼, 모든 교사들도 탐색할 수 있는 안전기지와 스트레스 상황에서 물러날 수 있는 안전 피난처가 지속적으로 필요하다. 케스너는 예비 교사들의 성인 애착 경험은 교생 실습 동안 보이는 교사와 학생 관계의 질적 차이를 일부 설명한다고 보고했다. 그는 몇 가지 방법론적 어려움, 특히 아동기 기억의 정확성에 대한 어려움을 언급했는데, 이것은 현재의 관계적 선입견에 의해 편향될 수 있기 때문이다. 케스너는 보고서에서 "동료 교사들과의 관계 혹은 규칙에 관한 이슈는 아동-교사 관계의 내적 모델에 중요한 역할을 한다"라고 했다(Kesner, 2000, p.145).

더 큰 어려움은 동기부여의 요인을 결정하는 것이다. 애착의 힘은 대부분 무의식적이기 때문에 교사가 되고자 하는 동기에 관여할 가능성이 높으며, 이는 무의식적 동기와 관련된 어려움으로 다시 돌아온다. 교사가 되고자 하는 무의식적 동기를 평가한다는 것은 어렵고, 측정도 어렵지만 이를 조사하는 것은 중요하지 않을

수 없다. 이제 다소 다른 관점에서 무의식적 동기부여를 살펴보고
자 한다.

무의식적 동기

포퍼와 메이즐리스(2003)는 리더십에 관한 연구에서 "좋은 양
육"과 변혁적 리더십 사이의 연결 관계가 아주 크게 무시된 이유
를 추적하면서, 좋은 양육과 변혁적 리더십에 관한 심리학 문헌을
심도 있게 연구했다.

두 연구자는 리더와 추종자 사이에 형성된 애착은 부모와 자식
간의 애착을 반영한다고 주장했다. 학생과의 접촉을 통해 장기적
정서 안정을 바라는 교사들은 그들의 리더와의 관계를 통해서도
교정적 정서 체험을 할 수 있을 것이다. 그러므로 리더들은 학생
보다는 교사들에게 안전기지가 되어 준다. 그러나 인용된 어떤 문
헌에서도 성인 애착 관점에서 추종자들과의 관계가 리더에게 미
치는 영향에 대한 보고는 없다. 교사들이 학생을 필요로 하는 것
처럼 리더들도 추종자를 필요로 하고, 또 리더들이나 교사들 모두
학생과 추종자들로부터의 거절에 취약할 수 있다는 사실을 간과
한다는 것이 흥미롭다. 하그레이브스와 핑크(Hargraves & Fink,
2006)는 다른 동료 학자들과 함께(Ackerman & Maslin-Ostrowski,
2002; Barth, 2004; Sergiovanni, 2005) "좋은" 교사들은 변혁적 리더

와 그 특징이 구분할 수 없을 정도로 같다는 것을 보여 주는 충분한 증거가 있다고 시사했다.

포퍼와 메이즐리스(2003)는 추종자들의 추종 동기는 안전기지가 존재한다는 느낌에서 온다는 것을 많은 연구에서 입증하고 이를 인용했다. 연구자들은 추종자들을 위한 안전기지를 만드는 능력이 변혁적 리더의 전형적인 특징 중 하나라는 것을 발견했다. 두 연구자가 말한 또 다른 자질은 위기 속에서 평온을 유지하는 능력이었다. 변명할 수도 있는 위기의 순간에, 조직의 높은 이상을 잃지 않는 것, 위기를 극복하는 동안 추종자들에게 공감적이고 감정을 조율하는 능력을 발휘하는 것 등이 좋은 교사와 변혁적 리더들의 특징이었다. 이 특징들은 안정적으로 애착된 사람들의 속성이라고 할 수도 있다. 연구자들은 카리스마 넘치는 리더가 위기 상황에서는 훌륭했지만 시간이 지남에 따라 행동의 긍정적 효과가 빠르게 쇠퇴하는 것으로 밝혀진 것과는 대조적으로 이 안정 애착의 리더들은 추종자들에게 오래 지속되는 효과를 보여 준 증거를 제시하였다.

관계에서 안정감에 대한 추종자들의 욕구는 꼭 위기 상황에 국한되는 것은 아니다. 또 보호와 지도력에 있어 리더에 대한 의존이 자기 상실과 퇴행적 의존을 자동적으로 수반하는 것이라고 볼 수 없다. 오히려 자기 실현으로서, 높은 수준의 욕구에 도달하게 하는 추종자들의 핵심 능력은 '의존'이라고 할 수 있다.

Popper & Mayseless, 2003, p.46

이는 교사나 리더가 동료 혹은 학생들과 맺는 관계가 상호적이거나 의존적인지 여부, 혹은 교사-학생의 관계가 진정한 애착 관계인지 아닌지에 대한 직접적인 질문으로 이끈다.

아동-부모의 관계와 아동-교사의 관계에는 많은 유사성이 있다. 부모가 보여 주는 민감하고, 관심을 보이며, 사회적으로 지지해 주는 돌봄과 동일한 종류의 '정서적 안정감'을 아이는 교사에게 기대할 수 있다.

그러나 불안정한 아이는 애착 대상을 상실했거나 애착 대상이 없었던 과거의 경험 때문에 편안한 관계를 회피할 수 있다. 불안정한 아이는 편안한 관계를 맺는 대신, 안정적 돌봄을 제공하는 교사를 거칠게 대하는 방식을 취할 수도 있다. 거칠게 대하는 아이를 두고 교사들은 정서적으로 안정을 시킬 것인지, 아이를 피할 것인지, 혹은 아이를 가혹하게 대할 것인지를 더 정교한 방식으로 생각하고 어떤 접근을 선택할 것인지를 직업적 정체성과 함께 생각해 보게 된다.

교사 연수를 통해 안전기지 제공하기

스스로 공격적이라고 인정한 교사들과 함께 일했던 루이스 (2006)가 이 문제에 대한 교사 연수를 제공하면서 수행한 연구를 앞에서 소개했다. 교사들은 자신들의 관리 방식을 바꾸려는 동기를 가졌고, 실제로 그의 연수 이후에 일시적으로 관리 방식을 바꾸었다. 교사 중 일부가 이전의 공격적인 행동 양식으로 돌아간 것을 보면, 변화에 대한 의식적 동기는 바뀌지 않으려는 무의식적인 동기에 의해 조정될 수도 있다는 것을 암시한다. 의식적으로 적용된 행동 변화에 교사는 압도되고 당황하여 감정 노동과 감정 부조화를 경험할 수도 있었을 것이다(Johnson et al., 2005). 이는 교실에서 공격적인 반응을 줄이는 데 성공하는 것이 일부 교사에게는 감정적으로 경험하기 어려운 결과일 수 있는 이유를 설명한다.

그리고 예비 교사들이 교실에 들어가기 전에 무의식적인 동기를 의식화하여 정서적 부조화를 보다 직접적으로 다루도록 고안된 활동을 통해 도움을 받을 수 있지 않을까 하는 것에 의문을 제기한다.

무의식적 동기를 의식적 차원으로 가져오기

　방법론적으로 탐색하기 어려운 무의식적 동기부여는 결과적으로 다소 논쟁적인 주제이다. 반면, 무의식적 동기부여는 다음 장에서 논의될 풍부한 연구 영역과 신규 교사들의 교직 이탈이라는 지속적인 문제를 다룰 새로운 해결법을 제공할 것이다. 교정적 정서 경험에 대한 욕구가 교사가 되고자 하는 동기로 강하게 작용했다면, 또 이러한 교정이 교직 경력 초반에 일어나지 않는다면, 가르치는 일을 계속하는 것이 급격하게 힘들어질 수 있다.

　애착 이론을 새로운 개념적 틀로 사용하여 교사의 모든 행동을 다루면 잘못된 행동의 유병률과 강도를 줄일 수 있다. 교사의 기저에 있는 심리적 과정이 교사를 잘못된 행동으로 이끌었다면, 교사를 돕는 개입은 단지 이성적 측면에 그치지 않고 전체적 동기를 더 잘 이해하도록 교사의 행동에 더 근본적이고 지속되는 변화의 기회가 제공되어야 한다. 볼비는 "쿤(Kuhn)이 강조한 것처럼, 특별히 이전의 개념적 틀이 오랫동안 익숙해졌다면, 어떤 새로운 개념적 틀은 이해하기 어렵다"(Bowlby, 1988a, p.26)라고 말한다. 무의식적 동기에 대한 교사들의 인식을 발달시키기 위해 그들과 함께 일하는 것은 자연스럽게 감정을 다루고 조율하는 일로 이어지고, 개인에 의해 감정이 어떻게 작동하는지를 이해하게 해 주는 이론적 틀로서 애착 이론으로 연결된다. 이 책의 후반부에서 개인이 내적으로 감정을 잘 이해할 수 있을지에 대한 몇 가지 제안을 다룰 것이다.

의심 없이 받아들여지는 가정들

교사의 수업에 대한 방대한 교육학 연구의 대다수는 최고의 수업을 정의, 재정의하는 것을 목표로 한다. 그러나 이러한 방식은 일부 교사들의 공격적 행동이나, 교직 초기에 많은 교사가 학교를 떠나는 문제를 해결할 수 있을 것으로 보이지 않는다. 최근까지 교실 관리에 대한 영어권 문헌에 스며든 의심 없이 받아들여지는 가정은, 건강하지 않은 교실의 원인이 단지 건강한 교실을 구성하는 요소 중 일부가 부족해서라는 것이다. 만약 이 가정이 틀렸다면, 연구자들은 교사의 행동이 학생과 교사 모두에게 부정적인 결과를 가져올 것 같은 교실과 그렇지 않게 보이는 교실 간의 차이를 새로운 관점에서 확인할 필요가 있다.

요약

리더십이나 교사-학생 관계를 검토한 많은 문헌은 애착을 선형적 관점, 즉 돌봄 제공자에 대한 돌봄 추구자의 일방향적 관계로 보는 경향이 있다. 그러나 이런 개념화는 애착 이론을 너무 단순화하는 것이다. 이미 우리는 첫 번째 장에서부터 교사와 학생의 관계를 쌍방향적인 것으로 재개념화하는 주장을 살폈고, 여러 추론상 관리자, 교사, 학생에게 부여된 권한의 수준이 다름에도 불구하고 지도자-추종자 관계로 재개념화되어야 한다는 주장을 제안한 바 있다. 마찬가지로, 교사들이 관리자들과 맺는 관계도 상호적이다. 이런 주장은 아마도 내면의 관계에 의존해서 작동하는 조직인 학교에서 안전기지의 영향이 클 수 있다는 가정을 지지한다. 교사는 자신의 업무를 수행하면서 학생을 돌보는 사람이면서 관리자에게 돌봄을 받는 사람이라는 이중적 위치에 있고, 이로 인한 복잡한 상호적 관계의 독특한 맥락 속에 자리 잡게 된다. 이 위치에서의 감정적 상관관계와 다양한 맥락의 감정 노동 요구는 최근에서야 탐구되기 시작했다.

이 책은 반복되는 주제로서 교직을 선택한 무의식적 동기를 두 가지 다른 관점에서 조사하고자 했다. 예비 교사들의 자기 정서에 대한 이해를 촉진하도록 교사 교육을 변형하는 것은 다음 세대의 학생들에게 부정적 순환의 구조를 전수하지 않도록 희망을 주는 일이다. 교사를 양성하는 이들은 우선 교사들이 자기 인식을 통해 회복탄력성을 기를 수 있도록 상담 교육의 측면을 활용할 필요가 있다. 현재 이런 교육은 비공식적인 경우를 제외하고 교사 교육에서 잘 다루어지지 않고 있다. 교사들에게 자기 인식에 대한 통찰력을 제공하지 못하면, 교사들은 문제의 촉발 요인을 발견해 학습된 행동을 바꾸려 하기보다, 학창 시절 교실에서 배운 행동을 반복하는 취약한 상태가 된다.

교사 행동에 대한 심리학적 개념 설명은 유용한 관점을 제공하지만, 녹스(2003)는 애착 이론이 인간관계에 대한 가장 타당하고 근본적인 이론이라고 설득력 있게 주장한다. 녹스는 애착 이론을 통해 개인의 발달을 개관하고, 다양한 요소로 동일한 내용을 전체적으로 설명해서 모든 주요한 심리학적 이론들을 논리적으로 통합한다.

애착 이론은 교사의 긍정 행동과 부정 행동, 교사가 교실에서 보이는 공격성에 대하여 그것이 인간관계의 근본적 측면이라는 논리적인 설명을 제공한다. 이에 관한 이론의 중요한 측면은 안전기지, 분리저항, 적응 환경, 공유된 내적 작동 모델에 대한 개념이다. 이러한 개념은 교사들이 다음의 것들을 통해 교정적 정서 경험 및 안전기지를 얻기 위해 교직에 대한 무의식적 동기를 가질 수 있는 가능성으로 이어진다.

1. 학교 안에서 관리자들과의 장기적인 관계
2. 학생들과의 다중적 상호 관계
3. 위 두 가지가 조합된 관계

다음 장부터는 교사의 애착 유형에 대한 연구가 제시되고 논의된다.

2부

교사의 애착에 관한 연구

2부에서는 아이들의 학교생활을 돕기 위하여 애착 이론에서 유래한 새로운 방법을 탐색한다. 학생들을 지원하는 가장 좋은 방법은 학생과 함께 있는 교사들을 적절히 지원하는 것이다. 이것은 볼비(1988)의 임상 연구를 논리적으로 확장한 것이다. 볼비는 부모에 대한 올바른 지원이 생애 초기 아이들의 삶을 잘 시작할 수 있게 돕는다고 하였다. 따라서 다음 장에서는 교사들의 관계 유형을 탐색하는 것에 집중하였다. 이들 유형은 교사들이 삶에서 맺어 온 관계의 내력, 몸담고 있는 학교의 문화, 그리고 가르치는 특정한 맥락 등 '지금 여기에서(here and now)' 유래한다.

4장

교직에 종사한 기간과
애착 유형의 관계

교사의 애착 유형

이번 연구는 코호트(cohort) 모델이나 국가 차원에서의 집단 설계 방식(Shaughnessy & Zechmeister, 1994)을 적용해 조사를 하였다. 이 연구 조사는 예비 교사와 숙련된 교사를 대상으로 자료를 수집했는데, 예비 교사는 교사 자격증을 취득하기 직전의 같은 대학 졸업반 학생들이고, 숙련된 교사는 교직 경력이 5년 이상이며 대학원에서 교육학 석사 과정을 이수 중인 교사들이었다.

두 집단이 표본으로 선택된 이유는 다음의 네 가지이다. 첫째, 내가 두 집단 모두에 접근할 수 있는 실용성 때문이다. 둘째, 두 '집단 간'과 '집단 내' 동기부여의 차이는 한 코호트의 모든 학생을 조사하는 표본 추출 방법을 사용할 때 더욱 대표성이 있을 것으로 생각했다. 셋째, 타당한 비교를 하기 위해 대학들은 초등과정과 중등과정이 포함된 곳으로 선택했다. 넷째, 모든 참여자들은 현재 같은 대학에 재학 중인 교육학과 학생들이어서 연구에 영향을 미칠 수 있는 불안에 대한 차이는 집단 내에 동일하게 분포되어 있다고 볼 수 있었기 때문이다.

비교군인 석사 학생들의 교육 경력은 모두 최소 5년 이상으로 설정하였다. 교사 근속에 대한 연구에 의하면, 교사들이 일단 5년 이상 가르치게 될 경우 더 오래 교직에 종사하게 될 것으로 예측할 수 있어(Brookfield, 1995), 두 집단 간 차이가 있다는 것을 보여줄 수 있기 때문이다.

리커트 척도(Likert scale) 설문지를 사용하여 자기 보고식 애착을 측정하면 기술 통계와 추론 통계를 사용할 수 있고, 판별 함수 분석을 통해 예비 교사, 숙련 교사, 초등교사, 중등교사, 성별 및 나이에 따른 집단별 분석을 할 수 있다. 가르치는 유형들이 조합된 집단들은 다변 변량 분석(multivariate analysis of variance)으로 비교되고 효과의 크기도 계산된다. 이러한 방법은 집단 간 근본적인 동기부여에 대한 경향을 확인하고 추론하는 가장 효율적 방식이다.

애착 유형을 평가하는 설문지는 애착 유형이 교직을 시작하는 결정을 촉진하는 것과 관련되어 있는지 아닌지를 결정하도록 돕는다. 이러한 통계들은 *Teaching and Teacher Education*(Riley, 2009a)

에 자세히 보고되었다. 이번 장에서는 연구 결과가 제기하는 쟁점을 구체화한 요약을 제시하였다.

교사의 애착에 대한 자기 보고 척도의 유용성

브레넌 등(Brennan et al., 1998)이 개발한 '친밀 관계 경험 척도(Experience of Close Relationships, ECR)'를 이용해 관계를 측정하면, 불안정 애착 유형에 해당하는 응답자에게 지나치게 민감한 결과가 나오게 된다. 모집단을 대상으로 한 연구에서 전체의 30~40%가 불안정 애착 유형으로 분류되었다. ECR 검사는 불안정 애착의 비율을 훨씬 더 높은 수준으로 보여 주지만, 그것은 아래에서 볼 수 있듯이 불안정 애착 유형을 구별하는 데 매우 유용하다는 것을 알 수 있다.

발견들

다음은 연구에 참여했던 교사들의 다양한 유형 간 차이를 대략적으로 보여 준다.

- 예비 교사와 숙련 교사: 숙련된 교사는 예비 교사보다 유의한 수준(7.92%)으로 친밀함에 덜 회피적이다. 숙련된 교사

의 밀접한 관계에 대한 불안 정도는 예비 교사보다 유의한 수준(12.95%)으로 낮다.

- 초등교사와 중등교사: 예비 초등교사는 예비 중등교사보다 유의하게 덜 회피적이지만, 이는 2.05% 수준에 그친다. 불안의 수준에 대해서는 어떠한 유의한 차이도 발견되지 않았다. 숙련된 초등교사와 중등교사들 간에 유의한 차이가 없다는 것은 초등과 중등 간 학교급에 대한 차이보다는 교직에 종사한 기간이 더 큰 영향을 준다는 것을 보여 준다.

- 남교사와 여교사: 여성인 초등교사가 여성인 중등교사보다 친밀한 관계에 유의하게 덜 회피적이다. 또한 같은 성별일지라도 교직에 종사한 기간과 연령대에 따라 다른 결과를 보인다.

- 교사의 연령대: 나이는 회피의 수준에 대해서는 중요한 변수이지만 불안 수준에 대해서는 아니다. 비슷한 연령대일지라도 교직에 종사한 기간과 성별에 따라 다른 결과를 보인다. 젊은 교사와 나이 든 남성 교사는 동료들에 비해 유의한 수준으로 덜 회피적이다. 젊고 숙련된 여교사와 모든 연령대의 남교사는 낮은 수준의 불안을 보고했다. 이는 통계적 유의성이 있다. 이 자료는 여교사들이 교정적 정서 경험을 할 수 있는 중요한 시기가 있을 수 있다는 것을 보여 준다.

브레넌·클라크·셰이버(1998)는 애착 이론은 교사들의 동기를 조사하는 유용한 이론이라는 가설을 지지하는 흥미로운 발견을 하였다. 그들이 개발한 방법을 사용하여 교사들이 참여하는 연구에 적용해 본 결과, 307명의 교사 참가자 모두가 불안정 애착이라는 결과를 보여 주었다. 참가자 전체의 유형이 2장 [그림 2.1]의 사분면 중 오직 두 개 영역에만 분포하는 것으로 나타났다. 그중 80.8%가 두려움 유형에 속했고, 나머지 19.2%는 몰입 유형이었다. 숙련된 교사와 예비 교사, 초등교사와 중등교사, 나이와 성별에 따른 교사들의 다양한 유형 간 흥미로운 차이도 발견되었다. 교정적 정서 경험과 관련하여 참여자 간에 가장 강력한 차이는 교직에 종사한 시간의 차이였다.

숙련된 교사일수록 분리불안과 친밀함의 회피 둘 다 유의하게 낮은 수준을 보고했다. 이를 통해 두 가지를 설명할 수 있다. 첫째, 숙련된 교사의 전문성이나 인생 경험이 그들의 불안정함을 줄여 준다. 둘째, 불안정한 교사들은 지금의 숙련된 교사들과 함께 교직을 시작했지만 그사이 교직을 떠나 버려서, 지금의 표본에 포함되지 않았다.* 이러한 발견은 많은 질문을 제기하는 동시에 교직에 종사한 시간에 따라 애착 불안과 회피 수준이 유의하게 달라질 수 있다는 사실을 보여 준다. 그러므로 교직에 종사한 기간은

---

* 미국에서는 교직에 들어선 후 5년 안에 그만두는 교사가 45%에 달하기 때문에 꽤 그럴듯한 설명이다.

교사의 애착 유형에 영향을 준다고 할 수 있다.

하지만 '교직에 종사한 기간이 친밀한 관계에 대한 불안이나 회피 수준을 낮출 수 있는가'라는 질문은 엇갈린 결과를 나타냈다. 보고서는 초등교사의 애착 형태가 중등교사의 애착 형태와 애초에 다르다는 것을 보여 준다. 초등교사들은 관계에 대하여 덜 불안해하고, 덜 회피하는 것처럼 보인다. 경력이 쌓여 갈수록 이러한 경향은 여교사들에게 더 크게 나타나고, 남교사들에게는 유의한 수준으로 더 크게 나타난다. 중등 여교사들은 친밀한 관계에 대하여 낮은 수준의 불안을 보고할지라도 교직에 머무르는 시간이 친밀함의 회피 수준을 바꾸지는 않는 것으로 나타났다. 애착의 두 가지 차원이 수직으로 교차하는 점을 고려할 때, 이는 시간이 지남에 따라 애착 유형이 변하고 있음을 나타내는 것처럼 보인다.

유형화된 자료 분석에 따르면 교사를 직업으로 선택한 사람들이 특히 두려움 유형과 몰입 유형 같은 불안정 애착 내력을 일반인보다 더 많이 가질 수도 있다는 점이 드러나기도 한다. 사직하는 교사의 경우 많은 이들과 상호작용해야 하는 직업에 매력을 느끼지 않는다고 보는 것이 논리적일 것이다. 불안정 애착 교사는 그들의 애착 행동 체계가 교실에서 활성화될 때, 이에 대한 교실 관리 기법으로 학생들에게 공격적으로 반응할 위험이 증가할 것이다. 브레넌과 동료들(1998)에 따르면 전체의 20%에 이르는 교사들이 이에 해당될 수 있다. 교사에게 학생 지도를 위한 적절한 지원을 제공하기 위해서 학교 관리자들이 반드시 알아야 할 정보라고 할 수 있다.

브레넌과 동료들(1998)의 판별 분류기준을 이용했을 때 예비교사와 숙련된 교사 모두 몰입 유형이나 두려움 유형 중 하나로 분류되었다. 이는 교사들을 애착 유형으로 분류했을 때 특정 그룹을 형성하고 있음을 나타내며, 더 많은 탐색을 필요로 하는 결과이다. 만약 어떤 교사들이 학생과의 상호작용을 통한 애착 경험을 통해 교정적 정서 경험을 추구한다면, 교사들의 공격적 행동의 많은 측면들은 이론적으로 설명될 수 있다. 의식적으로나 무의식적으로나 자신과의 애착 관계를 통해 교정된 정서적 경험을 제공해 줄 학생을 찾는 불안정 애착 유형 교사는 학생들의 거절에 취약하다. 그러므로 학생의 위협이나 실제 거절은 교사의 애착 행동 체계를 활성화할 수도 있다(Bowlby, 1982). 불안정 애착 교사들은 실제 거절, 또는 거절로 인지되는 것으로 인한 분리불안을 낮추기 위해 불가피하게 학생을 향해 저항 행동을 취하게 된다. 자기 보고형 문헌 연구에 따르면 교사들이 이야기하는 공격 행동의 유형은 고함을 지르고, 냉소하거나, 창피를 주고, 개인의 비행에 대해 반 전체 학생 대상으로 벌주기 등인데 이런 것들은 교사들이 나타내는 전형적인 저항 행동이다.

이번 연구에서 두 가지 강력한 시사점이 제공된다. 첫째, 교사들은 전혀 동질한 집단이 아니다. 둘째, 최소한 애착 이론의 측면에서 교사들은 확연히 다른 경향을 보이는 집단이라는 점이다. 이는 교사 직군을 구성하는 사람들에 대한 향후 연구에 많은 시사점을 준다.

교사 유형을 비교하는 다변량분산분석(MANOVA)으로 제공된 결과는 교정적 정서 경험을 받는 것으로 보이지 않는 중등교사들과는 다르게 '어떤 초등교사들은 그들의 직업 환경에서 교정적 정서 경험을 가질 수 있다'는 가설을 지지한다. 이것은 아래의 두 가지 잠재적인 추론에서 이끌어 낼 수 있다. 첫째, 초등교사들과는 다르게 중등교사들은 직업을 선택할 때 교정적 정서 경험을 추구하지 않는다는 점이다. 둘째, 중등교사들은 더 많은 학생들을 더 짧은 기간 다루는데, 이는 학생들로부터 교정적 경험을 하기에 필요한 충분한 시간을 확보할 수 없다는 것이다. 이러한 이유로 중등교사의 관계의 불안과 관계의 회피 수준 모두 시간이 지나도 바뀌지 않는다고 할 수 있다.

예비 중등교사는 숙련된 교사보다 관계에 대한 불안을 더 많이 보고한다. 이 두 집단의 맥락을 고려하면 당연한 차이라 할 수 있다. 숙련된 교사들은 자신들이 교실에서 생존할 수 있고, 심지어 잘할 수 있다는 것을 안다. 그들은 최소 5년 동안 그렇게 해 왔다. 예비 교사 집단은 아직 교사로서 충분히 학교를 경험해 보지 못했기 때문에 학교에서의 적응 여부가 확실하지 않다. 그들은 프란시스 풀러(Francis Fuller, 1969)가 말한 "자신에 대한 걱정"으로 가득하다. 초등교사들은 통계적으로 유의한 차이를 보이지만 예비 중등교사와 숙련된 중등교사들 간 애착 불안 수준의 차이는 유의하지 않다. 예비 초등교사에 비해 숙련된 초등교사는 애착 안정성이 크게 증가하고, 불안정함이 감소하는 모습이 보인다. 초등교사와 중등교사가 교실에서 보내는 시간에 차이가 있다는 것을 고려하면, 두 집단 간 애착 유형의 차이는 흥미로운 발견이다.

중등교사는 초등교사에 비해 학생들과 접촉하는 시간이 최대 95% 적다. 또한 그들은 매주 더 많은 학생들을 상대해야 한다. 이런 구조적 차이로 인해 중등교사는 초등교사가 경험하는 교정적 정서 경험을 가지게 될 만큼 충분히 깊은 수준의 관계를 형성하기 어려울 수 있다. 그러나 대부분의 초등교사와는 다르게 중등교사들은 수년에 걸쳐 동일한 학생들과 함께할 기회를 가진다. 이는 왜 교사의 성향이 아니라 경력이 교사들 간의 가장 큰 차이점이 되는지를 설명한다.

보통의 초등교사는 근무 시간의 대부분을 약 25명 내외의 동일한 학생들과 보낸다. 반면 중등교사는 25명 내외로 이루어진 학생 그룹을 각각 더 짧은 시간 동안 만나지만 매주 최대 200명까지 만난다. 또한 초등교사는 다방면에 걸친 일들을 한다. 초등교사들은 대부분 여러 과목을 혼자 책임지면서 가정 환경과 발달 수준이 다른 학생들과 만난다. 반면에 중등교사는 학생들을 매우 제한된 교과로 만나게 된다. 그러므로 중등교사보다 초등교사가 함께하는 시간의 양과 질 그리고 참여하는 활동의 다양성 면에서 학생들과 더 깊은 감정적 연결을 촉진할 수 있을 것이다. 이러한 교실 관계의 깊이와 복잡성은 교사와 학생 모두가 교정적 정서 경험을 할 수 있는 더 많은 기회를 제공할지 모른다. 경력 기간과 관계 불안의 수준 간에 시간순의 관계가 있는지 여부를 결정하기 위한 후속 연구가 이러한 부분을 해명할 수 있을 것이다.

예비 교사의 학생에 대한 분노의 감정

이번 연구에서 학생들에 대한 분노의 감정에 대하여 두 가지 흥미로운 발견이 있다. 교생 실습 기간 동안 학생에게 화난 적이 한 번도 없다고 말한 예비 교사는 단지 17%에 지나지 않을 정도로 예비 초등교사는 학생에 대한 분노 감정의 발생 정도가 높다고 보고한다. 일부 교사들은 이전에 다른 환경에서 어린이들과 일했던 경험이 있으며, 설문지를 작성했던 시점에는 학생들과 단지 6주만을 만난 때였다. 물론 그 누구도 화가 난다고 해서 감정대로 행동하지는 않았다. 그렇지만 교사들이 학생들에 대해 분노가 일어나는 지점을 알고 잘 해결하지 못한다면 장차 일부 교사들은 자신의 화를 행동으로 옮길 수도 있을 것이다. 이는 어린이의 불안정 애착과 분노 행동(Appleyard et al., 2005; Egeland et al., 1993; Roisman et al., 2004; Sroufe, 2005)이나 성인의 이성관계 애착

(Baldwin et al., 1993; Hazan & Shaver, 1987; Mikulincer & Goodman, 2006; Perel, 2007; Scharfe & Bartholomew, 1994; Simpson & Rholes, 1998)에 관한 문헌의 연구 결과들과 일치한다. 분노의 감정과 더 깊은 연관이 있는 것이 친밀함을 회피하는 요인인지, 밀접한 관계를 형성하는 것에 대한 불안 수준인지는 밝혀지지 않았다. 다만 이 문제는 교실에서 교사가 어떻게 더 성공적으로 일할 수 있는지를 예측하는 데 있어 중요한 요인이다.

이러한 발견으로 조화로운 교실 관계를 결정하는 데 회피와 불안이 중요하다고 알려졌지만, 이 불안과 회피가 동등하게 영향을 끼치지는 않는 것으로 보인다. 교사의 애착 유형이 교실에서의 일상적인 수업을 어느 정도 결정하는지 예측하려면 더 많은 조사가 필요하다. 이 부분은 5장에서 다루려고 한다.

예비 교사와 숙련 교사 모두를 대상으로 한 설문조사를 통해 초등교사나 중등교사를 자기 직업으로 선택한 교사들이 비슷해 보이지만 서로 눈에 띄게 다르고, 이는 그들의 애착 유형에 반영되어 있다는 것을 알 수 있었다. 초등교사와 중등교사의 차이는 직관적으로 이해되며, 또한 수년 동안 각각의 집단들과 일해 왔던 나의 경험에 비추어 보아도 그렇다. 이 차이는 그들의 예비 교사 교육 기간에 더 커지는 것으로 보인다. 친밀감과 의존성에 대한 불안 수준은, 초등교사와 중등교사, 남성과 여성, 숙련 교사와 예비 교사, 그리고 연령대에 따라 상당히 달랐다. 이는 예비 교사 교육과 지속적인 교사 연수에 중요한 시사점을 제공한다. 학교 리더십을 염두에 두고 공부를 이어가는 여성 초등교사들은 애착 유형에서 별도의 하위 그룹을 형성할 수 있다. 그러나 경력 교사의 표본 크기가 상대적으로 작기 때문에 시사점을 고려할 때 주의를 기울여야 한다.

이러한 단서를 조건부로 보면, 초등교사 코호트에서 남성과 여성의 불안의 차이를 기록하는 것은 흥미롭다. 남성 초등교사의 불안 수준이 유의하게 감소하지만, 친밀한 관계에 대한 회피는 증가한다. 이를 통해 '남성 초등교사들은 교직 경험이 늘어나면서 높아진 회피 수준으로 인해 불안 수준이 낮아졌는가?'라는 질문을 해 볼 수 있다. 부적절한 행동에 대한 의심을 받지 않기 위해 교사가 자신을 법적으로 보호하기 위한 방어 수단으로, 남성 교사들은 학생들과 너무 가까워지지 말라고 일상적으로 조언을 받기도 한다. 이 자료는 학생에 대한 젠더 간 반응의 유의한 차이보다는 이러한 현실의 반영일 수 있다. 이에 대해서는 질적 연구 방법과 양적 연구 방법으로 심층적인 탐구가 필요하다.

연구에 대한 보고 결과를 살펴보면, 자신의 애착과 관계 양식을 탐구해 나가고, 자신과 타인의 경계를 이해하도록 교사를 돕는 것은 유용하며, 더 나아가 예비 교사를 위한 필수적인 학습이 되어야 한다는 주장을 강력히 지지한다. 다른 사람들과 가까워지고 싶은 희망이나 소망에 기반해 직업을 선택하는 사람들은 진정으로 서로에게 좋은 영향력을 줄 수 있는 '애착과 관계성'에 대한 학습이나 훈련을 통해 자신을 성장시키고, 관계를 잘 만들고 유지할 가능성을 높일 수 있을 것이다. 결국 교사가 자신의 일에서 즐거움을 느끼고 정서적 자양분을 받게 된다면 학생들과 함께하는 직업을 보람 있게 유지할 것이며, 이는 그들이 함께 일하는 사람들에게 더 큰 혜택이 될 것이다. 또한 교직의 특수성으로 인한 어려움으로 발생하는 사직률을 낮추는 데 쓰일 수도 있다.

이번 장에 언급된 이 연구의 결과에서 발견된 자료는 아직 탐색적인 사전 조사이므로 주의하여 읽어 주기를 바란다. 연구의 비교집단으로 사용된 숙련 교사의 표본 크기가 충분히 크지 않아서 일반화하기는 어려울 수 있다. 그래서 다음 장에서 질적인 자료로 내용을 보완하는 시도를 해 보았다.

교사를 대상으로 한 애착 연구는 이제 시작에 불과하다. 하지만 서로 다른 두 개의 큰 코호트를 대상으로 애착을 중심으로 교사의 동기부여, 행동, 비행의 중요한 요소로 확인한 연구들이 보고되고 있다(Riley, Lewis, and Brew, 2010; Riley, Watt & Richardson, 2009). 중국과 이스라엘에서 수집된 자료(아직 충분히 분석하지는 못했지만)들도 교사 스스로 자신의 행동에 중요한 동기를 부여할 수 있음을 보여 준다.

양적 조사와 후속 연구의 결과, 애착이 교실 생활의 중요한 측면이지만 교사들이 애착 관계를 어떻게 경험하는지는 연구되지 않고 있다. 그래서 애착이 교실 관계에 어떻게 영향을 미치는지 알아볼 수 있는 연구를 설계하여 실행하고자 했다. 이 책에서는 교사들과 애착을 주제로 현재-과거-미래로 진행하는, 비교적 간단한 통합치료를 기반으로 정신분석학적으로 시행한 5건의 심층 면담을 소개하고자 한다. 이는 다음 장에서 자세히 펼쳐진다.

5장

교사의 애착에 기반한 심층 면담:
5인의 이야기

질적 연구

맥락적 통찰에 기반한 탐색 대담(Contextual Insight-Navigated Discussion, CIND)은 연구와 개입 과정을 결합하여 설계되었다. 애착은 교사의 행동을 예측할 수 있는 중요한 단서이다. 학생에 대한 교사의 애착 경험은 교사 자신의 발달 경험이 반영된다. 교사 자신의 발달을 드러내고 탐구하는 것은 학생들과 동료를 향한 정서적 반응에 대한 이해를 발전시키는 데 중요한 요소이다. 그래서 나는 학생에게 공격적인 교사들과 함께 일하게 되었다. 목표는 교사들이 자신의 애착 유형을 아는 것뿐 아니라 자신의 관계 내력을 알게 되어, 학급에서의 관계를 관리하는 데 미치는 영향을 발견할 수 있도록 돕는 것이었다. 애착 유형은 안정적이긴 하지만 고착되는 것은 아니다. 이 연구의 문제는 교사들이 단지 새로운 기술을 하나 더 배우는 것이 아니라 자신에 대한 새로운 이해의 결과로 학급을 관리하는 방식의 변화를 가져올 수 있는가 아닌가 하는 것이었다.

다양한 유형의 불안정한 애착보다는 안정 애착과 불안정 애착 간의 일반적인 차이와 개별적인 애착 이력에 초점을 맞추었다. 단기 통합 심리치료(Macnab, 1991a; Teyber, 2006), 시간제한 치료(Brown, 2002; Levenson, 2004; Mann, 1981, 1991; Molnos, 1995)와 사례 이야기 접근 방법(Ackerman & Maslin-Ostrowski, 2002; Bateson, 1991; Carter, 1999)으로 고안한 양식을 사용한 인터뷰가 시행되었다.

양적 자료들은 추론 가능한 일반적인 경향성을 인지하는 데 도움을 주지만, 개인적 경험의 장면들을 포착하여 보여 주지는 않는다. 애착 경험은 정의상 개인적인 것으로 해석된다. 이런 이유로 교사들의 개인적 경험을 탐색할 질적 방법론이 필요했다. 교사 몇 명과 한 시간씩 여섯 번의 일대일 면담을 하면서, 나는 그들 각자의 발달 내력 및 애착 내력 그리고 자신의 교직 경험에서 끌어낸 의미들을 탐구해 보았다.

나는 연구자이면서 동시에 교육자로서 교사들의 현재 학급 관리의 형성과 유지에 작용하는 효과적이거나 그렇지 않은 부분을 모두 기록하는 것에 관심을 기울였다. 교사의 직업상의 일을 개인적 환경과 발달 내력의 맥락에 비추어 봄으로써, 교사들과 나는 교실에서의 경험들과 그 의미를 더 깊이 이해할 수 있었다. 만일 우리 자신의 경험에 대한 이해에 도달할 수 있다면, 교사들의 변화를 위한 조건은 준비된 셈이라고 할 수 있다. 이제 자신들의 미래를 결정하는 것은 각 교사에게 달려 있을 것이다. 새로운 정보와 이해에 비추어 변하기를 원할까? 만약 그렇다면 그들은 어떻게 변화되기를 바랄까?

이 대화의 목표는 세 가지 영역에 따라 2회씩, 총 6회의 면담을 하고, 이를 통해 각 교사가 걸어온 인생의 경로를 훑어보는 것이었다. 현재의 맥락, 환경, 직업에 대한 자세한 묘사에서 시작하여, 과거의 발달 및 직업의 내력에 대해 이야기하고, 그 후 미래를 향한 현실적인 목표를 세우고 노력한다는 흐름으로 이루어졌다. 우리는 조사 도구로 사실상 간단한 형태의 심리치료를 사용했다. 이 심리치료 방법론의 기술적인 면들은 8장에 설명해 놓았다.

정신역동적 면담법

정신역동적 면담법은 주로 애착 행동 체계가 학급 관리의 어려움과 어떻게 관련되어 있는지를 알아보기 위해 고안되었다. 교실에서 어려움을 겪는 교사들의 애착 경험을 일관적으로 알아내기 위해 여러 가지 자료가 수집되고 조사되었다. 교사의 교실 내 행동은 교사의 애착 유형으로 가장 잘 예측할 수 있으므로, 교사의 애착 발달은 교사가 학생과 어떻게 관계를 맺는지에 대한 중요한 정보를 가장 잘 제공한다고 볼 수 있다. 애착 이론의 관점에서 리더십과 양육 간의 유사성을 비교해서 접근할 수 있는 기반은 마련되었다고 볼 수 있지만, 지금까지 이 부분이 직접 연구되지는 않았다. 리더를 돌봄 제공자로, 추종자를 돌봄을 추구하는 자로 개념화하여 접근할 수 있지만(Popper, 2004; Popper & Mayseless, 2003; Popper et al., 2000), 그간의 연구는 모두 유아 모델에서의 일방향적 연구로 제한되었다. 그러나 이러한 연구 동향은 바뀌기 시작했다(Mikulincer et al., 2009).

또한 불안정한 애착의 다양한 유형을 파악하기보다는 교사의 애착 경험에 초점을 맞추었다. 각 교사의 구체적인 어려움은 불안정 애착, 개인적 경험, 발달 내력과 교수 맥락의 형태에 따라 다양하다. 나는 어려움을 경험했던 교사들을 돕는 것에 집중하려고 한다. 만약 긍정적이든 부정적이든 애착이 학급 관리에 영향을 미친다면, 교사들이 자신과 타인의 내적 작동 모델에 대해 더 잘 이해하고, 수업을 개선하는 데 이러한 이해를 적용하도록 교사들을 돕는 것이 이 논의의 목적이다.

2장에서 설명한 것처럼 성인 애착 이론가들은 이제 모든 사람이 특정 상황에서 특정 타인에게 불안정하게 애착을 형성할 수 있다고 제안한다(Fraley & Shaver, 2000; Fraley & Spieker, 2003; Fraley et al., 2000). 따라서 교사가 분리저항 및 기타 형태의 부정적인 행동에 취약해지는 맥락을 이해하는 것은 이러한 행동이 발생할 가능성을 줄이는 중요한 첫 단계이다. 사람에 대한 맥락, 환경에 대한 맥락, 상호작용에 대한 맥락 등 맥락에 대한 광범위한 시각이 필요하다.

첫 번째 다룰 어려움은 성인 애착 행동은 아동 애착 행동보다 더 복잡하고 미묘하다는 점이다(Bowlby, 1988a). 두 번째 어려움은 동기부여의 차별화였다. 교사들이 자신의 공격성을 스스로 보고할 때에는 애착이 중요한 요인으로 나타나지만, 학급 관리와 같은 복잡한 행동 양식에는 다른 많은 요인도 작용한다. 아마도 모든 변수의 상호작용은 그 교사의 애착 유형보다 더 중요할 것이다. 그러므로 학생 관리에 어려움을 겪는 교사의 표본으로 삼을 수 있는 완전한 그림을 얻기 위해서는, 각 개인으로부터 더 풍부하고 자세한 정보를 수집해야 한다. 이 연구에 참여한 교사들 중에서 공격적 학급 관리법에 의존하거나, 학생에게 화가 나거나 불만이 생길 때마다 주로 소리를 지르는 등의 공격적인 행동을 보인 교사들이 있었다. 로프만(2004)은 분노를 "현상과 관련된 것"(p.164)으로 언급한 바 있다. 그래서 이런 교사들의 분노와 불만을 조사하는 것이 이 연구의 시작점이다.

강력하지만 명확하게 표현되지 않은 약속을 강조하는 방법으로, 불만부터 시작하여 사람들의 내부 언어에 초점을 맞출 것을 제안한 키건과 라헤이(Kegan & Lahey, 2001)의 연구에서 보완적인 출발점을 도출했다. 이는 현재에 집중하여 연구를 시작하도록 돕는다. 연구에 참여한 교사들은 자신들의 현재 직업적인 삶에 대하여 많은 불평을 했다.

현재-과거-미래의 형식을 사용한 6시간의 면담을 하는 동안 표본에 속한 각 교사의 개인적이고 독특한 상황이 논의되었다. 면담의 구조와 맥락부터 간략히 서술하고, 바로 이어 대표적인 몇몇 사례를 제시하려고 한다. 소개된 각 사례는 학급 관리의 어려움과 공격성을 경험한 교사들과 함께한 연구에서 얻은 것이다.

CIND(카인드): 기본 구조

'맥락적 통찰에 기반한 탐색 대담(CIND)'은 간략한 통합 심리치료 기법에, 시간제한과 교육적 맥락 중심의 방법을 함께 이용한다.* 시간제한 치료라는 의미는 정해진 회기와 각 회기별로 정해진 시간을 의미한다. 이 토론을 시작할 때 교사는 이러한 설명을 듣는다. 끝을 염두에 두고 시작한다는 것은 전체 과정의 중요한 요

---

* 이러한 기법의 이론적 기반은 간략한 통합치료(Akyalcin, 2003; Gergen, 2001; Macnab, 1991a, 1991b; Teyber, 2006), 시간제한(Brown, 2002; H. Levenson, 2004; Mann, 1981, 1991; Molnos, 1995), 그리고 사례 연구 방법론(Acherkan & Maslin-Ostrowski, 2002; Bateson, 1991; Cater, 1999)에서 도출되었다.

소가 된다. 이는 즉각적으로 교사에게 의원성(iatrogenic)* 불안을 야기할 수도 있다. 동시에 이 접근은 무한한 '아이'의 시간이 아닌, 정해져 있고 진행형이며 미래에 집중하는 '어른'의 시간에 교사들을 위치시킨다. 많은 신경증 행동은 한 사람이 어린 시절처럼 안전하다고 느낄 수 있게 해 주는 방어적 시도라고 할 수 있다(Brown, 2002; Molnos, 1995). 이 대담은 한 시간씩 여섯 번에 걸쳐 시행된다. 각 회기는 이전 회기에서 도출된 특정하고 분명한 부분에 집중하는 만남이며, 이렇게 얻어진 이해를 깊게 만들어 줄 새로운 내용이 더해진다. 각 회기의 구조는 [표 5.1]에 대략 나와 있다.

학급 관리에 어려움을 경험하는 교사들은 CIND를 통해 자신의 관계 유형을 탐색할 수 있고, 교실에서 자신의 삶을 향상시키기 위해 어떻게 자신을 수정할 수 있을지에 대한 이해를 끌어내고 발전시킨다. 각 교사들은 교사로서의 전문성 측면에서 긍정적인 면과 부정적인 면을 살펴보고, 왜 이 차이가 발생하는지에 대한 이해를 발전시켰다. 이해의 발전은 공감의 정교한 형태인 정신화(mentalisation)와 성찰적 기능을 사용하여 회기 중에 이루어지거나 과제로 주어졌다. (정신화와 성찰적 기능의 개념에 대한 자세한 검토는 다음을 참조: Fognay et al., 2002; Fonagy & Target, 1997; Knox, 2004; R. Lewis, 2006; Twemlow et al., 2005a, 2005b)

- [역주] 의사의 의료 행위로 발생하는 질환에 쓰이는 말로, 여기에서는 심리치료 시 시간제한 기법으로 인해 교사가 느낄 수 있는 불안을 지칭한다.

표 5.1 맥락적 통찰에 기반한 탐색 대담 — 6회기 개요

회기	시간	애착	변화	대담 내용	언어
1	현재	분리불안	방어 재구조화	환경에 대한 맥락	비난에서 개인적 책임으로
2		대인과정		사람에 대한 맥락	변화하려는 면역력 진단
3	과거	무의식적 영향	인지 재구조화	선행 요소	변화하려는 면역력 배분
4		내적 작동 모델		마음의 습관에 도전하기	
5	미래	상호주관성	정서 재구조화	목표 설정	상이나 칭찬에서 지속하는 배려로
6		존재 불안		목표 추적 관찰	

약어 CIND('카인드'로 읽기)는 대화가 진행되는 방향과 목적을 강조하기 위해 의도적으로 선택되었다. CIND 참여에 동의한 교사들은 간혹 교실에서 공격적으로 변한다고 보고했으며, 이는 그들에게 직업적으로나 개인적으로 취약한 부분이 있다는 것을 의미했다. 참여 교사들이 CIND가 요구하는 작업에 참여하기로 동의했다는 것 자체가 큰 진전을 의미했다. 한 사람이 왜 교직을 선택했는지, 무의식적 동기의 신비를 밝히는 노력은 쉬운 일이 아니다. 교사들과 나눈 대화를 평가하기 위해, 참여자에게 많은 정보를 얻고 전이와 역전이를 이용하는 것이 필요했다. 가르침의 동기에 애착이 미치는 영향과 학급 관리의 어려움에서 애착의 역할을

결정하는 것은 섬세하고 힘든 일이다. 교사가 자신의 감정적 경험을 교정할 수 있다는 즐거움을 인지하지 못할 수도 있다. 또는 감정적 경험을 교정하고 싶은 바람이 존재한다고 하더라도 전체적으로 무의식적일 수 있다. 교사가 되고 나서 한참 시간이 지난 뒤에야 공격적으로 변했다고 보고하는 교사들의 경우, 교사됨의 동기와 애착 사이의 관계가 없을 수도 있다. 그러므로 토론 중 다른 가능성을 열어 두고 진행하는 것도 중요했다.

CIND의 기본 원칙: 단기, 시간제한 탐구

CIND는 한 사람이 자신의 기능을 개선하면 자존감이 높아지고, 어떤 과정을 지속할 수 있게끔 주변에서 긍정적인 피드백을 얻게 된다는 마머(Marmor, 1979)의 역동적 원리에 근거한다. 이 모델의 장점은 모든 요소를 구조화된 방식으로 조사하도록 하며, 이론이나 실습의 중요한 측면에 대한 무시 또는 방어로 인해 발생하는 정보의 회피나 손실을 막음으로써 교사의 문제를 유연하게 논의할 수 있는 가능성을 열어 둔다는 것이다. 매 토론을 준비한다는 것은 양측에게 모두 중요한 작업이며, 이 준비는 교사가 자신의 환경에 대처하기 위해 사건의 계기, 감정, 전략 등을 확인하고 찾아보게 함으로써 교사의 성장과 유연성을 모두 촉진시킬 수 있다(Macnab, 1991b).

이 모델은 반구조화된 면담이 그러하듯 가능한 한 내담자 중심이다. 모든 단기 심리치료의 근본적 핵심 조건은 상담자와 내담자 간에 형성된 작업 동맹이다. 칼 로저스(1951, 1989)의 연구에 기반한 이런 생각은 내담자 중심의 접근에 전통적으로 반대하는 인지적 행동 치료를 하는 현대의 이론가들(Josefowitz & Myran, 2006)도 인정하는 방법이다. 단기 통합치료 모델은 상담 환경에서 심리학자들이 때때로 사용하는 절충주의적 기법과는 대조적으로 내담자의 필요와 원하는 결과에 대한 직관에 기초해서 적용될 수 있고, 이 과정은 성공적일 수도 있고 실패할 수도 있다. 또한 심리학의 다양한 이론적 관점을 구조적으로 통합하여 교사 참여자가 자신의 핵심적인 직업적 불안에 대한 탐색을 통해 무의식적 기능을 탐색할 수 있는 기회를 제공한다. 여기에는 아이솔드(Eisold, 2000, p.62)가 식별한 세 가지 작업이 포함된다.

1. 알아야 할 필요가 있는, 잘 모르는 것이 무엇인지 확인하는 일
2. 알 수 없는 것을 지키는 수호자로서 불안이 하는 역할이 무엇인지 아는 일
3. 정신적이면서 성찰적인 과업이 나타나도록 하는 공간을 창조하는 일

이 면담법은 세션의 구조에서, 특히 대담이 감정적으로 어려워질 때 양쪽 당사자가 서로 조율하고 문제에 집중할 수 있도록 도와주는 친절한 정신 체크리스트도 제공한다. 또한 "절차에 대한 인지와 치료적 책무감"(Macnab, 1991b, p.3)을 제공함으로써 촉진자 멘토가 무의식적으로 어려운 영역을 피하려고 하는 위험을 방지하기도 한다.

CIND의 요소들

맥락

맥납(Macnab, 1991b)은 치료적 변화에서 맥락(context)의 중요성을 강조하였다. 오랫동안 정신치료에서 맥락은 무시되어 왔다. 그러나 맥락의 무시는 풍부한 정보를 필요로 할 때 큰 공백을 남기게 되었고, 환자의 에너지에 관한 매우 중요한 정보를 무시하거나 동시에 회피했다는 것을 의미했다.

교실의 맥락은 교무실의 맥락이나 가정의 맥락과는 매우 다르다. 교사의 외부 맥락을 조사함으로써 얻을 수 있는 풍부한 정보는 교사들이 특정한 조건 체계 내에서 어떻게 기능하는지 이해하는 데 중요하다. 또한 맥납(1991b)은 교사의 경우 외적 맥락뿐만 아니라 내적 맥락도 인간의 맥락을 나타낸다고 강조했다. 교사들이 자신의 경험에서 끌어낸 의미는 그들이 개인적이며 직업적인 삶을 살아가는 맥락의 중요한 부분이다.

초기에는 인성의 강점을 파악하고 불안과 사기 저하를 관리하는 연습에, 그리고 연대감과 지향하는 바를 조사하는 분석적인 과정에, 마지막으로 인지적 재구조화, 개인적 역량의 재건, 더 나은 기능, 건강, 웰빙과 그들의 삶의 방향성을 위해 의사결정을 할 수 있는 가능성에 집중했다.

Macnab, 1991b, p.13

교사의 원가족 애착 탐색

우선 CIND의 초기 구조는 교사와 원가족(family of origin)의 기원에 대한 관계 유형과 구조를 나타내기 위해 가계도(McGoldrick et al., 1999)를 사용한다. 이 작업을 통해 교사와 작업 동맹의 신뢰를 발전시키고, 교사가 경험했던 관계에 관한 심리적이고 발달적인 내력을 이해하도록 한다. 많은 연구자들은 가계도에 기반한 이 기법이 변화를 견인하는 중요한 요소라는 것을 발견했고(Egan, 2002; Geldard & Geldard, 2005; L. Lewis, 2006; Rogers, 1951, 1989, 1990; Scaturo, 2002; Sultanoff, 2003), 이 과정을 통해 얻은 정보를 교실 내 관계 작동의 새로운 방식을 상상하고 구성하는 데 사용했다.

　교사의 애착 관계를 이해할 때 중요한 점은 교사 자신의 원가족 관계에서 발견되는 작동 방식(작용과 반작용)을 확인하는 것이다. 교사들은 자신의 원가족이 하나의 단위로 어떻게 함께 작용하는지 성찰할 때, 마음 깊은 곳에서 자신들이 누구인지 교실에서 그들이 어떻게 관계를 맺는지를 알아 간다(Egan, 2002; Geldard & Geldard, 2005; Larner, 2001; Macnab, 1991b). 원가족과의 관계 이해는 성찰과 정신적 이해를 통해 어린 시절 배운 관계의 역학을 다시 논의하는 것을 포함한다. 구조화된 방식으로 교사가 어린 시절에 배웠던 행동이 교실에서 어떤 양식으로 나타나는지 스스로 찾아보도록 용기를 준다.

　학생이 교사의 특정 행동을 유발해서 교사가 스스로 통제에 실패해서 행동을 했다는 관점에서 보기보다는 상황 내 역학 관계로 인해 과거의 행동이 표면으로 드러났다고 봐야 한다. 과거에 습득한 몇몇 행동은 어렸을 때는 꽤 적절했을지도 모르지만 교실 내 상황에서는 적절하지 않을 수 있다. 교사는 반복적으로 행동한 것은 습관이 된다는 것을 이해하게 된다. 하지만 모든 습관은 다시 고칠 수 있고 보다 적절한 행동으로 대체될 수 있다는 것을 알게 된다. 엄격한 규칙이나 습관을 따르게 하거나 혹은 더 나쁜 방법으로 교실 상황에서 일체의 중재를 하지 않았던 교사들이 이 대담을 통해 교실 환경에 대해 더 유연하게 대처할 수 있다는 생각을 가질 수 있게 된다.

교사가 원가족과 현재의 가족 내에서 얼마나 친밀감을 느끼는 지는 매우 중요하다. 여러 문헌에서 이 친밀감의 의미를 '경계'로 부르기도 한다(Corey, 2005). 연구자는 교사들이 원가족 내에서 친밀감을 갖기 어렵게 했던 어려움이 무엇인지 탐색할 수 있도록 용기를 주고 도와야 한다. 적절한 혹은 부적절한 친밀감에 관한 이야기들이 원가족 그리고 현재의 가족 내에서 어떻게 전달되는지도 탐색해 봐야 한다.

교사의 원가족과 현재 가족에서 용인되거나 강화되었던 행동을 포함해 가족 애착 관계의 양식, 부모와의 관계, 형제자매와의 관계, 확대가족 내 애착 양식의 전달을 지칭하는 세대 간 관계가 논의될 수 있다. 그리고 교사들에게 가족들과의 관계 양식이 교실에서 어떻게 반복되는지에 관한 통찰력을 발견하도록 완곡하게 권한다. 가족 관계의 작동 방식을 확인한 후에 "학생들의 행동이 당신에게 과거 혹은 요즘 가족들과 맺는 관계의 방식을 떠올리게 했나요?"와 같은 질문은 교사들이 습관화된 행동과 현재의 역할을 연결할 수 있도록 돕는다.

대담이 진행되는 동안 이러한 부분들은 특별히 스트레스와 불안이 고조되는 상황에서 발생하는 교사의 내적 작동 모델을 보여주고, 교실 내에서 부적절하게 드러난 행동 양식을 확인하도록 돕는다. 이때의 불안은 분리불안으로 이해될 수 있으며, 이 불안은 애착 행동 체계를 활성화할 수도 있다. 이 대담으로 촉진된 통찰력과 성찰적 기능으로 교사는 자신의 관계 양식을 더 알게 된다(Fonagy & Target, 1997; Knox, 2004). 이 작업은 여러 신호에 대한 교사의 민감성을 높여 학생들이 유발하거나 부적절한 반응을 보일 때, 학생들의 내적 작동 모델과 교사의 내적 작동 모델 간의 유사성과 차이점을 더 잘 이해하도록 돕는다. 교사와 학생의 내적 작동 모델에 관한 새로운 정보는 교사가 교실 환경의 미묘한 차이에 민감하게 반응하도록 돕는다. 통찰력을 통해 얻게 된 관계에 관한 새로운 지식은 학급 내 상호 역학관계를 더 잘 인식시키고, 교사가 무의식적으로 학생들에게 자동적으로 반응하지 않게 만드는 효과가 있다. 이러한 내면 지식의 증가는 학급을 관리하는 데 불안을 감소시키고 이성적으로 접근하도록 하여 교사 스스로를 보호할 수 있다. 새로운 내적 지식으로 무장한 교사는 학생들과 관계 맺는 새로운 방식을 더 많이 배울 수 있다. 또한 이 대담을 통하여 교사는 과거가 현재의 기능을 어떻게 방해하는지 알게 된다. 그리고 교실 내에서 자신과 타인의 감정을 더 잘 보호하고 새롭고 효과적인 방식을 탐색하도록 돕는다.

취약성의 탐색

샤인크만과 피시베인(Scheinkman & Fishbane, 2004)이 명명한

'생존 지위'에 따르면, 교실에서 지속적으로 공격적 행동을 하는 교사들은 자신에 대한 방어를 위해 그렇게 행동하는 것일 수 있다. 그리고 공격적 교사는 자신에게 어떤 취약성이 있음을 인지하고 있을 수 있다. 샤인크만과 피시베인은 이러한 형태의 기능 장애는 반복적으로 발생한다고 다음과 같이 주장한다.

> 교사들이 느끼는 취약성은 자기 삶에서 형성되어 온 관계의 친밀함에 대한 과거력 혹은 현재의 상황으로 인해 만들어진 개인적 민감성과 관련되어 있다. 건드리기만 해도 아픈 상처처럼 취약성이 교사와 학생의 관계 역학 안에서 촉발될 때 교사들은 격렬하게 반응하며 고통을 느낀다.
>
> Scheinkman & Fishbane, 2004, p.281

자신들의 어려움 때문에 치료받는 성인 커플의 취약성이 친밀도나 의존성의 정도에 따라 다르게 나타날 수 있지만 대부분의 모든 관계에서 나타날 수 있다고 예측하는 것이 타당하다. 그러므로 당연하게 공격적 교사의 취약성은 교사와 학생 사이, 교사와 관리자 사이에도 나타난다. 과거를 현재로부터 잘 분리해 내지 못하면 교사의 취약성과 관련된 고통은 교실 상황에서도 얼마든지 드러날 수 있다.

CIND를 진행하는 동안 찾아야 할 중요한 요소 중 하나는 교사들이 자기 일의 자연스러운 일부로 경험하는 취약성의 양과 정도이다. 예를 들어 과거 행동 양식으로 회귀하는 신호를 보이는 교사가 있다면 그는 교실 상황이 자신의 전문적 정체성을 직접 위협한다고 보고, 그(인식된) 위협이 계속 감지될 때마다 감정적으로 흥분하는 등의 행동을 계속할 수 있다. 그 교사는 취약성의 구조에 갇혔다고 볼 수 있다. 학생과의 밀접함이 필요하지만 동시에 두려울 수도 있다. 이런 반응은 자신들의 애착 유형과 관련이 있을 수도 있고 없을 수도 있다. 긍정적 비애착과 불안정 애착 형태 간의 차이가 점점 벌어질 때, 그 차이를 결정하는 것이 CIND 과정에서 중요할 것이다(Allen et al., 2005).

긍정적인 비애착 관계와 애착 관계에 따른 교사 취약성의 잠재적 차이는 애착 시스템의 활성화에 대한 볼비, 에인스워스, 브레더튼(Bretherton)의 논의에 비추어 볼 때 흥미롭다. 원래 볼비는 애착 체계가 활성화되었거나 활성화되지 않는다고 생각했다. 그러나 에인스워스(1985)와 브레더튼(1985)의 애착 활성화 체계에 관한 후속 연구로 애착 체계가 지속해서 활성화된다고 이론에 통합한 볼비는, 대부분의 시간 동안 애착 체계는 배경으로 작동하지만 (인지된) 위험한 상황에서는 애착 체계가 주도적으로 작동하여 개인과 환경의 상호작용을 비추는 일종의 화면으로 작용한다고 보았고, 결과적으로 생리학적 항상성 체계와 더 긴밀하게 연결되는 것으로 이론을 수정했다(Main, 1999).

취약하다는 느낌을 받으면 자신을 보호하기 위해 '생존 지위'가 작용한다는 이론도 도입되었다(Scheinkman & Fishbane, 2004, p.282). 샤인크만과 피시베인은 '생존 지위의 유용함이 증명되었다고 주장했다. 3장에서 개관한 공격성의 주기가 반복된다는 경향을 확인하고 내적 작동 모델의 중요한 측면을 대안적으로 묘사했다.

위협을 느끼는 순간 개인은 가치를 보호할 생존 전략을 경험한다. 방패와 같은 생존 전략은 위험이 안전하게 관리되고 있다고 느끼게 해준다. … '생존 지위'는 말을 꺼내기 전에, 분명 비판적으로 평가받았다고 느끼기 전에 이미 도입되어 있을 수도 있다.

Scheinkman & Fishbane, 2004, p.283

교사의 공격성에 선행하는 취약성에 관해 연구하는 조사자들은 스스로 자신이 보고하는 방식의 검사를 통해서는 무의식적 취약성의 활용이 어렵다는 경험을 하게 된다. CIND 과정에서 일어나는 대담과 추론을 통해 취약성은 천천히 그리고 자주 밝혀져야 한다. 대담과 추론의 과정은 교사의 진술에 대한 복합적인 해석 때문에 방법론적 어려움을 야기할 수 있다.

한편 연구의 이러한 부분은 전이와 역전이를 구분하는 연구자의 역량에 달려 있지만, 다른 한편으로는 보고할 가치가 있는 결과를 발견하고 싶은 연구자의 바람과도 분리해야 한다. 연구자는 잠재적인 편향에 열려 있어야 한다. 그러므로 취약성은 오로지 교사 안에만 있는 것이 아니며, 연구자도 이를 해결하려고 노력해야 하는 요인의 일부이기도 하다.

프링(Pring, 2000)은 교육학 연구의 참여자에 대한 존중과 프라이버시를 강조했다. 참여 장소 또한 연구자와 교사 참여자 사이의 신뢰가 형성되는 수준에 영향을 미칠 수 있다. 그러므로 대담의 장소도 잘 결정해야 한다. 그래서 이 연구에서는 중립적인 공간을 사용하였고, 대화를 나눌 때 직접 녹음을 하지도 않았다. 기록을 남기는 목적으로 연구자는 회기의 마지막 부분에 논의를 요약하였고, 교사와 상의하여 필요한 부분을 명확하게 정리했다. 연구자는 회기를 마친 후에 대담에 대한 기록을 작성했다. 다음 회기가 시작할 때 이 기록을 보고 이전 회기를 요약했고, 대담은 거기서부터 시작했다. 비록 이러한 기록 방식 때문에 회기의 세부 사항을 전부 기록하지 못하고 가끔 대담이 너무 깊어져 기록을 수정할 때도 있었지만, 교사 참여자는 그 기록들이 자신이 말한 것이 맞으며 이전 회기의 상호작용에 대한 타당한 설명으로 이해된다고 만족했다. 이 연구의 핵심은 행동의 근본적 차원을 다루는 것이어서 각 회기의 주요 쟁점들이 기록되었고, 약간의 세부 사항을 놓쳐도 문제가 되지 않았으며 오히려 큰 유익이 되었다.

교사가 자신과 교실 내 관계에 관한 이야기 중 곤란하거나 민감한 정보의 경우 먼저 스스로 밝히지 않을 수 있다는 점도 더 깊이 고려해야 한다(Busher, 2002). 교사가 자신과 관련된 정보를 솔직하게 이야기하려고 시도하지 않으면 교사는 이런 과정으로 얻을 수 있는 유익이 없어지고, 연구자도 어떠한 타당한 주장을 할 수 없다. 아울러 연구자는 참여자인 교사들이 가능한 한 정직하게 열린 태도로 임할 수 있도록 참여자들의 정보를 불필요하게 밝히지 않을 것이라는 확신을 주어야 한다. 그러므로 대담을 통해 수집된 정보는 연구자와 참여 교사의 관계가 보호되도록 하고, 정보를 오용할 수 있는 가능성이 있는 관리자나 행정 관료에게 공개되지 않게 하였다.

이야기의 사용

많은 전문 분야를 지배하는 동시대의 주제 중 하나는 인간의 지식이 이야기로 이루어졌다는 것이다. 즉, 우리가 알고 이해하는 상당한 지식이 이야기에 녹아 있다.

Carter, 1999, p.171

교사들이 제한된 내러티브 안에 갇혀 있다면 CIND는 그들의 경험을 재구성하기 위해 이야기를 사용하여 다른 미래를 상상하게 한다.

이야기는 단순히 명제적 지식을 표현하거나 설명하는 대안적인 방법이 아니다. 오히려 매우 다른 무언가를 전달하는 표현 양식이다. 게다가 이야기는 인간이 자신의 삶을 재현해 보여 주는 장이 될 수 있다. "이야기는 무엇이 가능한지에 대한 파노라마이다. 왜냐하면 순리에 따르지 않을 때도 이야기는 제도화된 기관을 결정하는 한계나 고려 사항에 구속되지 않는다"(Iser, 1996, p.19). 즉, 이야기는 우리가 갖지 못했던 경험뿐만 아니라 관습적인 대화에서는 표현할 수 없었던 통찰력으로 우리를 이끈다.

Carter, 1999, p.170

방법론의 장점

교사들이 새로운 지식을 얻게 되면 즉시 시행할 수 있다는 것이 이 방법론의 가장 중요한 장점이다. 개별 교사는 자신과 학생들, 동료들, 그리고 관리자들 간의 상호 주관적 과정을 더 깊이 이해할 수 있고, 연구자는 교사와 관련된 쟁점을 이해하고 아마도 다른 교사와도 더 폭넓게 연결될 수 있을 것이다. 이 실천을 치료로 간주할 때(E. Levenson, 2001), 교사의 통찰력은 교사의 실천에 즉각적이고 확실한 변화를 가져온다(Brown, 2002; Gibney, 2003; H. Levenson, 2004; Macnab, 1991a; Mann, 1981, 1991; Teyber, 2006).

CIND는 "정신분석에서 이루어지는 … 어린 시절 사건의 재구성을 덜 강조하고, 현재의 기능에 더 집중한다"(Sadock & Sadock, 2003, p.928)라는 점에서 정신치료와 비슷하다. 다른 유사점은 연구자가 취약한 내담자를 지지하는 것과 스스로 자신을 탐구할 수 있도록 내담자 자신의 능력을 확장하는 것을 동등하게 다룬다는 점이다. 그래서 둘 다 그들의 작용을 둘러싸고 이루어지는 과정을 더 잘 이해할 수 있을 것이다.

맥락적 통찰에 기반한 탐색 대담: 교사 사례

CIND 방법론을 활용하여 많은 교사와 작업을 한 후, 나는 면담 내용을 보고해도 좋다고 동의한 교사 중 대표적인 다섯 사례를 선택하였다. 모든 개인 정보는 제거했고, 몇몇 사례는 참여 교사의 익명성을 보장하기 위해 아예 개인 정보를 숨기고 인용하였다. 이 사례들은 학급 관리 훈육에 어려움을 겪는 교사들에게 맥락에서 통찰력으로 나아가는 대담을 적용한 사례이고, 대담 결과 학생들이 안전해지고 편안해지고 있는 것을 보여 주고 있다.

교사 1: 테드-초등교사

테드는 25세의 초등교사로, 현재의 학교에서 2학기부터 근무를 시작해서 첫해를 보내고 있다. 이전에 그는 시간 강사로 세 곳의 다른 학교에서 1~3학기까지의 계약 조건으로 일했다. 그는 주중 80%의 시간에는 6학년을 가르쳤고, 남은 시간은 정보통신기술(ICT) 전문교사로 3학년 이상의 학생들을 가르쳤다.

테드는 자신을 "낙천적이고 느긋하며 쉽게 화를 내지 않는" 사람이라고 묘사했다. 그는 학생들에게 "고함을 치거나 악을 쓰기도" 했지만, "모든 것은 연기"라고 말했다. 그는 모든 선배 교사들이 학생들을 통제하기 위해 학생들을 두렵게 한다고 믿고 있었다. 개인적으로 테드는 학생들이 매우 경쟁적이라고 보았고, 그는 대수롭지 않게 생각하는 학업과 비학업적인 모든 분야에서 종종 순위를 매겼다. 그는 학생들의 많은 행동이 "이해하기 어렵다"라고 말했다.

연구 회기에 참여한 동기를 물어보니, 테드는 "학급에 대한 통제를 절대로 잃지 않았다"라고 했지만, "곧 그렇게 될까 봐" 두렵다고 했다. 그는 "교실의 독재자가 되는 것을 좋아하지 않는다"라고 말했지만, "학생들과 교사들이 기대하는 방식"이므로 강요받는다고 느꼈다. 그는 독재적인 방식으로 행동하지 않는 교사 한 명을 언급했고, 그 교사를 롤모델로 생각했다.

관련 내력

테드는 서로 가깝게 지냈던 자신의 확대가족과는 달리, "극단적으로 냉정한" 원가족 속에서 지적인 일을 강조받으며 자랐다. 그는 자신의 아버지와 삼촌을 특별히 차가운 사람으로 묘사했다. 회기 동안 그는 자신이 이 두 사람과 비슷한 부분이 있다는 것을 자각하기 시작했다. 이전에는 그러한 행동을 무시했지만 그가 좋아하지 않았던 자기 성격의 이런 부분을 바꾸기로 했다. 원가족의 내력으로 볼 때 그의 삼촌은 커다란 가족 불화를 일으키는 원인으로 보였다. 테드의 삼촌은 14세 때 깊은 종교적인 회심을 경험했고 그의 남은 인생의 대부분을 전도하며 보냈다. 그는 "복음을 전하러" 여행을 다녔기 때문에 가족과 가정생활에서도 많이 멀어졌다. 이는 가족 내 큰 분쟁을 일으켰다. 그 삼촌은 테드의 아버지인 자기 동생과 복잡한 관계였다. 삼촌이 종교적인 회심을 하고 테드의 아버지가 10대 초반일 때부터 서로 거의 말을 하지 않았다.

부모님에 관해 이야기할 때, 테드는 그들이 틀림없이 결혼에 대한 "어떤 종류의 이해"에 도달했을 거라 여겼다. 그들은 테드가 어렸을 때는 많이 싸웠지만 이제는 더 이상 싸우지 않는다. 그러나 그의 부모는 서로 분리되어 각자의 삶을 사는 것처럼 보였다. 심지어 여행을 같이 가야 할 때조차도 같은 차를 탄다면 "아버지는 어머니가 늦은 것처럼 만들 것이고, 어머니는 그걸 참을 수 없을 것"이라는 이유로 서로 다른 차를 탔다.

테드는 아버지를 항상 조용하고 일정한 거리를 두며 대부분의 상황에서 극단적으로 사회성이 떨어지는 아주 똑똑한 전문가로 묘사했다. 또한 그의 아버지는 아내에게 수동적이지만 공격적이었다고 표현되었다. 가족들이 외식하러 가면 그의 아버지는 가족들과 대화를 하지 않고 밥을 먹을 때 읽을 책을 항상 챙겨갔다. 그의 아버지는 집에서 보내는 대부분의 여가 시간에 컴퓨터만 했다. 그는 컴퓨터를 할 때 쉴 수 있었고 자극도 받았다. 컴퓨터는 그의 아버지가 다른 사람과 접촉하는 유일한 현실적인 통로였다. 그의 아버지는 가족들과 개인적인 이야기를 나누기보다 늘 컴퓨터 프로젝트만 이야기했다.

테드의 어머니는 "목소리가 크고 수다 떠는 것을 즐기고 통제하려는" 성향으로 그의 아버지와 정반대로 묘사되었다. 어렸을 때, 어머니는 도움을 요청하지 않고 혼자 일을 다하고 나서, 일이 끝나고 나면 아무도 도와주지 않았다고 오랫동안 불평을 했고, 테드는 그렇게 행동하는 어머니에게 실망을 하곤 했다. 가족 중 누구도 어머니에게 무언가를 제때 해달라고 요청하지 않았고, 어머니의 짜증이 줄기를 바랄 뿐이었다. 그 결과 테드의 식구들은 어머니가 지속해서 짜증을 내는 것에 체념했고 어머니가 짜증을 내면 무시로 일관했다.

테드의 누나는 "매우 똑똑하고 목소리도 크고 통제하려는" 사람이었다고 이야기했다. 테드가 기억하는 한 테드의 누나는 외할머니와 매우 사이가 나빴다. 테드가 "악의 화신", "아무 이유 없이 상대방을 후려치며 끊임없이 불평하는 사람"이라고 묘사한 외할머니는 돈 때문에 가족 모두와 사이가 정말 안 좋았다. 그러나 왜 그런지 자세한 내막은 잘 몰랐다.

통찰

그의 가족을 묘사하면서 테드는 다른 사람들과 관계를 맺으면서 배웠던 양식(Bartholomew & Horowitz, 1991; Corey, 2005; Teyber, 2006)에 대한 통찰력을 얻었다. 그는 예외 없이 떠드는 것을 용납하지 않았는데, 학생들이 완벽하게 조용해지도록 훈육해 왔다는 것을 알게 되었다. 그는 온 집안이 조용해야 했던 가족들과의 관계 양식과 직접 관련되었음을 대담 중에 깨달았다고 한다. 테드는 또한 학급 규칙에서도 기대 사항에 집중했으며, 학생들이 배워야 하는 규칙의 목록을 고안했다. 학생들이 규칙을 잊어버리면 자신의 어머니가 짜증을 내듯이 학생들에게 짜증을 내고 있는 자신을 발견했다. 대담을 통해 테드는 교실에서의 삶을 돌아보는 통찰을 하게 되었다. 그래서 학생들이 규칙을 어기지 않도록 하기 위해 벌칙이 아닌 일반적인 행동원칙을 제시해 주어야 한다는 통찰력을 얻기도 했다. 또 규칙 적용 이전에 약속을 미리 알려줌으로써 소리를 지르지 않고도 학생의 잘못된 행동을 도와줄 수 있다는 것도 깨달았다. 더 나아가 테드는 학생이 지키기 어려운 많은 세부 규칙들을 자신이 무의식적으로 만들었을지도 모른다는 사실도 의식하게 되었다. 테드는 교실에서 자신의 엄마처럼 학생들을 계속

지적하고 있었고, 학생들 모두가 테드의 지속적인 짜증을 무시하고 있었다는 것도 알게 되었다. 그는 학생들의 무시가 느껴지면 무시당하지 않으려고 학생들을 혼냈고, 자신의 분리불안을 줄이기 위해 공격적 반응을 보였다. 공격적 반응은 오히려 학생들이 테드를 더 싫어하게 만들었고 그 결과 분리불안은 줄어들기는커녕 더 커졌다. 학생들과 더 가까워지고 싶은 바람은 교정되기는 고사하고 더 멀어지는 결과로 이어졌고 관계가 잘못될 수 있는 행동의 소용돌이는 계속되었다.

이 행동들이 모두 멈추게 되자 테드에게는 큰 동기부여가 생겨났다. 자신의 학급을 위한 변화 과제를 의식적으로 일관되게 새로 세우면서 그는 학생들에 대한 기대를 학생들의 발달 단계에 더 적합하게 바꿀 수 있게 되었다.

관계 맺기를 지속해서 경험해야 관계 유형 간의 기대가 형성된다는 것을 테드가 더 잘 이해하게 되면서, 내적 작동 모델(Ainsworth, 1969; Bowlby, 1975, 1982)은 가장 중요한 개입이 되었다. 테드는 자신의 원가족과의 관계 경험 때문에 학생들을 잘못 인식하고 비합리적 기대(Ellis, 2000)를 했다는 통찰력을 얻었다. 그 결과 교실에서 그의 불안은 상당히 줄었고, 학생들을 위한 흥미롭고 도전적 수업을 준비하는 데 더 많은 시간을 보낼 수 있게 되었다.

테드의 깨달음은 학급을 통제해야 한다는 불안을 줄였다. 교실에서 사소한 잡담은 기꺼이 허용되었다. 이전에 있던 긴 규칙 목록을 대체할 교실 내 새로운 행동규칙 원리를 학생들과 함께 정했다. 이러한 변화를 통해 그는 어려움이 발생하기 전에 가능한 학생의 행동에 대한 약속을 미리 했다. 이제 학생들의 불안 행동이 줄었고 학생들의 변칙적인 행동에 대한 그의 공격적인 반응도 줄었다고 보고했다. 학교의 교장도 테드의 변화를 확인해 주었다. 테드는 교실에서 더 느긋하고 편안해졌고, 자신이 돌봐야 하는 학생들에 대해 더욱 현실적인 기대를 하게 되었다고 말했다.

교사 2: 팻-초등교사

팻은 42세의 초등교사로 15년 동안 휴직한 후 교사로 복직한 지 3년이 되었다. 그녀는 다섯 곳의 다른 초등학교에서 가르쳤는데, 그중 한 학교는 시골에 있었다. 팻은 아이들이 어렸을 때 길게 휴직을 했었다. 자녀들이 이제 학교에 갈 나이가 되어 그녀는 과거에 자신이 가르쳤던 학교로 돌아왔다.

팻은 매주 대부분의 시간 동안 복합 학년을 가르치고 나머지 시간에 고학년을 위한 선택 과목을 담당한다. 그녀는 학교의 규모로 인한 여러 문제가 학생들을 돌보기 어렵게 한다고 이야기했다. 최근 팻의 학교는 여러 문제를 해결하고 돌봄에 집중하는 공동체를 만들기 위해 두 개의 캠퍼스에 산재한 여러 개의 작은 학교를 재구성했다. 그녀는 이 조치들이 학생들에게는 좋지만, 교사들에

겐 별로 좋지 않다고 믿었다. 팻은 두 군데 모두에서 일하는데, 고학년 캠퍼스에 있는 교사들이 자신을 포함한 저경력 교사들을 '이등 시민'으로 여긴다고 생각했다.

팻은 동료들과의 관계를 불안해했고 권한을 뺏길 것 같은 감정을 느낀다고 했다. 특별히 교무회의 때 그녀는 따돌림을 겪고 배척당한다고 느꼈다. 이런 불안은 화를 내거나 소리를 지르는 등 학생들에 대한 공격적인 행동으로 연결되었다. 그녀는 학급 관리에 어려움이 전혀 없다고 이야기했다. 하지만 몇몇 학부모들은 자녀를 다른 반으로 옮겨 달라고 요구했다. 팻과 첫 번째 만난 자리에서 그녀는 감정적 자원이 "소진되었다"라고 느낀다고 말했다. 그러나 그녀는 우울증을 이야기하거나 우울증의 증상을 보이지는 않았다.

팻은 "제 어머니처럼 다른 사람을 우선순위에 두고" 사람을 정말 잘 돌보는 사람으로 자신을 묘사했다. 그녀는 학생들에게 "고함치거나 악을 쓰는 것"을 두고 "제가 속상할 때만 그렇게 행동하는 것을 학생들도 알아요"라고 말했다. "제가 만약 속상하면 학생들도 제 마음을 알아야 해요"라고 말하면서, 그녀는 학생들 앞에서 울기도 했다고 한다. 팻은 학교 문화가 "자신에게 피해를 주고 지독하게 불쾌하다"라고 언급했다. 또한 많은 고경력 교사들과 학부모들이 저경력 교사들을 두려움을 느끼도록 통제한다고 믿었다. 그녀는 고경력 교사 집단은 학교 전체를 위하지 않고 자신들의 목적에만 맞는 교사 회의를 연다고 말했다. 학급에 관한 여러 이슈를 말할 때, 그들은 "자신들의 일로 여기지 않고 상관도 하지 않기 때문에" 위축된다고 느꼈다.

이 대담에 참여한 이유를 물었을 때, 팻은 자신이 "다른 사람에게 자신의 의견을 전달할 방법을 찾고자 했고, 또 타인들로부터 따돌림당하고 싶지 않아서요"라고 말했다. 그녀는 또한 "수업에서 권위적으로 지시하는 것"을 싫어했지만 "음악 수업과 같은 일부 프로그램에서는 모두가 동시에 모든 것을 해야 한다"는 강박을 느꼈다.

관련 내력

팻은 "정상이 아닌" 가족에서 자랐다고 이야기했다. 아버지가 직접 말한 적은 없었지만, 아버지는 제2차 세계대전에서 심각한 트라우마를 입었고, 온 가족은 "아버지를 조심"하는 데 집중했다고 한다. 팻의 아버지는 전쟁에서 돌아온 후 공무원으로 일했다. 그러나 일상생활을 영위하기 어려운 불안, 우울증, 자살 시도가 번갈아 찾아오는 등 아버지의 행동은 갈수록 예측하기 어려웠다. 팻의 아버지는 결국 40대 초반에 건강상의 이유로 강제로 퇴직당했다. 그 이후 그는 일하지 않았고 대부분의 시간 동안 집에서만 지냈다. 팻의 아버지는 아이들이 시끄럽게 하는 소리를 싫어해서 너무 소란하다고 느끼면 종종 아이들에게 무섭게 벌을 주곤 했다.

그래서 팻과 자매들은 "자라는 내내 기억할 수 있는 모든 순간"들이 "집에서는 극도로 조용히 해야" 했던 순간들뿐이었다. 집에 찾아오는 사람도 거의 없었고 아이들은 학교에서 친구를 집에 데려올 수도 없었다.

아버지는 침실에서 최소 여섯 번의 자살을 시도했는데, 팻은 "아마도 여섯 번보다 더 있었을 것"이라고 말했다.

팻은 구급차의 소리와 부산함, 아버지를 데려가던 응급구조대원들의 말을 자세하게 묘사할 정도로 이 사고들을 생생하게 이야기했다. 살면서 심각한 자살 시도를 여러 번 했음에도 불구하고 팻의 아버지는 90대에 이른 지금도 여전히 살아 있고, 지금은 따로 살고 있다. 팻의 어머니가 갑작스럽게 돌아가셨을 때 아버지는 따로 살게 되었고, 삶을 끝내려는 모든 시도도 멈추었다.

팻은 어머니를 "어떤 사람과도 어울릴 수 있지만", "가족을 가장 먼저 생각"해서 종종 개인적으로 큰 희생을 하는 "세상에서 가장 훌륭한 여성"으로 묘사했다. 그녀는 어머니가 "비극적인 어린 시절을 극복"해 왔다고 말했다. 팻의 어머니가 10대였을 때, 어머니의 언니가 자동차 사고로 죽었고, 같은 날 군인이었던 어머니의 오빠는 작전 중 행방불명으로 판명되었다. 이런 사고들은 팻의 할머니를 "당시에는 진단되지 않았지만" 극심한 우울증으로 몰아갔다. 할아버지와 할머니에 대해 거의 아는 것이 없지만 팻은 "어머니는 그냥 잘 이겨 내려고 하셨고, 너무 많이 침울해하지 않으셨어요"라고 말했다. 그녀는 어머니와 매우 가까웠고 어머니가 갑작스럽게 돌아가셨을 때 가족 모두 엄청난 충격을 받았다. 팻은 "거의 10년이 흘렀는데 지금도 매일 어머니를 생각해요. 그리고 아마도 계속 그럴 거 같아요"라고 말했다. 그녀는 자신의 어머니를 "가장 친한 친구"로 생각했고, 지금도 "그녀의 상실이 끔찍하게" 느껴진다고 했다. 팻은 20대 후반에 첫 결혼을 한 후 두 번 실패했다. 첫 번째 결혼이 끝났을 때 그녀는 "어머니와 더욱 가까워졌으며" 세 번의 임신도 뒤이어 성공했다.

팻의 언니는 15년 동안 폭력적인 남편과 "힘든 삶"을 살았다. "언니가 이혼한 바로 그때, 언니의 큰아들이 ADHD(주의력 결핍 및 과잉 행동 장애)로 판명되었어요. 아마 관련이 있을 거예요. 지금은 언니가 어떻게 지내는지 모르겠어요."

팻 자신의 최근 결혼 생활은 4년 동안 지속되었는데, 남편은 "모든 일에 형편없는 사람이라고 판명"되었다. 그녀는 "몇 년에 걸친 씁쓸한 재산 분할"의 마지막 단계인데 "변호사들이 모든 돈을 가져갈 것 같아요"라고 이야기 했다. 그녀는 이제 자기 삶을 시작할 수 있기를 희망했다.

통찰

원가족을 묘사하면서 팻은 자신이 타인들과 관계를 맺는 양식에 대한 통찰력을 얻었다. 그녀는 회의에서 듣기만 하고 말하기를 주저하는 것이 "아주 조용히 있어야 했던" 어린 시절에서 비롯되었다는 것을 알게 되었다. 또한 그녀는 해 보지는 않았지만, 동료들과 직업적인 대화를 나누면서 자신의 능력을 향상시킬 수 있다는 통찰력을 얻었다. 이러한 논의를 하는 많은 경우, 학교 내 한정된 자원의 배분을 둘러싼 일정 수준의 직업적인 논쟁이 불가피했다. 팻은 어머니에게 받지 못했던 돌봄을 동료들에게 받을 수 있기를 오랫동안 원했는데, 학교 동료로부터의 돌봄 가능성은 아주 낮다는 것을 이해하게 되었다. 결혼이 실패해서 감정적으로 불안해졌다는 사실을 인정한 것은 더 깊은 통찰이다. 그녀는 동료들이 자신의 감정적인 필요를 돌보아 주길 바랐던 소망을 버리고, 자기 자신의 행동을 바꾸지 않은 채 동료 관계가 좋아질 것이라 여겼던 희망을 버리기로 했다. 팻은 동료들을 대할 때 두려움을 줄이기 위해 회의 때 자신이 기여할 수 있는 부분을 미리 계획하는 것에 집중하기로 했다. 그녀는 "회의 때 말을 해야만 할" 정도로 강한 수준의 자극을 받아서 낙심하거나 화가 치밀어야만 말을 했었다. 이런 상황에서 말하는 것은 격렬한 감정적인 폭발을 일으켰는데, 그러고 나서 종종 시무룩한 침묵으로 이어졌다. 동료들에게 "그냥 나를 믿으라"라고 말하지 않고 논리 정연한 주장을 할 때, 더 사려 깊은 반응이 있다는 것을 팻은 알게 되었다. 그녀는 회의 때마다 계속 새롭게 반응하고 노력하고자 결심했다고 한다.

　그녀는 자신이 사랑받고 지지를 얻고 싶었지만 이런 욕구가 채워지지 않아 대신 다른 사람을 돌보는 것으로 타협했다는 인정을 더 힘들어했다. 그녀는 아버지를 "돌보았던" 어머니의 역할을 전제로, "그들이 살아왔던 그대로" 어머니와 가깝게 지내는 척했다는 것을 이해하는 것과 이 생각이 진짜로 맞는지를 옹호하는 것 사이에서 흔들리고 있었다.

또한 그녀는 어머니가 돌아가신 후 아버지를 요양원에 모시길 원했던 자매들과 사이가 틀어져 매우 슬펐다고 이야기했다. 자매들의 지지를 잃는 것은 감당하기에 너무 힘들어 보였고 세션 내내 방어했다.

팻은 CIND 회기 중간 그리고 회기 사이에 생겨난 통찰력을 통해 교실에서 가졌던 불안을 상당히 해소했고, 동료들 앞에서 덜 위축된다고 보고했다. 그녀는 "학교 문화는 여전히 마뜩잖지만 이를 바꾸려고 최선을 다하고 있어요. 그러나 저 혼자 바꿀 수는 없어요"라고 말했다. 팻은 교사 회의 중 동료들에게 말할 때 불안함이 낮아졌고, 학생들에게도 "덜 감정적으로" 대한다고 말했다. 그녀는 다른 동료들과 더 긍정적인 관계를 만들어 가고 있었고, 다음 해에 다른 역할을 맡을 수 있도록 직무 연수도 받을 생각이다. 그녀는 비록 과정은 "끔찍했지만 덕분에 저는 새로운 세계로 나아가고 있어요"라고 말했다. 새로운 세계는 교직에서 경험하는 활기의 원천이기도 했다.

교사 3: 토머스-중등교사

토머스는 30세의 중등교사로, 현재 학교에서 3년째 근무 중이다. 이전에 그는 두 곳의 학교에서 1년씩 계약직으로 일했는데, 두 곳 모두 계약이 갱신되지 않았다. 그는 7학년과 8학년 과학, 9학년 수학, 11학년 화학을 가르쳤다. 다른 동료들과 마찬가지로 여러 학생을 돌보는 역할도 담당했다. 하지만 학생이나 동료 교사들, 학부모들 그리고 가끔은 이 세 그룹 모두 그의 업무 수행을 두고 교장에게 불평하고 있었다.

토머스는 "계획과 시간 관리"에 어려움을 겪었고, 이로 인해 교실에서 통제력을 잃어버릴까 봐 불안해했다. 토머스는 자신의 인생에 "미루기 대장"이라는 꼬리표를 붙이곤 하였다. 교실에서 그는 학생들에게 빈정대는 등의 공격적인 행동을 보이기도 했다. 그러나 질서가 재빨리 회복되지 않으면 곧잘 화를 내며 소리치는 것으로 이어지곤 했다. 학생들도 당한 그대로 똑같이 행동해서, 이러한 접근은 교실을 관리하는 데 지속적인 어려움을 일으켰다.

우리가 처음 만났을 때 토머스는 극도로 긴장한 것 같았다. 그는 자리를 확인한 후 벽 쪽으로 의자를 들어 뒤로 옮겼는데, 우리 사이의 거리가 두 배도 넘게 멀어졌다. 첫 번째 회기 내내 자신을 안정시키려는 듯 턱수염이나 콧수염을 쓰다듬었다. 그는 스스로 "느긋하다"라고 했지만 행동과 전혀 일치하지 않았다. 그는 학생들에게 "고함을 치거나 악을 썼다"라면서 "아이들은 제가 농담하는 줄 알아요"라고 말했다. 그는 "과제를 잘해 오는 여학생들"을 좋아한다고 했지만 "다른 행성에서 온 것 같은 여학생들은 좋아하지 않아요. 그런 학생들은 화장이나 남학생 이야기만 해요"라고 말했다. 대부분의 회기 동안 그는 우리가 논의하기로 했던 문제 이외의 것들에 정신이 팔려 있었다. 그는 계속 화제를 바꿨다. 자주 시선을 피했고 대화 중 떠오르는 자기 견해나 생각을 말하느라 쉽게 산만해지는 것 같았다. 지역에서 그가 가르치는 남학생들 중 일부와 스쿼시와 축구를 하는데 그렇게 하는 것이 학생들과의 관계에서 좋을 때도 있지만 좋지 않을 때도 있다고 말했다. 학생들이 그를 "다른 시각에서" 볼 수 있는 것은 좋지만, "너무 친하게 대하는 것"은 좋지 않다는 것이다. 수업 중에는 주말 게임에서 있었던 일을 이야기하고, 게임을 할 때는 수업 중에 있었던 일을 이야기하는 등 역할을 바꿔 가며 "그의 수업을 망치는 데" 마치 특권을 가지고 있는 것처럼 행동을 해서 좋지 않다고 했다.

처음에 그는 자신을 힘들게 하는 학생들의 유형을 알려 주었다. 그는 학생들에게 거의 화를 내지 않는다고 말했지만, 많은 경우 다루기 어려운 학생들은 피한다고 말했다. 이렇게 피하다 정작 그가 요구했던 행동의 변화를 학생과 이야기해야 하는 일대일 면담을 망치곤 했다. "학생들이 하기로 약속한 행동을 하지 않아도 치고받고 싸우지 않는 한 저는 모르는 척하려고 노력해요." 그는 몇몇 학생들은 "누가 가장 과제를 안 해 오는지를 놓고 경쟁하는 것 같고", "제 수업을 망치려고 기를 써요"라고 말했다. 그는 그가 맡은 9학년 수업 간의 차이를 들었다. 어느 반에는 "공부에 열중하는 여덟 명의 열정적인 학생들이 있는데 이 숫자가 중요한 것 같다"라고 말했다. 다른 반에는 "그의 수업을 망쳐 온" 네 명의 학생이 있었다.

토머스는 공부에 열중하는 학생과 수업을 망쳐 온 학생들 모두에 대해 자신이 마치 아무 권한도 없는 사람처럼 같은 방식으로 이야기했다. 그에게 어떤 유형의 학생이 오더라도 그는 살아남기를 체념한 것 같았다. 그는 교수-학습 과정을 성장이나 상호작용의 기회로 생각한다는 어떤 여지도 주지 않았다. 몇몇 학생들이 부적절한 행동으로 교사의 관심을 끄는 것은 흔하다고 인정했지만, 학생에게 적절한 행동을 가르칠 기회가 그에게 있다는 것에 정말 놀란 것 같았다. 학생들이 자신을 대할 때 모든 학생이 전적으로 계산적이고 합리적으로 행동한다고 가정했던 것처럼 보였다. 심지어 학생들이 부적절하게 행동할 때조차 토머스는 그 행동이 심사숙고한 선택이 틀림없다고 생각하는 것 같았다. 그는 "잘하는 학생은 사실 교사가 그렇게 필요하지 않아요. 그냥 좋은 활동과 적합한 도구가 필요할 뿐이죠"라고 언급했다. 그는 자신이 "IQ가 높아 공부를 잘했지만 게으른 학생이었고 공부할 필요성을 전혀 못 느꼈다"라고 말했다. 그는 "제가 무엇을 해야 하는지 보여 줄 선생님이 사실 필요하지 않았어요. 저는 항상 혼자서 해냈죠. 때론 그게 더 효과적이었어요"라고 언급했다. 그는 "많은 학생을 이해"할 수 없었기에, 이참에 학생들에 대해 배울 수 있으면 좋겠다고 말했다. "그것이야말로 학생들이 교사에게 기대하는 것이기 때문"이라고도 덧붙였다.

관련 내력

토머스는 많은 상황에서 가깝거나 먼 사이를 오가는 "기이한 가족" 사이에서 자랐다고 말했다. 그는 가족의 마스코트였으며 "모든 가족에게 사랑받았다"라고 자신에 관해 이야기했다. 그는 자신의 인생에서 가장 중요한 사람이 어머니라고 했지만 정작 어머니에 대해서는 거의 언급하지 않았다. 대화 내내 그는 아버지와 형제자매에 대해 훨씬 더 많이 이야기했다. 그는 상기된 목소리로 아버지가 상습적인 바람둥이였다고 말했다. 그의 부모는 세 번 별거했다가 다시 살림을 합쳤다. 그의 아버지는 어머니에게 새 애인을 들킬 때마다 사랑을 좇아 결혼한 가정을 버렸지만, "그 관계가 끝날 때마다 어머니는 항상 아버지를 다시 받아들였어요"라고 토머스는 말했다. 아버지는 매번 다른 여성들과 연애를 했다. 그럼에도 토머스는 아버지를 "진실한 사람"이라고 했다. 의미와 실재가 어긋나는 점에 대해 질문했을 때, 그는 "그러나 아버지가 자신의 가치를 고수했다는 점에서 진실하다고 여길 수 있다고 생각해요"라고 대답했다. 그의 아버지는 일 때문에 출장을 많이 다녔다. 그래서 집에서 가족들과 거의 시간을 보내지 않은 것 같다. 그러므로 어머니의 반응이나 기분 상태가 아니라면 아이들은 공식적인 별거나 일로 인한 부재를 거의 구별할 수 없었던 것처럼 보인다. 토머스는 "아버지와 암울한 분위기의 유머 감각을 공유하는 독특한 유대관계를" 형성했다고 말했다. 아버지와 공유하는 유머 감각은 그가 여동생과 유대감을 느끼도록 했고, "많은 곤란한 상황"에서 그를 구해 주기도 했다.

부모님이 처음 별거했을 때, 어머니는 복직해서 경제적으로 독립할 결심을 했다. 어머니가 취업했다는 사실은 가족을 돌보는 일을 딸들에게 떠넘겼다는 것을 의미했다. 누나들은 둘 다 "감정이 폭발하는 성격"이라 종종 서로 부딪쳤고, 또한 똑같이 성격이 폭발적인 어머니와 정기적으로 부딪쳤다. 토머스는 남매간의 분쟁을 피하려고 공부하고 책보는 일로 도망가 안전함을 느꼈다. 그의 형은 극심한 분쟁을 피해 마약을 했다. 두 형제간 나이 차이가 10년이라 그들은 자라면서 서로 거의 관계를 맺지 않았다. 최근 형은 자신을 파괴하는 마약을 중단했는데 이는 연애를 시작했기 때문이라고 말할 수 있다. 형은 이제 자신 같은 사람들을 돕기 위한 사회복지 일을 하고 싶다고 가족들에게 말했다.

통찰

원가족에 대해 얘기하면서 토머스는 다른 사람들과 관계를 맺으면서 배웠던 양식으로부터 통찰을 얻었다. 그는 어렸을 때 굉장히 수줍어했다고 말했다. 자신이 다른 사람들의 공부를 도와줄 때 그는 유대감을 느꼈고, 어렸을 때부터 사람들과 유대감을 느낄 수 있는 방식으로 자신의 관심을 발전시켜 왔다는 것을 발견했다. 그는 자신의 도움이 필요한 학생들을 좋아했다. 그러나 토머스는 도움이 필요한 학생이 도와 달라고 하지 않거나 그가 도와주려고 할 때 도움을 거절하면, 자신이 모호한 관심만 보였다는 것도 알게 되었다. 자신이 학생이었을 때 선생님에 관한 기억을 떠올리기 전까지, 자신이 이런 유형의 학생이 보이는 행동을 이해하기 매우 어려웠다는 점도 발견했다.

학생들이 갈등 상황에 있을 때 그는 종종 학생들 사이에서 빠져나왔다는 것도 알게 되었다. 그가 빠져나옴으로 인해 더 강력한 방식으로 개입해야 하는 어떤 지점까지 상황을 악화시켜 왔음을 깨닫게 되었다. 상황이 이 정도까지 이르면 학급을 통제해야 하는 자신의 능력에 대한 불안감도 급격하게 치솟았다. 학생들을 통제하면서 그는 자신이 지적으로 더 우위에 있다는 것을 비아냥대는 태도로 일관되게 보여 주었다. 이렇게 하는 이유는 뭔가 감동적인, 인상 깊은 장면을 학생들에게 보여 주면, 자신의 위치를 명확히 하고, "체면을 잃지 않을 것"이라는 희망에서 비롯된 것이었다.

그러나 그는 이런 시도가 거의 성공하지 못했고, 거의 항상 힘을 과시하기 위해 학생들에게 소리를 지르는 것으로 끝났다고 말했다. 피할 수 없던 갈등이 생길 때마다 누나들과 반복했던 패턴이 연결된 상황이라는 것을 그는 쉽게 이해하였다. 개입하려는 교실이 이미 통제 불능 상태가 되면, 더 일찍 개입했다 하더라도 효과적으로 통제하기란 어렵다는 것을 느꼈다. 자신의 무대책이 갈등을 조장하고 있다는 생각을 했고, 이제 조기 개입 전략을 결정하는 것은 어렵지 않게 되었다.

결국 매사를 임기응변으로 대처하거나 농담으로 재주껏 넘기는 전략은 학생일 때는 성공적이었지만 좋은 수업을 하는 데 별 도움이 되지 않는다는 깨달음에 이르렀다. 그는 아직 수업 내용과 교수법을 구별하지 못했다. 그는 학생일 때는 사실을 쉽게 암기할 수 있어서 잘할 수 있었다. 이제 그는 학생이 아닌 교사로서 교구, 복사물, 교과서, 학생 성적표, 그리고 가르치는 과목과 관련된 모든 다른 용품의 학습 세트를 구성해야만 했다. 책상 위, 벽장 안, 집안의 서재에서 가르칠 자료를 찾을 때마다 그는 많은 시간이 걸렸다.

그는 종종 수업 시간에 보여 줄 자료를 찾지 못해 당초에 의도했던 수업 방식을 포기하고, 대신 교사 자신이나 학생 모두 만족하지 못하는 교과서에만 의존하는 수업을 했다. 학생들은 이런 수업에 쉽게 지루해했고, 잘못된 행동을 할 가능성은 커져 갔다. 토머스와의 상담에서 교사로서 역할을 수행할 수 있는 자신의 능력을 의도적으로 평가절하하고 있다는 것을 받아들이게 하는 것이 가장 어려운 지점이었다. 그는 자신의 준비가 부족했다고 생각했기에 학생들의 잘못된 행동을 비난할 수 없었다. 일단 이 모든 것을 인정하게 되자, 이는 곧 그의 수업을 긍정적으로 바꾸는 핵심 동력이 되었다. 마지막 회기 전, 그는 수업 자료를 구분하고 분류해서 즉각적으로 사용할 수 있도록 주말에 학교에 가서 책상을 정리했다.

토머스는 회기 중 얻은 통찰력 덕분에 학급 관리에 관한 불안이 줄었다고 말했다. 그는 분쟁으로 이어질 수 있는 학생 행동에 대한 변화를 주의 깊게 살펴보는 법을 점점 더 알게 되었고 조기에 개입하려고 시도했다. 엇갈린 결과를 낳을 때도 있었지만 그럼에도 여러 학생들에게 긍정정 효과를 거두었다고 말했다. 또한 자신의 공격적인 행동이 감소했다고 보고했다. 토머스는 교실에서 더 느긋하고 편안하며 학생들에게 더 현실적인 기대를 하고, 학생 훈육의 가장 좋은 방식은 좋은 교육과정이라는 일반적인 격언을 참고하여 수업을 준비하는 데 더 심사숙고하고 있다고 언급했다.

교사 4: 벤-초등교사

벤은 51세로, 지금의 학교에서 10년째 가르치고 있다. 이 학교에서 정규직으로 임명되기 전에는 15년 동안 기간제 교사로 매년 다른 학교에서 일했다. 그는 몇 년 동안은 가르치는 일이 즐거웠지만 결국 피곤한 일이 되어 버렸다고 했다. 그는 한 학교에서 "변화를 만들고" 싶어 정규직 교사를 선택했다. 아버지와의 사별로 부쩍 쇠약해진 어머니를 돌보기 위해 본가로 돌아와 지역에 있는 학교에서 가르치는 일을 구했다. 이전에 근무했던 다른 학교들과 마찬가지로 이 학교도 구조적 어려움이 있었다. 그러나 벤은 다른 사람들이 현상의 이면을 볼 수 있도록 도울 수 있어 행복했다. 그래서 그는 가르치고 배우는 일을 하게 되었는지도 모른다. 9년 동안 네 명의 교장을 겪으면서 그는 모든 학년을 아우르는 특별 교사의 자리를 제안받았다. 그는 자신의 사기를 떨어뜨리고 학급 관리를 악화시키는 동료 교사들과 의사소통하는 것이 어렵다고 토로했다. 동료 교사들은 학교에 혁신을 가져오려는 자신의 노력을 방해하는 것 같았다.

벤은 꽤 불안해 보였다. 의자에 불편하게 앉았고 매우 큰 목소리로 정말 빠르게 말했으며 중간중간 아무런 말을 하지 않은 채 하던 말을 끊어 버렸다. 교사로서 자신의 강점은 "학교를 돕기 위해 학교 정책 문서나 보조금 신청서를 작성하는 것"이며, 이 학교에 온 이후 상당한 예산을 확보했다는 것에 개인적인 자긍심을 느끼는 것 같았다. 그는 스스로 인식하고 있는 학교의 문제점을 계속 나열했다. "전보다는 지금 훨씬 더 나아졌지만", "정말 제가 미쳐 버리는 줄 알았어요"라고 말하고는, "일단 끝나면 끝이죠. 그러면 저는 학교를 옮길 거예요"라고 덧붙였다. 그는 학교 내 교사들 간 정치와 분열로 좌절했다고 말했다. 이에 대해 질문하자마자 그는 "저는 뒤끝은 없어요. 저는 사람들의 좋은 면을 보고 부정적인 면은 곱씹지 않는 낙관론자예요. 동료들과 일할 때 저는 기대하는 결과를 얻으려고 집중하는 편이고 일이 끝날 때까지 집중을 유지하려고 노력해요. 저는(누군가의) 문제를 느꼈다고 해서 뒤에서 그 사람 흉을 절대 보지 않아요. 저는 항상 동료들을 격려하고 지지하는 편이에요"라고 대답했다.

벤은 새로운 교장을 "서로 마음이 잘 맞아서" 좋아했다. 학교의 관리자가 여러 번 바뀌었는데, 이번 교장은 벤에게 미래에 대한 희망을 주었다. 그리고 그는 학교 밖 자신의 생활과 원가족에 대한 이야기로 넘어갔다. "저는 아직 미혼이에요. 다른 할 일이 너무 많았거든요"라고 말한 후, 오랫동안 침묵했다가 "그리고 저는 이사도 아주 많이 다녔어요"라고 덧붙였다.

관련 내력

벤은 4남매 중 둘째였다. 그는 "그 시대의 다른 남자들처럼 육아에 대해서는 엄격했던" 아버지를 좋아했지만 한편으로는 무서워하면서 자랐다. 그는 아버지와의 관계에 대해 장황하게 이야기했다. "아버지의 아버지가 그랬던 것처럼 제 아버지도 성질이 고약했어요. 그리고 저는 고약한 아버지 밑에서 어린 시절과 청소년기를 겪으면서 제 성질을 누르고 화를 더 잘 다룰 수 있게 되었고요." 벤의 아버지는 평생 공무원으로 일하면서 실용적인 것을 강조하는 사람이었고 퇴근 이후에는 "작업실을 꼼꼼하게 청소하면서" 시간을 보냈다. 벤은 아버지가 작업실에서 일하는 것을 자주 보면서 자랐다. 그는 아버지가 사용했던 온갖 연장들에 감탄하곤 했다. "모든 연장은 타공판에 잘 진열되어 있었어요. 아버지는 한 번 사용한 연장은 완전히 닦은 후에 제자리에 걸었죠." 아버지가 그에게 도와 달라고 한 적은 거의 없었고, 어떻게 사용하는지 설명해 준 적도 거의 없었다. 작업은 언제나 손발이 딱딱 맞아떨어지는 꼼꼼함이 필요했는데 하다 보면 실수할 수 있었다.* 그가 실수를 더 많이 할수록 아버지는 그에게 도와 달라는 말을 덜 하셨다. "아버지는 좋은 선생님이 아니었어요. 그는 누가 도와주는 걸 좋아하지 않았어요. 그는 완벽주의자였고 하는 일마다 모두 잘하셨어요. 그는 어리석은 행동은 용서하지 않았죠. 아버지는 '아들, 넌 똑같은 실수를 계속하고 있어. 나는 …' 이라고 하셨는데 사실 저는 딱 한 번만 실수했거든요."

● 선천적인 시각 장애로 미세한 부분을 구별하기 힘들었던 벤은 아버지가 시킨 일을 잘하기가 더 어려웠다. 벤은 고등학교에 가서야 이 증상을 비로소 진단받을 수 있었고 10대 후반에 여러 번의 수술을 받고 나서 이러한 장애의 상당 부분을 치료했다. 그러나 틱이나 지속적인 눈 깜박임 같은 증상은 여전히 그에게 남았다.

정말 슬퍼하면서 벤은 말했다. "아버지가 돌아가시기 직전에 제가 당신이 하던 일을 이어받지 않아 유감스럽다고 말씀하셨어요. 제가 제 진로를 결정하기 전에 알았더라면 좋았을 텐데… 저는 아버지가 하셨던 일을 좋아했어요. 다만 저는 아버지께서 제가 당신의 일을 따라 하는 것을 원하지 않는다고 생각했어요. 왜냐하면 저는 너무 어설펐거든요." 이 지점에 이르러 벤은 조용히 침묵했다. 오랫동안 침묵한 후에 그는 말을 이어 갔다. "제가 미리 알았다면 아마 교사가 안 됐을 거 같아요." 벤은 "아버지의 자취가 남은 작업실에 있으면 아버지와 함께 있는 것 같아서 이제는 작업실에 가는 걸 좋아하게 됐어요"라고 말하며, "아버지는 시대를 앞서간 정말 혁신적인 사람이었어요. 그는 1970년대에 우리에게 오메가3를 먹게 했답니다!"라고 덧붙였다. 이러한 그의 이야기는 학생들의 식습관과 행동의 어려움 간에 어떤 상관관계가 있는지를 관찰하는 것으로 이어졌다.

어머니가 "가족을 이어 주는 접착 테이프" 같았다고 이야기한 벤은, 자신의 설명이 스스로 재미있었는지 크게 웃었다. 그의 아버지보다 15세나 어렸던 어머니는 가족을 돌보고 양육하는 사람이었다. 어렸을 때 그의 형제자매는 외가 친척들과 상당히 많은 시간을 보냈고 모두 외사촌들과 친했다. 벤은 외사촌들과 "여전히 일 년에 몇 번은 모여요"라고 말했다. 반면 벤의 아버지와 삼촌이 30대일 때 서로 다퉜고 그 후 서로 절대 이야기를 하지 않아서 그의 아버지 쪽 친척은 만난 적이 전혀 없었다. 그럼에도 벤은 아버지 쪽 가족들을 거의 보지 못했음에도 회기 내내 외가 친척보다 아버지 쪽 가족에 관한 이야기를 자세하게 했다.

통찰

벤은 동료들에게 혁신을 위한 아이디어를 전달하는 데 영향을 미치는 직원 정치에 불안감을 토로했다. 효과적인 의사소통을 하지 못하는 무능력과 이와 관련된 좌절감과 불안은 동료 교사와 학생에 대한 공격적인 행동으로 이어졌다. 학생들에게는 화를 내며 소리쳤고, 교사들에게는 소리를 지르고 빈정대거나 폄하하는 등의 복합적인 반응을 보였다. 이런 행동으로 인해 의사소통은 더 어려워졌다. 이제는 그는 동료 교사들이 자신을 의도적으로 피한다고 느꼈다. 그럴수록 그의 분리불안은 더 높아져서 결국 교사회의 때 더 공격적인 행동으로 나타났다.

원가족을 묘사하는 동안 벤은 자신이 다른 사람들과 관계를 맺으면서 배웠던 관계 양식에 대한 통찰력을 얻었다. 벤은 이전에 그가 인식하고 있었던 것보다 훨씬 많이 그의 아버지를 닮았다는 것을 깨달았다. 그가 의사소통에 어려움을 겪었던 것은 성격이 급하고 다른 사람의 도움을 수락하지 않으며 다른 사람을 성급하게 규정하고 때로는 부정적으로 판단했기 때문이었다. 또한 그의 아버지처럼 벤은 자신이 생각한 바를 말하지 않아도 사람들이 알아

주기를 기대했다는 것을 깨닫게 되었다. 그는 어떤 단어를 분명히 설명하기 어려워하다 보니 이렇게 된 것 같다고 생각했다. 다른 사람들이 그를 위해 문장을 완성해 주려고 하면 그는 "그런데 그 건 틀렸다"라며 퉁명하게 대응했기 때문에 의사소통이 더 어려웠다고 했다. 벤은 의사소통을 할 때, 세부 사항에 집착하여 다른 사람에게 짜증이 나도록 했었지만, 이제는 "큰 그림이 정말 중요한 거예요. 그렇죠? 몇몇 세부적인 사항이 중요한 건 아니에요"라고 말하면서 "큰 그림"에 더 집중하기로 했다.

벤은 회기를 진행하면서 얻은 통찰력으로 동료들을 대할 때 불안이 줄었다고 말했다. 그럼에도 새로운 접근을 시작한 지 일주일이 넘었지만 "동료들과 관계가 변했다고 볼 만한 어떤 증거도 없어요"라고 말하며, 새로운 접근법이 얼마나 사람들에게 영향을 미칠 수 있을지 여전히 회의적이라고 했다. 벤의 교장은 회기를 시작한 후 벤이 교실에서 훨씬 차분해졌으며 여섯 차례의 회기를 진행하는 동안 벤이 동료 교사나 학생들에게 목소리를 높였다는 이야기를 아직 듣지 못했다고 진술했다.

교사 5: 테리-중등교사

테리는 화가 나 있고 큰 낙심에 빠져 있었다. 부분적으로는 학생들이 자신을 존중하지 않기 때문에, 그러나 대부분은 동료들이 학교 방침, 특별히 학교 훈육에 대해 일관적이지 않다는 것을 알았기 때문이다. 이는 특히 학생들이나 교사들을 향해 빈정대거나 경멸하는 어투로 말하거나, 화를 내며 소리를 지르는 등의 공격적인 행동으로 이어졌다. 테리의 분노 상황은 잘 해결되지 않았고, 동료 교사와 학생들 모두 테리를 피했다. 몇몇 학생은 테리에게 공격적으로 도전해서 학급 관리의 어려움은 계속되었다. 테리의 공격적인 행동에 똑같이 반응한 학생들은 종종 정학을 당했다. 결과적으로 테리는 교직을 그만둘까 깊이 고민하고 있었다.

전형적인 호주 남자 스타일이었던 테리는 원래 익살스러운 사람이었다. 그는 33세로, 거칠었으며 허튼 행동을 많이 하지는 않지만 어떤 상황에서나 쉽게 농담을 했다. 그는 지금 학교에서 2년째 가르치고 있는데 이전에는 1년 계약직으로 몇몇 다른 학교에서 일을 했다. 그는 과학 학위를 마친 후 교사가 되기 전에 몇몇 다른 직업을 가졌지만 "그중 어떤 일도 저와 맞지 않았어요"라고 말했다. "교사가 되기로 결심하기" 전인 20대 후반에 그는 청소년 관련 공무원이 되어 3년 정도 일했는데 "다른 사람들을 위해 좋은 일을 하려면 그들을 잘 이끌 수 있도록 가능하면 일찍 개입해야 해요"라고 말했다. 농촌 지역의 많은 고등학교 교사처럼 테리는 고학년에게는 화학과 수학을 가르치고, 저학년에게 과학을 가르치는 등 폭넓은 범위를 가르쳐야 했다. 테리는 마을에서 살짝 떨어진 곳에 혼자 살았다. 작은 마을에선 쉽지 않았지만 사생활을 지키려고 했다. 하지만 테리는 이번에는 마을에 도착하자마자 마을 공동체 모임에 참여했고, 마을 사람들은 그가 평범한 교사가 아님을 알 수 있었다.

테리는 가르치는 일을 "외로운 일"이라고 말했다. 그는 지속적인 감시 아래에 있어 가르치는 일이 당황스럽다고 느꼈다. "언제나 40개의 눈과 일곱 개의 두뇌가 당신을 항상 지켜보고 있지요"라는 식으로 비하하는 일이 잦았다. 그는 동료 교사들이 학교 방침을 일관적으로 시행하지 않아 자신과 사소한 대립이 늘 있었다고 말했다. 특히 동료 교사들이 수업 중에 아이팟과 핸드폰 사용을 일관성 있게 금지하지 않는다며 흥분했다. 학생들에게 전자 기기를 허용하는 다른 학교를 아는지 물었을 때 테리는 새로운 기술의 수용은 좋은 생각이지만 "규칙은 규칙"이고 "규칙에 동의하는지 여부와는 관계없이 규칙은 무조건 따라야 해요"라고 대답했다.

테리는 "이동식 카트에 자신이 준비했던 교구를 물어보지도 않고 꺼내 간" 한 동료 교사 때문에 "매우 낙담"했다고 말했다. 그래서 교실에 들어갔을 때 적합한 교구가 없어 마치 수업 준비를 하지 않은 것처럼 보였고 수업 내용을 바꿔야 했다고 한다. 교사 회의 때 해당 교사에게 이 문제를 제기한 후에도 그런 행동이 계속되어 계속 낙담했다. "위선적인 교사"가 학교에 많다고 하면서, "학교는 교무실을 청소하는 아주머니 두 명을 고용해서 이제 교사들이 실컷 어지를 수 있어요. 그 사람들은 교무실에 있는 돼지예

요. 아니면 학생들을 불러서 쓰레기를 청소하라 그러면 끝이거든
요"라고 했다.

테리가 완전히 실망하게 된 것은 교복 정책에 대한 교사와 학
생들의 태도였다. "학교는 교복에 관한 정책이 있어요. 그런데 많
은 교사가 그 정책을 따르지 않아서 결과적으로 학생들도 규칙을
어기는 거예요." 그는 교장도 교복 착용 위반의 문제에 대해서는
자신을 지지해 주지 않는다고 말했다. 자신이 제출했지만 시행되
지 않았던 상당한 불만 사항을 언급하며 교장을 "약하고, 줏대도
없다"라고 힐난했다. 학급 관리에 관해 물었을 때 테리는 "학급에
대한 주도권을 절대 잃지 않았다"라면서, "그런 일은 절대 일어날
것 같지 않다"라고 말했다. 회기가 끝나갈 즈음 그가 보인 불안의
수준은 뚜렷하게 잠잠해졌고 얼굴색도 상당히 밝아졌다. 테리는
학생들은 모든 교사를 존중해야 하므로 학생들에게 자기에 대한
존중을 요구했다면서 뒤이어 학생들이 "멍청하고 바보"라고 말했
다. 그리고 나의 반응을 아마도 알아차린 것처럼 "물론 학생들은
멍청할 수밖에 없어요. 그 아이들을 데리고 최선을 다해야죠. 인
생은 정말 엿 같아요. 가진 것을 최대한 활용하는 수밖에 없죠"라
고 말했다.

관련 내력

테리는 "전형적인 가톨릭 집안"의 7형제 중 넷째였는데, 형제들의 대부분은 거의 1년 정도밖에 나이 차이가 나지 않았다. 테리는 아버지와 형제들 간에 있었던 폭력적인 이야기를 꺼내면서 혹독한 어린 시절을 보냈다고 말했다. "우리 대부분은 일 년에 서너 번씩 맞았어요. … 아버지가 우리를 때릴 때 망설임이 없었어요. 맏형 마이클이 15세가 되었을 때 아버지를 맞받아친 적이 있는데 그때 딱 한 번 멈췄어요"라고 말했다. 그는 어머니를 "TV 드라마 〈내 사랑 레이먼드 *Everybody Loves Raymond*〉에 나왔던 시어머니처럼 거짓말쟁이였고 늘 잔소리를 했어요"라고 묘사했다. 어머니와 누나는 평생에 걸쳐 적대적인 관계였다. 그런데 형이 자신의 맹세를 깨고 30년간 복무했던 사제직을 떠나자 이 둘은 서로에게 "충성"하는 사이가 되었다. 그의 형은 자신이 맡았던 교구의 주민 한 명과 결혼을 했다. 이런 형의 행동은 가족을 갈라놓았다. 그 이후 누나 두 명은 형과는 말을 하지 않았다. 남은 누나와 여동생, 오랫동안 수녀였던 이모는 이런 큰 누나들을 나무라며 여전히 "골칫거리"인 형과 교류했다.

테리는 자신이 매우 성급하게 행동했던 것이 아버지와 비슷하지만 "지금은 잘 제어하고 있어서 훨씬 나아요"라고 말했다. 그는 학생들보다 교사들에게 더 짜증이 난다고 했다. "가끔 애들 잘못이 아닐 때도 애들이 교사의 짜증을 받을 때가 있어요. 제가 알기

론 공평하지 않아요" 그는 동료 교사들이 "멍청하고 게으르며 상황을 악화시킬뿐더러 생각도 없다"라고 했다. 그는 가르치는 일은 단순한 직업이 아닌 소명이라고 생각했다. 자신의 역할을 아이들에게 삶을 가르치는 것으로 보았고 아이들에게 확고하고 일관적인 경계를 세우게 하는 것이라고 생각했다. 그는 많은 교사가 "자신들이 결정한 것을 따르는 것도 못할 정도로 겁쟁이고 이런 점은 자기 동료를 낙담하게 만들어요"라고 말했는데, 이런 점이 그가 동료 교사들과 많이 갈등하는 이유이다. 테리는 자신이 게으른 학생이었고 잘하기 위해서는 늘 애써야 했다고 말했다. 그는 많은 학생에게서 자신의 모습을 본다. "학생들은 저에게 더 많은 것을 배워야 해요."

통찰

테리는 원가족을 묘사하면서 자신이 다른 사람들과 관계를 맺으면서 배웠던 양식에서 통찰을 얻었다. 그는 위협을 당했다고 생각하면 즉각적으로 방어했고 가능한 말을 정리해서 하려고 노력했다. 그는 이런 식으로 행동하는 것을 "언제나 경고도 없이 찾아와" 아주 무서웠지만 "폭발하자마자 금방 끝났던" 아버지의 폭력적인 폭발과 연결했다. 그는 학생들에 대한 통제를 갈망했는데, 학생들도 전체적으로 예측할 수 있다면 결국 자신에게 위협이 되지 않으리라는 것을 알게 되었다. 다만 자기 자신을 포함한 어느 집단의 사람들에게도 물어보는 것이 불가능했다는 것에 대해 동의했다. 학생들과 더 합리적인 행동 규칙을 협의하기로 했고, 이 시도를 할 때 "이번엔 될 것 같아요"라고 언급하기도 했다. 그는 학급 규칙을 고차원적 생각이나 학급의 가치로 단순화해서 학급 규칙에 대한 자신의 기대를 조정하기로 했다.

동료들에 대해서는 앉아서 판단하기보다 그들의 행동에 대해 진심 어린 태도로 물어보기로 했다. 그들의 행동과 지지하는 견해의 차이를 "이해하지 못하는 척"함으로써 그들 스스로 행동의 불일치를 알아차릴 수 있도록 돕고자 했다. 자신에게도 같은 방식을 사용해 보면 어떤가라고 조심스럽게 제안했을 때 그는 환하게 웃으며 "낚였네요!"라고 말했다. 나중에 그는 "이제 제가 대접받고 싶은 대로 다른 사람을 대접해야 한다는 것을 알아요. … 깨달았어요"라고 말하며 이것이 좋은 조언이 되었다고 이야기했다.

테리는 회기 중 얻은 통찰력이 학급의 통제에 관한 불안과 좌절을 줄였지만 동료들에 대해서는 아직 그렇지 않다고 말했다. 그는 학생들이 수업에 집중한다면 수업 중에 약간 다른 이야기를 해도 이런 이야기를 들으면서 학생들에 대한 유용한 정보를 배울 수 있어서 덜 염려된다고 보고했다. 그는 학급 관리의 방식을 바꾸고 나니 학생들의 공격적인 행동도 감소했고 교실에서 더 느긋하고 편안해졌으며 학생들을 더욱 현실적으로 기대하게 되었다고 말했다. 그러나 규칙을 위반했을 때 그의 좌절감은 여전히 높고 공격적인 행동 같은 강한 반응을 보이게 된다. 테리는 학생들의 복장 규칙을 시행하지 않는 개별 동료에 대해서는 여전히 비판적이다. 그는 이것을 학생들에 대한 그의 권위와 교사의 권위를 약화시킨 다고 보았다. 또한 동료들이 행동을 바꾸도록 하려면 훨씬 더 많은 노력이 필요하겠지만 적어도 당분간은 계속 노력할 의향이 있다고 자신의 믿음을 밝혔다. 최소한 예측할 수 있는 미래를 만들기 위해 자신은 그런 노력을 지속할 의향이 있다고 다짐했다.

요약

CIND의 대담 방식으로 타인의 삶 속으로 들어갈 수 있었던 것은 마치 하나의 특권 같았다. 모든 교사들은 과정에 참여함으로써 용기를 보여 주었다. 회기를 진행할수록 나는 벤과 팻을 제외한 다른 개별 교사들과 치료적 동맹관계를 형성할 수 있었다. 벤과 팻은 회기 내내 즐거워하고 공손했지만 거리를 유지했다. 이들은 네 번째 회기에 정해진 시간에 오지 않아 한 주 뒤에 보는 것으로 일정을 조정해서 회기 간 간격이 2주로 벌어졌다. 이런 경우는 방어기제의 작동으로 후퇴한 것이 아닐까 한다.

대물림된 애착 유형으로서의 행동 양식

애착의 관점에서 교사들은 안정 애착보다는 불안정 애착 행동을 보였고 이는 교사들의 이야기를 통해 확인할 수 있었다. 각각의 사례에서 교사의 애착 내력은 불안정 애착의 세대 간 전수 양식을 보여 주었고, 그중 한 사례는 특히 내적 작동 모델이 구성되는 형성기에 부모가 만성적으로 방임했다고 볼 수도 있다.

CIND에 참여한 교사들은 모두 부모와 따뜻하고 사랑하는 관계보다는 어떤 면에서는 부모가 조종하는 방식의 관계를 맺었다. 교사들은 전형적인 확대가족의 구성원이었고, 감정적으로 그들과 비슷한 다른 가족과 연결되어 있었다. 원가족 내 세대 간 행동 양식은 가족들에게 대물림되었고, 그들은 CIND를 통해 이러한 양식과 교실에서 자신들의 관계 유형을 연결할 수 있었다. 일단 그들이 자신들의 내력과 확대가족들의 내력을 이야기한 것으로 보면, 교사들의 내적 작동 모델이 (모든 사례에서) 다른 사람들을 믿지 못하게 했고, (대부분의 사례에서) 자기 자신도 믿지 못하게 했다는 결론에 도달했다. 모든 참여자가 교직에 끌렸다는 점은 애착의 관점에서 그들은 아마도 사람들과 더 밀접한 유대감을 갈망했을 것이고, 자신들의 관계적 필요를 채우기 위해 교직을 선택했다는 무의식적인 동기를 가졌다는 가설을 지지한다. 그러나 일단 교사가 된 이후, 교사들은 자신이 추구했던 교정된 경험을 얻기보다

각 교사는 자신들의 직업적 역할을 수행할 때 가족들에게 반응했던 방식을 되풀이하는 전형적인 행동을 했다.

교사들은 자신들을 방어하며, 교실에서 그들의 행동이 무의식적으로 추구한 교정된 경험일 수 있다는 가능성을 부인했다. 대개 이러한 점은 학생들과 감정적 거리를 형성해서 달성되었다. 모든 사례에서 교사들은 그들이 가르쳤던 특정 학생들이 자신들을 끔찍하게 좌절시켰다고 말했다.

CIND를 통해 가장 발전된 통찰은 그들과 어떤 식으로든 어려움을 겪었던 학생들은 가족 관계의 모델을 대표했으며, 이것이 교실 환경과 학생들에게 유연하게 대응하기보다는 자라면서 배운 행동을 무의식적으로 반복하도록 만들었다는 것이다.

각 사례에서 교사들의 가계도는 교실에서 교사의 일반적인 대응 방식을 반영하는 것으로 보이는 갈등 또는 거리감의 패턴을 알려 주었다. CIND의 과정 중 세 번째 세션에서 진행하는 가계도의 구성은 가장 강력한 순간이기도 하다. 이 세션은 회기의 전체 과정 중 너무 일찍 시작하지 않고, 교사 가족의 양식에 대한 더 깊은 탐색을 허용하여 작업 동맹을 발전시킬 시간을 가질 수 있도록 과정을 시행했다.

부모의 특성

교사들이 자라면서 부모와 맺은 각각의 관계는 부모 중 한 명이 가족 전체의 정서적 삶을 지배하여 힘이 불공평하게 분배되었다는 특징이 있다. 가족 내력의 특징을 보면 성장하고 있는 자녀들에게 신뢰를 주지 못하고 과도하게 통제를 하는 부모들이었고, 자녀들은 부모를 부모로서 신뢰하지 않고 있는 상태로 전형적으로 두 갈래로 나뉜 양상을 보여 주었다. 과도하게 통제하는 부모들은 자녀가 부적절하게 행동하는 것을 막기 위해 잦은 개입을 했고 지속적인 감시를 했다.

이와는 대조적으로 거리를 두거나 부모나 파트너로서 무능력했던 부모는 종종 가족 내에서 경멸의 원인이 되었다. 각각의 사례를 살펴보면, 통제하는 부모 역할을 하는 한쪽 부모는 다른 한쪽 배우자를 자녀를 키우는 동반자라기보다는 자녀 중 한 명(종종 말을 안 듣는 아이)처럼 취급하는 것으로 보였다. 무능력한 사람으로 간주된 한쪽 부모는 가족에게 정당하게 행사할 수 있었던 힘은 무시해도 될 만큼 미미했다. 그래서 그들은 종종 자신의 힘을 수동 공격적인 방식으로 행사했고, 어떤 행동들은 자녀들과 거의 똑같은 방식으로 행동하는 것처럼 보였다. 부모들이 자녀와 관계를 맺는 이 방식은 부모가 안정감을 줄 거라 생각할 수 없도록 만들고, 아이(현재 교사)에게도 자신의 감정과 직관에 대해서 신뢰를 갖지 못하도록 하는 메시지를 전달한다.

신뢰에 대한 질문

면담했던 각각의 교사들은 신뢰했던 다른 사람들에게 일쑤 배신당했던 경험으로 괴로워했는데, 종종 심각한 정서적인 문제가 동반되기도 했다. 깊이 낙심했던 각각의 교사는 다른 사람을 신뢰하면 개인적으로 피해를 보거나 괴로워진다고 믿었다. 교사들은 종종 교실에서 이러한 행동 양식을 보인다. "규칙을 지키도록 제가 계속 신경 쓰지 않으면, 학생들은 아마 지키지 않을 거예요"라는 진술에는 이러한 의구심이 지속해서 나타났다. 대부분의 교사는 두려움이 학생을 통제하는 가장 효과적인 방법이라고 인식했다. 예를 들자면, 낮은 점수에 대한 두려움, 교사의 분노에 대한 두려움, 처벌에 대한 두려움 등 다양한 형태의 두려움을 모두 이용해 학생을 통제하고자 한다. 이런 유형의 통제를 가족 내에서 경험했던 각각의 교사는 그런 힘이 있는 역할을 자신이 맡을 차례가 왔다고 느꼈다. 프로이트는 이런 행동을 "공격자와의 동일시"라고 불렀다. 결과적으로 교사들은 학생들을 스스로 행동하게 내버려 두었을 때, 학생들이 합리적으로 행동할 수 있다는 것을 믿을 수 없게 되었다. 자신의 수업 내용에 대해 학생들이 호기심을 가지고 참여할 것이라고는 전혀 믿지 않았고, 교실 학생 모두를 포함한 대부분의 사람들은 기초적인 욕구를 통제하는 외부의 힘에만 반응한다고 간주했다.

자기 학생들을 이런 식으로 생각한 대부분의 교사는 자신들이 바보 취급을 당했거나 밀실 공포를 느꼈다고 말했지만, 사실은 자신들이 자라면서 경험한 대로 학생들을 통제하는 행동에 의지했을 따름이다. CIND에서 교사들은 자신이 교실에서 관계 맺는 방식과 자신이 어렸을 때의 가족 경험을 이렇게 연결했다. 이는 매우 고통스런 통찰이었고, 어렵게 도달한 통찰이기도 했다. 대담을 통해 어떤 교사는 학생들이 실제로 호기심이 많고 자기 동기부여가 있으며 독립적인 학습자라는 분명한 증거를 인정하게 되었다. 대부분이 학생들이 다양한 상황에서 교사 또는 친구들과 상호작용하면서 잘 행동하고 호기심을 보이는 것을 여러 번 목격했다고 답했다. 그러나 토론 초반에 교사들은 일반적으로 학생들의 이러한 행동을 만족스럽게 설명할 수 없었고, 단순히 증거를 무시하거나 "그런 재미있는 수업을 생각해 낼 수 없는" 무능한 교사라고 자신을 "비난"하는 것이 더 쉬웠다. 이는 불안정한 애착과 일치했다.

각각의 교사가 보고한 자기 모델은 학생들로부터 진정한 관심을 받을 가치가 없는 것으로 여겨져, 학생들이 자신에게 보이는 진정한 관심은 의심의 눈초리로 읽어야 한다는 생각을 낳았다. 학생들이 교사의 내적 작동 모델에 도전하는 방식으로 행동하는 것을 목격하면서 짧은 기간 동안 견딜 수 없는 감정적 부조화가 발생하기도 했다. 이는 교사 연수 이후 과거의 습관적인 관행으로 되돌아간 교사들을 발견한 루이스(2008)의 효과를 타당성 있게 설명해 준다.

CIND 이용하기

지난 5년 동안, 나는 CIND 모델을 활용하여 많은 교사와 일했다. 제시된 인터뷰는 예외적인 사례보다 전형적인 사례를 보여 줄 수 있도록 신중하게 선택되었다. 그들은 주로 남자였고, 또한 초등교사인 경우가 많았다. 여러 진술을 통해 CIND는 모든 사례에서 성공적이었음이 입증되었다. 처음에는 교사가 스스로 보고했고, 이후에 그들의 상급자인 교장이나 교감이 사례를 대부분 확인해 주었다. 다섯 명의 교사들이 5년 전에 회기를 마쳤는데 그들의 성장에 대한 최신 보고서는 그들이 지속해서 교실에서 덜 공격적인 수업을 하고 있으며, 교실 생활의 일상적인 변동에 쉽게 허둥대거나 낙담하지 않고, 때때로 학생, 학부모, 동료들이 일으킨 어려운 상황이 급박해지면 더 적합하고 차분하게 문제를 다루고 있다고 알려 준다. 전반적으로 교실 분위기도 상당히 개선되었다.

각 사례에서 관계를 맺는 양식은 비슷한 주제로 나타났다. 그러나 각 교사가 들려주는 이야기 간의 차이를 통해 우리는 모두가 독특한 이야기와 성장해 온 내력을 지녔다는 점을 알 수 있었다.

CIND를 통해 많은 교사와 대화를 나눈 후, 자신의 이야기를 공유하고 깊이 성찰한 교사들은 여러 면에서, 그중에서도 특히 어려운 학생들을 다루는 데 훨씬 많이 준비되어 있다고 느끼게 되었다. 스스로를 인정하고 직속 상사의 보고를 통해 CIND와 같은 공유된 상황에서 자신의 개인적인 이야기를 하고 이해하는 시간은 참여한 교사들에게 귀중한 통찰을 제공했으며, 학생들을 대하는 새로운 방식을 구현하는 것으로 직접적으로 이어졌다. 이러한 통찰은 교사들이 기술을 배우는 것이 아니라, 자신이 누구인지를 인지해 가는 기능이 되어야 한다.

CIND는 연구자인 나에게도 가치 있는 시간이었다. 애착 과정은 인간관계에, 그것이 애착으로 이어진 관계가 아닌 경우에도, 매우 중요하다는 것을 확인할 수 있었다. 애착 행동 체계와 관련된 메커니즘을 이해하는 교사가 학생의 행동을 더 정확하게 예측할 수 있고, 수업을 더 잘 관리할 수 있다고 추론하는 것은 타당하다. 자신의 안정과 불안정을 촉발하는 과정과 내력을 이해하는 사람들은 더 잘 준비되어 있었다. 그러나 이러한 점은 자신의 개인적인 삶의 중대한 사건을 직업적인 삶과 연관시켜 깊은 성찰을 할 때에만 얻을 수 있다.

CIND 모델은 누구나 쉽게 적응할 수 있는 구조이다. 다음 장에서는 새로운 학교 관리자들을 도와주는 멘토링 지원에서 CIND가 어떻게 쓰였는지를 서술하려고 한다. 새로운 학교 관리자들을 멘토링하는 모델이 성공적으로 작동한다면, 교사가 되는 과정에서 신규 교사가 받는 압박 문제를 CIND가 해결할 가능성을 가졌다는 것을 확인할 수 있을 것이다. 신규 교사들은 교정적 정서 경험을 바라는데, 현재의 교직이 교정적 정서 경험을 제공하지 못하고 있을 경우 특히 CIND가 적용되어 도움을 줄 수 있다.

6장

교사의 안전기지, 멘토 양성하기

관계에 대해 배운다는 것

이 책을 통해 전하고자 하는 원칙은 모든 학교가 안정감을 추구해야 하고 이를 통해 학생들의 호기심이 자유롭게 발현될 수 있도록 도와야 한다는 것이다. 이 원칙이 실현되려면 두 가지 근본 조건이 충족되어야 한다. 첫째, 교사와 관리자들이 좀 더 높은 차원에서 '안전기지'의 개념을 이해해야 한다. 둘째, 학생을 비롯한 모두를 위해 안정감을 촉진하는 구조가 만들어지도록 이 개념이 적극적으로 활용되어야 한다.

내가 상상하는 안정감의 개념은 학교 곳곳이 물 흐르듯 막힘이 없는 것이다. 만약 학교를 삼각주로 상상하면, 본류라고 할 수 있는 교장 및 관리자 집단으로부터 안정감이 잘 흘러나와 지류로 뻗어 가면서 학교 공동체 전체 안에서 안정감이 공유되는 것이다. 삼각주는 교사들의 동료 관계, 교사와 학생의 관계, 학생과 학생의 관계처럼 학교 안의 다양한 관계들을 나타낸다. 안전기지 속에서 학교의 안정감은 넓게 퍼져 나간다. 만약 교장이 교사를 위한 안전기지가 된다면, 하류의 작은 장애물을 방지할 수 있을 만큼 교사들이 충분히 강해질 것이다. 즉, 본류의 물의 흐름이 강하면 장애물들을 완전히 없애거나, 장애물을 둘러싸고 흐를 것이다. 교사에게 적절한 지원을 하면, 교사들은 충분한 잠재력을 발휘하여, 학생들이 최고의 학습 경험을 얻을 수 있게 할 것이다. 이런 경험은 삼각주처럼 학교 전체에 흐르는 안정감이 극대화될 것을 보장한다.

그러나 강의 본류가 말라서, 즉 지도력이 고갈되면, 삼각주가 가장 먼저 고통을 받는다. 삼각주가 빠르게 건조해지면, 좁은 지역에서 느리게 흐르던 작은 물줄기들이 먼저 막힌다. 이것은 학교 내부의 지도력이 건강한지 측정하는 방법이 될 수도 있다. 학교 내부에서 형성된 관계의 질을 연구하여 구성원들이 관리자 집단에 느끼는 안정감의 수준을 예측하면, 학교가 하나의 기관으로서 얼마나 건강한지 알 수 있다. 삼각주인 학교 안에 흐르는 안전함이 결핍되면, 이전의 장에서 논의했던 대로 교사들이 스스로 보고한 바 있는 다양한 형태의 공격성이 쉽게 발현된다.

성인 애착의 개념을 학생과 교사 사이의 관계에, 그리고 교사에게 적용하는 것은 타당하다. 많은 교사는 종종 아주 괴로운 상황에 있는 학생에게 최선을 다하는 것을 어려워한다. 2장과 3장에서 대략 서술한 것처럼, 교사들이 자기가 하는 일의 감정적 측면을 다루기 어려워한다는 것은 놀라운 일이 아니다. 교사들은 대인 관계에서의 감정을 이해하는 전문적인 교육을 받은 적이 거의 없었다. 교사들이 받았던 교육은 주로 교사와 학생 관계를 모델링하고, 수석 교사와 토론하거나, 교생 실습에서 시행착오를 겪거나, 달링하몬드(Darling-Hammond, 2010)가 발견한 것처럼 '죽기 살기로 현장에서 깨지면서 배우는 것'으로 구성되었다.

현재 교사 훈련은 불충분하거나 자원이 부족하며, 교사들은 현장에 가서 많은 것을 배워야만 하는 상황이다. 이러한 교사 교육은 분명히 개선될 수 있지만, 어떻게 개선할 것인지가 중요한 문제이다. 앞선 연구들에서는 교사가 가르치면서 발생하는 감정적인 측면을 다룰 때 충분히 준비되지 않아 각종 어려움을 겪으며, 교사의 자제력을 유지하는 것이 어렵다고 명확하게 밝히고 있다(Ashkanasy & Daus, 2002; Brown, 2002; Chan, 2003; Goleman, 2006). 학교에서 일하는 교사를 위해 이런 교육이 없다면, 많은 신규 교사들은 교직이 너무 어렵다고 일찍 그만둘 수 있다.

현재 신규 교사의 이탈률은 걱정스러운 수준이기에 교사의 감정을 다루는 문제의 중요성이 더욱 강조된다. 신규 교사들 사이에서는 거의 보편적으로 일관되게 교직을 그만두는 일정한 비율이 존재한다. 이것은 교사 교육과 신규 교사를 위한 지속적인 지원

둘 다에서 본질을 놓치고 있다는 것을 보여 준다. 이미 언급했듯이 교사가 학생들과의 관계를 형성하고 유지하는 것은 그들의 능력이며, 이러한 능력은 전문가로서 성공이나 실패를 크게 가늠하는 척도가 될 수 있다. 교사의 관계 능력을 통해 교사의 역량을 측정할 수 있으며, 또한 이것은 교사의 안녕감에도 유의한 영향을 미친다. 교사의 관계 능력은 나아가 신규 교사들이 교직을 유지할 것인지를 결정할 때 중요한 요인이 된다. 교사들이 교직을 계속 유지한다면 국가가 교사 교육을 받을 동안 그들을 교육하는 데 들인 비용은 투자한 가치가 있다고 여겨질 것이다. 그리고 대체 교사를 모집하거나 다른 분야의 교사들에 대한 전환 교육 등에 관한 비용이 줄어들어 시간이 지날수록 수익률이 증가한다. 이와 반대로 교사들이 교직을 일찍 그만두면, 대체 교사를 구하는 비용이 많이 들어가므로 수익률은 멈추게 된다. 처음부터 교사를 적절하게 교육하지 않고 대체 교사를 계속 교육해야 한다면, 국가는 더 높은 비용을 부담해야만 한다.

심리 상담 전문가들을 통해 신규 교사들이 가르치는 기술뿐 아니라 상담하는 능력을 습득할 수 있도록 돕는다면, 신규 교사들은 가르치는 첫날부터 교실에서의 현실적인 삶을 훨씬 더 잘 준비하여 교직을 시작한다고 볼 수 있다. 따라서 이론적·실질적 지원을 거의 받지 못한 채 어려운 교실 상황에 내던져진다는 느낌을 줄일 수 있을 것이다. 이런 지원이 있다면, 더 많은 신규 교사가 그들의 첫 경험을 즐기고, 결국 교직에 머무르는 모습을 볼 수 있을 것이다. 교직 이탈률이 단 10%만 감소한다 해도 그 효과는 정부 지출에서의 이익으로 따지면 수백만 달러에 이를 것이다.

교사 교육의 본질적인 내용이 바뀌어야 한다. 이를 반대하는 주장은 현재 듣기 어렵다. 교사들이 인간적인 차원에서 자신이 누구인지, 자신이 누구를 다루는지 등 감정적인 측면을 이해해야 학교 교육이 개선될 수 있다. 많은 신규 교사가 교사로서의 직업을 시작할 때 안전기지를 찾도록 돕는 것이 아주 중요한 요인이라는 주장은 지금 분명하게 고려할 만하다.

전 세계 교사의 초기 이탈률은 흥미롭게도 매우 유사한 수치로 보고되고 있다. 많은 젊은 교사가 교직을 일찍 그만두게 만드는 문제들이 국가적 혹은 문화적 쟁점보다 인간의 조건과 더 관련이 있다는 것을 보여 준다. 미국은 향후 10년간 교직을 그만두는 신규 교사를 대체하려면 대략 200만 명의 교사가 추가로 필요할 것으로 추정한다(Center for Innovative Thought, 2006; Education Commission of the United States, 2000). 영국(Ewing & Smith, 2003; Rudow, 1999)과 유럽(Kyriacou, 2001; Santavirta et al., 2007)은 하나의 기관이 책임지고 자료를 수집하지 않고, 더 중요하게는 그 자료를 설명하지 않기 때문에, 그래서 모든 경우 실제 수치를 정확하게 파악하기 어렵지만, 역시 비슷한 수준의 교직 이탈률을 보고하고 있다.

호주의 예를 보자. 호주는 2006년에 대략 2만 5,000명의 새로운 학생들이 '신규 교사 교육(Initial Teacher Training)' 과정을 시작했다(DEEWR, 2007). 교직 경력 5년 차 이하 교사의 빈 자리를 채우려면, 이 학생들의 거의 절반이 필요하다. 나중에 이 새로운 학생들도 그들의 전임자들과 같은 비율로 교직을 그만둔다. 즉, 교직에 들어선 지 1년이 지나면, 이들의 약 4분의 1만 남게 된다. 그러면 이들의 빈 자리도 누군가 대체해야 한다. 교육 재정이 분명하게 줄어들어 부족해진다는 점도 그렇지만, 높은 수준의 교직 이탈률은 단순히 교사 교육뿐만 아니라, 모든 교육 수준의 본질적인 위기를 나타낸다.

다른 직업과 차이가 나는 교사의 급여는 중요한 문제로 남아 있다. 예비 교사는 교사라는 직업이 경제적으로 충분히 보상받을 수 없는 직업임을 안다. 그럼에도 그들은 교사가 되려고 한다. 그들을 교직으로 유인하는 무엇인가가 여전히 있다는 뜻이다. 그러나 이탈률의 수준은 이들이 처음 가진 기대가 적절하게 충족되지 않음을 보여 준다. 애착 기제에 관한 참고 자료들을 통해 이 이탈률을 설명할 수 있는데, 지각적 방어와 방어적 배제를 통해서 이해될 수 있다. 교정적 정서 경험을 할 수 있다는 역할과 희망에 끌려 교사로서 부지런히 일하지만, 그런 일은 일어나지 않음을 알게 된다. 심리치료를 시작하는 내담자처럼, 변하고 싶은 소망(치료자와 관계 맺고 치료를 받거나, 관계에 대한 긍정적인 경험을 얻기 위해 교사가 되는 것)은 실제 변화에 대한 무의식적인 저항을 거의 언제나 수반한다(Brown, 2002; Diamond, 1986 참조). 변화가 만들어 내는, 지금과는 다르고 또한 예측하기 어려운 미래에 대한 불안은 그 불안감을 줄이기 위해서 저항하게 된다. 교사가 참을 수 없는 상황을 변화시키고 싶은 소망도 불안을 일으키는 원인 중 하나이다. 이러한 지속적인 방어로 인해 계속되는 정서적 소진은 일부 교사들에게 나타나는 이인화(depersonalisation, 자아의식장애의 일종) 및 기타 번아웃 증상의 원인이 되기도 한다(Pillay et al., 2005).

훈련된 상담사들은 내담자가 어려움을 헤쳐 나아가려고 할 때, 내담자에게 안전한 공간을 안내하고 제공한다. 교사에게도 이러한 도움이 있어야 비슷한 결과를 만들어 낼 수 있다. 만약 어떤 교사가 안정 애착을 가진 학생으로만 이루어진 학급을 맡고, 안전기지가 되어 주는 관리자도 만날 정도로 운이 좋으면, 교정적 정서 경험을 시작할 수 있을 뿐 아니라, 점점 더 큰 즐거움으로 이를 받아들이게 될 것이다. 애착 이론은 하나의 유기체가 새로운 상황에 적응할 뿐 아니라 자신의 환경도 변화시키려고 노력한다는 이론이다. 교사의 내면에 있는 내적 작동 모델은 원래 자신이 가지고 있었던 관계 방식을 시도하지만, 교실에 들어서는 순간 어느 정도는 새로운 방식을 모색하려 노력하기도 한다. 교사의 고유한 관계 방식이 아닌 다른 방식으로 관계가 변화되어 학급이 교사에게 안전한 환경이 되는 데 성공했더라도, 교실은 교사에게 너무 힘들어서 관리할 수 없는 장소가 되고 즐거움이 사라질 수 있다.

비록 행복하지 않아도 자기 세계를 더 안전하고 예측할 수 있게 만드는 것이 애착 관계가 추구하는 목표이다. 만일 교사에게 안전기지가 없으면, 교사는 교사가 되어서도 자신이 피하고 싶었던 방식으로 학생과 관계를 맺어, 자신의 불안정한 방식만을 반복하게 된다. 이런 상황의 결과로 발생한 불행감으로 인하여 학생들을 무의식적으로 비난할지도 모른다. 그리고 교사를 정신적으로 힘들게 한 학생들은 벌을 받을지도 모른다. 결국 그 교사와 있으면 안전하지 않고, 그 상황은 절망적이라고 느끼는 '힘든 학생들'이 생긴다.

만약 이것이 실제 사례라고 한다면, 교사와 학생 모두에게 정서적 안정감을 느낄 수 있도록 조기 개입이 필요한 상태이다. 신규 교사에게 대인관계에 관한 기술, 자기 관리 기술을 가르치고 지원하는 접근을 하면, 조기에 그만두지 않도록 하는, 그리고 이인화된(depersonalising) 관계를 유발하는 직업적 스트레스 요인을 예방할 수 있다. 이 부분에서 CIND도 효과적일 수 있다.

최근 연구에서 나타난 예비 교사가 기대하는 직업의 보상은 학생들의 삶에 큰 영향을 미칠 기회와 함께 그들이 학생과 맺는 관계에서 온다는 것을 보여 준다(Riley, 2009a, 2009c). 많은 교사가 교직에 들어서면서 이러한 것을 기대한다. 다른 직업에 비해 상대적으로 낮은 급여에도 불구하고, 의미와 관계의 보상과 교직의 중요한 본질 때문에 많은 교사가 계속 교사로서 남는다. 그러나 많은 교실에서 신규 교사들은 삶과 연관된 여러 어려움에 준비되어 있지 않았다고 보고한다. 신규 교사들이 교직을 시작할 때 그들을 안내해 주고 보호해 줄 숙련된 멘토를 우연히라도 만나지 못하면, 신규 교사들은 교직의 감정적 측면에 압도된 자신을 발견할 가능성이 매우 크다. 그러면 결국 높은 비율의 교직 이탈로 이어질 수 있다.

경험이 많은 교장들에게 적절히 수정된 CIND 모델을 가르치고, 새롭게 임명된 학교 관리자를 멘토링하는 데 이 모델을 사용해 보도록 하였다. 5장의 교사들과 유사하게, CIND를 이용하여 멘토링을 받은 신규 관리자들은 자신들의 새로운 역할에 꽤 취약하다고 느꼈다. 애착 이론의 용어와 학교에서의 리더십 용어는 많은 유사성이 있다. 그러나 새로운 역할을 맡은 사람들이 증명하기도 하지만 관리자의 역할과 교사로서의 업무는 매우 다르기도 하다. 신규 관리자들의 경험이 쌓일 때까지는 당연히 잘하기 어렵다. 가르치는 일에 자신감이 있던 신규 관리자들이 상대적으로 편안했던 교실에서 벗어나 성인을 대상으로 새롭고 가보지 않았던 지도력의 영역으로 이동하면서 그들 스스로 취약하다고 느끼게 된다. 또한 신규 관리자들은 그들이 아직 검증되지 않은 신규 교사와 다르지 않다는 것을 알고, 자연스럽게 이런 상태로 업무하는 것을 불안해한다. 멘티들은 자신이 경험하고 있는 소외감을 피력하기 어렵고 자신들의 미래 가능성, 잠재력을 과소평가할 가능성이 있기 때문에 멘토는 이에 대해 잘 알고 있어야 한다. 또한 다른 사람이 오랜 시간에 걸쳐 형성해 온 무의식적인 방어를 버리고 재구성하도록 그 사람을 도우려고 할 때는 부드럽고 주의 깊게 진행하는 것이 윤리적인 접근이다.

CIND가 다르게 사용될 때 면담의 기본 구조는 동일했지만 멘토링에서 집중적으로 다루는 내용은 다양했다. 학교에서 명백하게 높은 성과를 거둔 교사 그룹에서 사례(vignette)가 도출되었다. 이 교사들은 수석 관리자 지위로 승진했고, 교사들이 새로운 역할을 잘 감당하도록 도와주는 멘토링을 받았다. CIND를 성공적으로 실행하기 위한 기본 원칙은 정해졌다. 성장하려는 사람들은 현재 상황, 과거가 현재 상황에 미치는 영향력, 그리고 새로운 이해에 비추어 그들이 향후 어디로 가고 싶은지를 정직하게 평가해 볼 필요가 있다. 이는 간단한 것처럼 들리지만 자신을 알아 가는 것은 평생 해야 하는 일이다.

5장의 교사들처럼 멘티들을 위해 CIND는 관계 유형에 집중하면서도, 신규 관리자들이 학생이 아닌 그들에게 보고하는 성인들과 어떻게 일하는지를 강조한다. 두 가지 형식의 CIND 회기 구조는 관계의 차이점과 어려움은 쌍방향적 작용이라는 전제를 기초로 한다. 그래서 다른 사람들의 맥락에서 자신을 이해할 때는 탐색이 필요하다. 이 모델을 멘토링 구조로 수정할 때 다른 몇 가지 중요한 세부 사항이 있다. 이 부분은 아래에서 개괄적으로 설명할 것이다.

경험이 많은 동료가 신규 학교 관리자를 성공적으로 멘토링하려면, 멘티의 성장을 촉진할 멘토링 모임을 충분히 가질 수 있는 시간을 확보해야 한다. 시간 자체가 성공적인 관계를 맺는 것을 크게 방해할 수 있다. 그들이 만났을 때 시간을 잘 쓰지 못했다고 어느 한쪽이 인식한다면 그 관계는 계속되기 힘들 것이다. 그래서 멘티와 함께하는 단단한 관계를 빠르게 구축하는 멘토의 능력과 멘토링의 체계를 잡아 주는 견고한 구조가 없다면, 시간이 낭비될 수도 있고 중요한 쟁점을 간과하거나 회피할 수도 있다. 이러한 장애물을 염두에 두고 호주의 빅토리아에서 경험 많은 학교 관리자들에게 멘토링의 기술을 가르치기 위한 프로그램을 기획할 때 대인관계의 두 가지 이론을 수정하였다. 이 장에서는 이 프로그램을 어떻게 실행했는지 보고하고 평가한다.

멘토가 보호자라는 생각은 '보호하다(protéger)'라는 프랑스어에서 어원이 유래한다(Roberts, 2000, p.148). 멘티를 위한 안전기지(Bowlby, 1978, 1988a)로서 멘토가 제공하는 지지는 각자가 가진 문제의 틀을 그 관계 안에서 검토하도록 한다(Stammers, 1992, p.77). 내적으로 성장하는 데 방해가 되는 것의 틀을 멘티가 잡으면, 성공적인 지도력에 필요한 기술과 특징을 확인하고 이를 받아들이는 법을 배운다.

멘토링은 많은 유형의 기관에서 훌륭한 지도자를 교육하는 수단으로 오랫동안 사용되었다. 그리고 성공적인 멘토링의 유익함도 널리 보고되었다. 그러나 전 세계적으로 교육 분야에서 멘토링 프로그램의 결과는 매우 다양하게 나타난다. 에리히와 동료들(Ehrich et al., 2004)은 멘토링 문헌을 메타 분석하여 멘토링의 성공을 방해하는 세 가지 주요한 점을 확인하였다. 그것은 불충분한 시간, 전문성의 부족, 그리고 성격의 불일치였다. 에리히 등은 전문성의 부족은 멘토에게 감정적으로 상당한 부담을 주고, 멘토가 새로운 멘티를 받기를 꺼리는 것으로 나타난다고 한다.

연구자들은 멘토링에 따른 효과와 멘티의 후속 결과를 조사하는 데 상당한 노력을 기울여 왔다(Ehrich et al., 2004; Mertz, 2004). 그러나 스미스(Smith, 2007)의 연구를 제외하고 다른 선행 연구들에서는 멘토링 과정에서 발생하는 중요한 두 가지 측면을 고려한 연구들이 거의 시행되지 않았다.

1. 경험이 많은 학교 관리자가 멘토링하기 전 전문적 멘토가 되는 훈련의 효과
2. 경험이 많은 학교 관리자가 멘토 훈련을 받았을 때 나타난 멘토링 결과

경험이 많은 학교의 교장(멘토)은 멘티(교감, 열정 있는 부장 교사

나 수석 교사)와 단단한 작업 동맹을 빠르게 구축하고, 관계의 작용 절차와 해결 방안에 집중된 도움을 잘 설명해야 한다. 문제를 정확히 파악하면, 결국 멘티들이 임시방편으로 만든 해결책이 아닌 정확한 해결 방안을 마련할 가능성이 높아질 것이다. 멘토에게 관계 형성 및 유지 과정을 설명하면 멘티의 상황을 이해하는 능력이 향상되고 리더십 목표를 달성하는 것과 관련된 인적 프로세스를 명확하게 설명할 수 있다. 열린 질문이나 적극적 듣기 방법 같은 특정한 관계적 기술을 의식적으로 취하는 멘토들은 멘티들이 관리자로 성장하는 데 있어 멘티 스스로가 가장 중요하다고 여기는 문제를 명확히 하도록 더 도울 수 있다. 근거 기반, 시간제한 접근 방법의 상담에 관한 문헌에서 이러한 가설이 만들어졌다(Brown, 2002; Egan, 2002; Macnab, 1991a; Mann, 1991; Molnos, 1995 참조).

멘토들은 중요하지만 때때로 어려운 대화를 어떻게 이어갈지 CIND 구조를 이용하여 배웠다. 특별한 문제 없이 여러 문제가 잘 진행된다면 멘토링 대화는 상대적으로 쉽게 이어 갈 수 있다. 경험이 풍부한 교장은 특별한 훈련을 받지 않아도 멘토 역할에 착수할 수 있을 것이다. 그러나 멘토들도 어려운 대화를 이끌어 가는 기술을 배울 수 있고, 배워야 한다. 대화 기술을 배우면 어려운 상황이 닥쳐도 준비된 멘토로서 잘 대처할 수 있게 하여 멘토의 마음을 편안하게 해 준다.

멘토가 일하는 맥락이 중요한 것과 마찬가지로 멘토와 멘티 모두의 태도와 인식이 중요하다. 특히 멘토링 상황에서는 힘이 불평등하게 분배되기 쉽다. 본질적으로 이미 위계적인 교육 제도 내에서는 더욱 그러하다. 그래서 멘토에게 위계적 특징을 의식하게 하고 균등하게 힘을 분배하는 구조를 제공하는 것은 중요하다. 그러므로 멘티(protégé) 중심의 입장(Rogers, 1990; Rogers, Kirschenbaum, & Henderson, 1989b)에서 프로그램의 설계를 고안하게 되었다. 1948년부터 2004년까지 학생 35만 5,325명을 표본으로 한 119개 연구의 메타 분석에서 멘티 중심의 입장은 "인지, 특히 정서와 행동 결과에 관한 다른 교육적 혁신과 비교할 때 평균 이상"인 것으로 나타났다(Cornelius-White, 2007, p.113).

효과적인 멘토링을 하려면, 피상적인 이야기에 시간을 낭비하지 않고 효율적으로 멘토링을 해야 한다. 특히 첫 번째 만남 이전에 두 사람이 서로 잘 몰랐거나 혹은 전혀 몰랐을 때에는 효율적인 멘토링이 쉽지 않다. CIND의 시간제한은 프로그램의 진도에 도움을 준다. 함께하는 시간이 제한되어 있어 누구도 시간을 낭비하면 안 된다.

특히 힘든 것을 드러내는 문제와 관련되면(어떤 식으로든 부끄럽게 만들었던 실수), 대화가 곤란해지고 시작이 어려워진다. 그리고 멘티들은 중심 문제를 직접 거론하는 것보다 피하기가 더 쉽다고 자주 생각하게 된다. 이런 대화는 주로 시간제한 접근 방법의 영향으로 나타난다(예: 둘 중의 한 명이 다른 일로 자리를 떠나야 한다).

종종 만남의 끝이 임박해졌을 때 불편한 이야기를 꺼내면 문제의 도화선이 되기도 한다. 많은 일대일 만남에서 마지막 5분이 되어서야 중요한 내용이 논의되곤 한다. 부끄러움이나 수치심이 일 것 같은 느낌과 자기가 노출되는 것에 관련된 불안보다, 시간을 제한하는 절차(모임이 곧 끝날 것 같다는 자각)가 유도하는 불안이 더 높은 수준으로 증가하기 때문이다. 시간제한이 없다면 정보는 절대 드러나지 않을 것이다. 그래서 처음부터 멘토링의 제한된 시간에 집중하면 불안을 진전시켜 만남에 더 잘 활용할 수 있게 된다.

특별히 멘토의 신뢰 제공과 멘티의 중요 정보 고지와 관련된 다른 요인도 물론 존재한다. 멘티가 문제를 헤쳐 나아가는 동안 멘티는 오직 신뢰가 높아진 멘토에게만 민감한 정보를 밝힐 것이다. 이는 멘티의 마음에 있는 모든 판단에 적용된다. 긍정적인 판단이 빠른 멘토는 다른 상황에서 부정적인 판단도 빠를 것이다. 만약 부정적 판단이 관계의 신뢰 수준을 약화시킨다면, 암묵적으로 긍정적 판단에 대한 신뢰수준도 약화될 것이다(Kegan & Lahey, 2001).

멘토와 멘티 사이에 형성될 수 있는 작업 동맹의 힘을 결정하는 것은 신뢰와 판단이다. 그리고 성공하는 멘토링 관계의 가장 좋은 예측변수는 작업 동맹의 힘이다(Awaya et al., 2003; Bouquillon et al., 2005; Hargreaves, 2002).

관계의 도구: 작업 동맹

　모든 효과적 멘토링의 근본적 핵심 조건은 두 사람 사이에 형성된 작업 동맹이다. 이 가정은 멘토에게 가르칠 프로그램 구조와 기술의 발전을 뒷받침한다. 위에서 언급한 바와 같이, 이 작업은 칼 로저스(1951, 1989)의 중요 작업물에서 차용하고, 또한 그를 추종한 이건(Egan, 2002)의 솔루션 중심 지원의 아이디어의 도움도 받았다. 구조화된 만남에 기반해 형성된 작업 동맹을 통해 멘티의 직업적 핵심 불안을 탐구하고, 멘티의 무의식적인 작용을 안전하게 탐색할 기회를 제공하므로 멘토링 환경에서 작업 동맹은 매우 중요하다.

　효과적인 멘토링 관계는 학교 사정에 정통하고 균형이 잡힌 학교 관리자를 양성할 수 있다는 점에서 또한 요긴하다. 멘토의 도움을 받지 않아도 멘티가 지도력을 발휘할 수 있을 때, 멘토와 멘티의 관계가 지속되더라도 멘토의 역할은 끝난 것으로 볼 수 있다. 이런 의미에서 멘토링은 자식을 떠나보내면서 성장을 촉진하는 양육 관계와 다르지 않다. 따라서 유능한 멘토는 멘티가 장기적인 리더십 방향을 점진적으로 이어받을 수 있게 한다.

방법론과 기술

CIND의 프로그램은 멘토가 원리와 기술을 배울 수 있도록 경험적으로 설계되었다. 수습기간 동안 멘토들은 연수에서 제공하는 적극적 듣기와 다른 필요한 기술을 배웠다. 각각의 기술을 개괄적으로 학습한 뒤에는 4인으로 형성된 그룹 과제 단계에 참여했다. 연수 과정에서 각각의 연수 참여자는 멘토의 역할을 한 번, 멘티의 역할을 한 번, 참관인의 역할을 두 번 맡았다. 4인의 그룹원들이 각 연습 회기를 마칠 때 특정 기술에 대한 피드백을 제공했다. 그리고 워크숍 과정에서는, CIND 모델의 전체 6회기를 개관하고, 실제 상황에서 연습했다.

이 과정에서는 문헌에서 확인한 성공적 멘토링의 방해 요인 세 가지 중 두 가지인 불충분한 시간과 멘토의 기술을 다루었다(Ehrich et al., 2004). 멘토가 정해진 멘티를 수용하기보다 멘티를 선택하라고 권장하는 파트너십 프로토콜에서 세 번째 방해 요인인 '성격의 충돌'을 다루었다. 이 과정은 서로 도움이 되는 관계의 멘티와 멘토가 함께 멘토링 기술을 발전시켜서 자신들의 학습에 집중하게 할 것이다. 성격이 달라도 강력한 작업 동맹을 만드는 기술이 프로그램의 설계에 포함되었다. 그러나 멘토가 기술을 습득하는 단계에서 성격 차이는 피해야 한다.

연수 프로그램의 참여는 사전 및 사후 개입과 3일의 공식 워크숍을 통해 멘토링 역량에 어떤 변화가 있는지 결정하는 사전 및 사후 설문조사로 구성되었다. 처음에는 멘토들(경험이 많은 학교 관리자들)이 CIND 모델을 사용하여 멘티(학교 리더십의 다음 단계로 승진하기를 기대하는 교감, 소수의 통솔력과 전문성이 있는 교사)와 독립적으로 일하기 시작한 후에 멘토들이 이틀간의 워크숍에 참석했다. 이 기간에 멘토들은 한 시간 동안 10명에서 12명의 참여자를 감독하고 검토하는 소그룹을 함께하였다. 각각의 참여자가 대략 6회의 멘토링 회기 중 3회를 마친 후에 세 번째 워크숍이 진행되었다. 각각의 멘티와 함께한 직접적인 경험에 비추어 첫 번째 워크숍에서의 배움을 확장하도록 연수가 설계되었다.

일단 연수 참가자들이 6회의 회기를 멘토와 마치면 연수 참가자들은 개별적으로 과정을 성찰하여 과정에 대한 메타 성찰 기록을 500단어로 제출해야 했다. 이러한 자료와 프로그램의 다른 측면은 삼각검증법(triangulation)을 통해 프로그램이 성공했는지 아닌지를 결정하는 데 사용되었다.

CIND 멘토링 결과

참여자

멜버른의 회의장에서 열린 연수 과정에 90명의 학교 교장이 참여하였고, 주(州) 전역의 편리한 장소에서 멘토링 회기에 착수하였다. 연령대는 50~54세가 가장 많았고 전체적으로는 30~55세 이상까지 분포했다. 초등학교 교장이 집단에서 가장 높은 비율(76.6%)을 차지하였고 나머지는 중등학교(12.2%)와 통합학교(P-12, 7.8%) 교장들이 섞여 있었다. 참여자들의 평균 교육 경력은 27.59년이었다. 대부분(83%)은 워크숍에 참여하기 전에 동료 교사를 멘토링한 적이 있었다. 처음 설문조사 자료에 따르면 연수 참여자들은 압도적으로 자신들의 의사소통 기술을 발전시키고 싶은 열망이 있었고, 다른 어떤 기술보다 듣는 기술을 세 배 더 중요하게 평가한다고 밝혔다.

자료 출처

연수 프로그램 중 다섯 번의 다른 시점에 정보를 얻었다. 설문조사 자료에는 초기 설문조사가 포함되었는데, 프로그램을 시작할 때는 100%의 응답률, 첫 번째 워크숍 이후에는 89%의 응답률, 두 번째 워크숍 이후에는 67%의 응답률을 보였다. 모든 참여자에게 질적 자료를 수집했는데, 소그룹에서 시행한 인터뷰는 86%의 응답률로 음성 녹음을 했고, 프로그램을 이수한 이후 참여자가 제출한 메타 성찰 기록은 42%의 응답률을 보였다. 응답률의 차이는 부분적으로 워크숍 중간에 빠진 사람들이 있었기 때문이다. 연수 프로그램과 무관한 이유로 몇몇 교장은 2회 차 워크숍 참석이 불가능했다. 몇몇은 학교가 바뀌었고, 그 외의 다른 사람들은 워크숍 당일에 이중으로 잡힌 부서의 책임을 우선적으로 해결해야 했다. 그리고 나머지 일부의 연수 참가자들은 학교에서 학생, 학부모나 교사가 연루된 예상하지 못했던 위기에 대처해야 했다. 이미 다른 프로그램을 진행했던 경험에 비추어 볼 때, 장기간 학교에서 교장을 유인하기 쉽지 않음을 알 수 있었다. 숙박이 제공된다 할지라도 워크숍에 출석하기 위해 매번 최대 6시간을 이동해야 된다면 참석이 어려울 수도 있었다.

참가자 응답에 대해서는 혼합 방법 분석이 사용되었다. 워크숍의 사전 및 사후 설문조사를 통해 숫자로 된 공개 자료와 소그룹 면담의 기록들 그리고 워크숍에서 배운 CIND 모델을 활용한 첫 번째 멘토링 이후 참여자의 메타 성찰 기록에서 분석 자료를 얻었다. 대체로 참여자들은 프로그램을 긍정적으로 평가했다. 많은 연수 참여자는 워크숍이 "이제까지 참여했던 연수 중 최고"라고 보고했다. 1점(매우 동의하지 않음)에서 7점(매우 동의함)으로 구성된 7점 리커트 척도로 참여자들이 평가한 프로그램 점수는 〈표 6.1〉과 같다.

표 6.1 멘토링 기술 워크숍의 참여자 평가

일반 평가 질문	최솟값	최댓값	평균	표준편차
워크숍 참여 이후, 멘토링 역량을 개발하는 방법을 더 잘 이해하게 되었다.	3	7	6.22	.819
멘티와 함께 일할 때, 멘티가 기대하는 것을 알고 있어서 자신감이 생겼다.	3	7	6.22	.851
멘토링의 어려움을 다루는 역량이 워크숍 참여로 강화되었다.	4	7	6.44	.775

다음에서 보고된 질적 자료는 참여자들이 프로그램에 참여하면서 작성한 응답과 소그룹 면담의 분석을 통해 정리된 것이다. 이 분석을 통해 어떤 주제가 중요하게 부각되었는지 알 수 있었다.

부각된 주제

지지는 교사의 전문적 성장을 돕는다

참여자의 학교 경험에 따라 연수 프로그램 중 대화의 풍성함이 달라졌다. 프로그램 내내 각각의 4인 그룹을 그대로 유지하여, 구성원들은 서로 전문적 관계를 깊게 형성하고 강화할 수 있었다. 그룹 구성원들은 멘토링 과정을 배우면서 서로를 멘토링했다. 근무 지역에 따라 미리 배정한 4인의 그룹 구성원들이 프로그램 내내 함께 지내도록 해서 멘토링 과정을 더 깊이 탐색할 수 있도록 했고, 이것은 구성원들에게 안정감을 주었다고 한다. 구성원들은

4인 그룹 활동을 통해 상호 신뢰를 구축하면서, 멘토와 멘티 관계에서 생겨날 수 있는 발달적 특성을 충분히 경험했다. 연수 참여자들은 멘티와 함께 각 멘토의 성장을 토론하면서 자신의 멘토링 유형을 돌아보는 기회에 고마워했다. 워크숍과 소그룹 지도에서의 대화는 충분히 심도 있게 이루어졌다.

한 참여자는 "한 그룹 안에서 네트워크를 형성하여 의견을 듣고, 협력해서 일했던 것은 매우 가치 있었어요. 이 활동을 통해 저는 스스로 발전할 수 있고 확장해 갈 수 있다는 자신감을 얻었어요"라며, 서로 지지하는 4인 그룹 구조의 효과를 요약적으로 전해 주었다.

또 다른 연수 참여자는 시간이 지나면서 그룹 내에 "형성된 깊은 신뢰"를 경험했고, CIND 모델과 일반적인 멘토링을 더 깊이 이해할 수 있는 "더 풍성한 논의"에 참여할 수 있었던 기회라고 보고했다.

구조는 안정감을 제공해야 한다

소그룹과 메타 성찰 기록에서 다루어진 공통 주제는 멘토링 회기의 구조가 멘토와 멘티가 멘토링을 투명하게 시작하게 해 주었다는 것과, 위니콧(2002)이 말한 "담아주기(container)"로 모두를 위해 쌍방향으로 작용했다는 것이었다. 멘토링의 구조는 멘토가 회기를 진행할 때 어쩔 수 없이 내용을 제공하는 것이 아니라, 안전하다고 느낄 수 있는 경계를 제공했다. 이전에 많은 교사를 멘토링한 경험이 있던 한 참가자는 이렇게 보고했다.

> 가장 큰 차이점은 구조예요. … 이 구조는 이전에 제가 멘토링 같은 만남을 진행했던 방법과 완전히 다른 것입니다. 이전에 제가 했던 멘토링은 학교 문제와 관련된 특정 주제를 논의하는 즉흥적인 만남일 때가 종종 있었어요. 이따금 제가 조언하거나, '답'을 줘야 했거든요.

다른 참여자는 회기의 구조가 멘티의 성장에 집중하도록 도와준다고 했다. "저는 제 멘티를 너무나 잘 알기 때문에 핵심을 다루는 구조가 없으면 산만해지기 쉽고 핵심에서 벗어나는 경우가 잦았어요."

어려움

많은 교장이 언급한 주요 어려움 중 하나는 "답을 말해 주고 싶어서 성화를 대는 마음"으로 묘사되었다. 대부분의 교장들은 처음에는 교장 역할에서 멘토의 역할로 "전환하는" 것에 큰 어려움이 있었고, 시간이 지나고 연습을 하면서 더 나아졌지만 그래도 여전히 어렵다고 했다. 예를 들어, 한 참여자는 이렇게 보고했다.

저는 멘토링도 매우 다른 역할이라고 생각해요. 우리는 스스로 좋은 교사라고 생각하지만 멘토가 되는 건 완전히 다른 문제예요. 그래서 어떻게 멘토링을 하는지, 어떻게 해야 '그럼, 이거 하세요, 저거 하세요'라고 말하는 교사가 아니라 멘토로 남을 수 있을지 이해하려고 하죠. 멘토가 되는 건 정말 새롭고 매우 큰 학습 경험이에요.

또 다른 참여자는 "가장 어려운 부분은 의견이나 생각을 말하지 않는 거죠. 말하는 게 직업인 사람이 밀하고 싶은 욕구를 억누르고 듣기에 집중하기란 쉽지 않아요"라고 말했다. 적극적 듣기가 "의견을 말하지 않기" 위한 기술로 "특별히 도움이 되었다"라고 묘사한 한 참여자는 "제 성향은 언제나 어떤 일을 처리하는 제 방식을 제안하는 것이죠. 그래서 그렇게 하지 않으려고 집중하는 건 정말 좋았어요"라고 말했지만, "이렇게 행동하는 데 필요한 힘을 체득하는 것이 저에겐 어려운 일이죠"라고 덧붙였다.

안녕감

멘토링을 돕기 위해 경험이 풍부한 교장들에게 CIND 과정을 가르친 것은 멘토의 기술과 자신감을 기르는 데 성공적이었다. 연수의 목표는 멘토의 기술 개발에 집중했지만, 멘토와 멘티 모두의 건강과 안녕감의 관점에서도 유익했던 것으로 나타났다. 이것은 아직 예비 결과이지만 놀라운 발견이었다.

교사들에게 닥친 큰 어려움을 인정하는 새로운 학교 관리자가 교사들의 구조적 필요를 인정하는 것도 도움이 되었고, 비밀이 보장되는 상황에서 경험이 많은 학교 관리자에게 도움을 받는 것도 도움이 되었다. 이런 프로그램이 잘 되려면 멘토인 학교 관리자와 멘티인 교사들 모두의 지지가 필요하다. 그리고 이 작업에 긍정적으로 응답한 사람들은 이전과는 근본적으로 다른 메시지를 주었다. 한 참여자는 이 경험을 다음과 같이 이야기했다. "제가 학교로 돌아갔을 때, 제가 아주 많은 에너지를 가진 사람처럼 보였다고, 몇몇 동료들이 저에게 말했어요." 아마도 연수 과정상의 구조뿐 아니라, 프로그램 실행계획 기능 때문에 교사들의 안녕감에 긍정적인 효과를 미쳤을지도 모른다. 프로그램이 진행되는 호텔에서 모든 참여자는 최소한 하룻밤을 보냈는데, 멀리 떨어진 지역에서 온 참가자는 대부분 이틀 밤을 보냈다. 공부하는 과정은 아니지만, 이렇게 교사들을 귀하게 대접한 것이 학교로 돌아갔을 때 재충전된 모습을 보인 이유였을 수도 있다.

한편 특정한 멘토링 연수를 경험이 많은 교장에게도 제공하였다. 멘토 역할을 연습하면서, 판단을 내리도록 지속적으로 요구받는 기존 교장의 역할에서 벗어나, 연수 과정의 참여자들을 판단하지 않도록 하는 상태를 제안하고 수용하는 것은 정말 어려웠다. 교장의 판단 역할이 유보되었을 때, 멘토와 멘티 모두 역량을 더 잘 발휘할 수 있었고, 다루어야 할 문제들도 피상적인 해결 방안을 찾는 것이 아니라 깊이 탐색할 수 있게 되었다고 보고했다. 새로운 관점의 관리자들은 진정으로 교육적인 과정에 완전히 참여할 수 있었으므로, 학교에서 교사와 학생들에게 최선을 다해 일하도록 하는 목적에 제대로 도달할 수 있었다.

이 작업의 예비 결과는 충분히 긍정적이다. 초기의 발견이 시간이 지나도 지속되는지를 조사하기 위해 장기적 후속 연구가 계획되었다. CIND 멘토링은 멘토의 역량을 개발하도록 돕는다. 그리고 이 대담 기술은 단순히 멘토링 회기뿐만 아니라 일상적인 관리 업무에 활용하여 학교 관리자의 성장을 강화할 수도 있다. 이 결과들을 프로젝트 첫 번째 단계의 성과로 주장할 수 있게 되었다. 멘토는 단지 일련의 방법을 알려 주는 것이 아니라, 멘토링으로 한 사람의 전인적 발전을 돕는 것이다.

또한 신규 관리자를 위한 CIND 멘토링 연수에 참여한 멘토의 안녕감이 개선되었다는 결과는 아마도 놀라운 발견이었다. 의미 있는 인간관계의 조건이 충족될 때, 양자 모두에게 느껴지는 긍정적 효과는 애착의 의미를 잘 보여 준다.

인간은 무리를 지어 사는 것이 특징이다. 인간의 삶을 안전하게 만들어줄뿐더러 함께 사는 삶을 위해서도 반드시 친구가 필요하다. 학교는 이러한 기회를 강력하게 부여할 수 있다. 그리고 학교 안에 머무를 수 있도록 교사의 무의식적 동기에도 기여할 것이다. 그러나 아쉽게도 어떤 학교 문화는 이런 만남을 방해하거나 감소시키기도 한다. 여기서 길게 설명하기는 어렵지만 아마도 이런 문화로 인하여 학교의 모든 구성원들은 끊임없이 좌절을 겪어내야 한다. CIND 혹은 이와 비슷한 상담 프로그램은 인간관계를 방해하거나 감소시키는 문제를 드러나게 하여 학교 내 인간관계를 좀 더 직접적으로 다룰 수 있도록 도와준다.

한 사람과 개인적인 이야기를 깊이 나누는 것은 상담자 교육에서 중요한 부분으로 인식되어 있다. 하지만 아직 교사 교육에 도입되지는 않았다. 이 부분은 이제 교사 교육에서 더 이상 미루어져서는 안 된다. CIND는 개인적 상담의 기회를 제공한다. 그리고 예비 교사 교육에 유용한 상담기술을 배우도록 추가할 수 있다는 희망찬 미래를 상상해 볼 수 있게 한다. 가르치는 일과 상담하는 일은 많은 부분이 겹친다. 두 분야의 직업적 발전과 전문성이 공유되면서 교사에게 기대되는 바도 늘었고 두 분야 간의 접점도 증가하는 것 같다. 교육과 상담 두 분야는 한 개인이 최선의 사람으로 성장하도록 돕는 일로서 결국 비슷한 일이다. 아마도 다음 장에서는 그 기술의 많은 부분을 공유하게 될 것이다.

3부

어떻게 실천할 것인가

7장

교사 연수에 대한 시사점

죽은 지식보다 살아 있는 실체가 중요하다

수업을 개선하기 위해 교사를 대상으로 다양한 연수가 제공되고 있다. 그런데 이 교사 재교육 연수들이 효과가 있는지에 관한 실태 조사 결과를 보면 연수의 효과가 충분하지 않은 것으로 나타나고 있다. 루이스(2006)의 연수 이후 약간의 개선을 보였지만 이내 퇴보한 교사들의 경우처럼, 대부분의 교사 재교육은 유효기간이 길지 않은 것으로 보인다.

이 책은 연수의 재교육 내용과 교사가 실질적으로 맞닥뜨리는 어려움이 일치하지 않은 것이 문제라고 본다. 연수를 통한 노력은 교사들이 현재 가르치고 있는 일의 인간적 현실을 고려하지 못하고 있고, 결국 핵심 쟁점을 다루지 못하고 있다.

가르치는 일은 추측과 직관, 희망과 두려움, 기쁨과 슬픔, 웃음과 눈물, 위험과 보상으로 가득한 복잡한 일이다. 복잡하다는 것이 나쁘다는 것이 아니다. 교직 자체가 원래 그렇다는 것이다. 교직의 복잡성은 신규 교사들에게 시행되는 교육에서 명확히 설명하기 힘든 주제이고, 그래서 자주 회피되기 마련이다. 생존을 넘어 학생들과 성장하고, 직관이 전문성으로 발전할 것이라는 희망이 있을 뿐, 복잡성을 알지 못한 채로 교직에 들어선 신규 교사는 현장에서 아주 취약하다. 하지만 경험을 통해 배우게 되는 교직의 복잡성이란 기록과 설명이 어려워 교육 분야의 정치인과 행정가들을 곤란에 빠뜨리기도 한다. 정치인과 행정가들은 유권자들에게 뭔가 새롭고 더 완벽해 보이는 교육 개선 정책을 보여 주려고 하는 경향이 있다. 그래서 특별한 교사 교육 프로그램에 강력한 매력을 느낀다. 그러나 그런 개선 정책은 늘 충분하지 않다. 그래서 항상 다른 문제가 또 생겨나고 그 문제를 해결할 것이라는 프로그램이 나오고 홍보가 된다. 이는 교사 교육 프로그램 패키지에 대체로 3R이 없기 때문이다. 알프레드 노스 화이트헤드(Alfred North Whitehead, 1929)가 "죽은 지식보다 살아 있는 실체가 더 중요하다(Knowledge doesn't keep any better than fish)"라고 이를 아름답게 표현했다.

예를 들면, 최근 수업 연구를 통한 개선을 목적으로 교사의 수업을 직접 관찰하는 것이 점점 인기를 얻고 있다. 애착 이론의 입장에서 보면 수업하는 교사의 안정감이 높아질 때 직접 관찰을 통한 수업 개선이 성공할 수 있다고 한다. 초조함을 줄이려고 노력하면 불안정감은 오히려 늘어나기 쉽다. 수업 관찰을 통한 연구는 일부 교사들의 불안감을 더 증가하게 할 가능성이 높다. 그리고 다른 연계된 문제들도 있다. 즉, 지지적이지 않은 중립적인 수업 참관자가 와 있거나, 동영상 촬영이라도 하게 되면 교실 내 역동이 바뀐다. 그래서 직접 관찰의 목적을 달성할 수 없게 된다.

또한 교사의 일반적 현실은 교직 생활 내내 이런 장비 없이 학생들을 다루어야 한다는 것이다. 대부분의 교사는 현장이나 원격에 있는 수업 참관자에게 잘하는 모습을 보여 줄 수 있다. 그들은 예비 교사 교육과정 시절부터 수업을 잘하도록 배웠다. 하지만 더 중요한 것은 교사가 수업의 긍정적인 변화를 지속할 수 있는지 여부이다. 이 지속성을 위해 교사 자신은 변화가 필요하다.

정신역동적 측면에서 보면, 교사의 세세한 행동보다 교사가 자기 행동의 기저 패턴을 이해하고 있느냐, 그렇지 못하느냐가 더 중요하다. 이 이해는 경험적인 교육에서만 얻을 수 있다. 교사가 자기 행동의 심리적 촉발 요인을 인지하고, 익숙하지 않은 상황에서 자신이 다른 방식으로 반응하는 것을 의식하는 것이 중요하다. 참관 수업의 관찰자가 주는 조언이 아무리 좋아도 교사의 자기이해가 없다면 지속적인 변화는 일어나지 않는다.

교사 내면의 취약성에 대한 적극적인 반응은 직접 관찰을 통한 지원보다 CIND 같은 추론을 통한 집중적인 지원이 더 나을 수 있다. 참관자가 중요하게 여기는 어떤 행동이 교사에게 의미가 없을 때, 그리고 반대로 수업을 하는 교사가 중요하다고 생각하는 것을 연구자가 잘못 해석하거나 관찰에서 제외되면 우리는 교사를 도울 방도가 없다.

재검토해 볼 문제들

교사와 학생의 관계는 애착이 일어나는 관계인가?

교사-학생의 관계가 애착 관계인지 아니면 긍정적이지만 애착 관계는 아닌지를 물어볼 수 있다. 이 질문에 대한 답은 맥락에 따라 달라질 수 있다. 특정 예에서는 학생-교사는 애착 관계로 보인다. 그러나 다른 예에서는, 긍정적이지만 애착 관계는 아닌 사이로 볼 수도 있다. 교사-학생의 쌍방향 관계처럼 중요한 관계에서 애착과 애착이 아닌 것 간의 차이점을 명확하게 확인하기 위한 추가 연구가 필요하다. 학교 구성원인 교사들 사이, 그리고 교사와 관리자, 중요한 다른 사람들과의 동료 관계의 연구도 마찬가지로 필요하다.

그러나 이런 질문보다 '교사와 학생이 완벽한 애착 관계이든 아니든, 교사와 학생 간에 관계가 형성되는 데 애착 유형이 영향을 미치는가?'와 같이 변형된 질문이 더 중요한 시사점을 줄 수 있다. 그리고 이 질문에는 '그렇다'고 대답하기가 더 쉽다. 그리고 교사가 몇몇 학생 또는 학생 전부와 애착을 형성했는지, 그러지 못했는가보다, 교사 각자의 애착 유형 영향으로 인해 특정한 맥락에 따라 그들이 행동한다는 것을 발견하는 것이 정말 더 중요하다. 그리고 교사가 자신의 영향을 이해한다면, 이는 유용한 자기 평가 도구가 될 수 있다.

교사의 공격성을 애착 문제로 이해하는 것이 유용한가?

교사의 애착 유형이 학생들 앞에서 공격적으로 변하는 교사의 성향을 이해하는 중요한 요인임을 자료들로 확인할 수 있었다. 학생과의 관계 형성을 인간 중심 접근을 기반으로 하는 교수 전략을 사용하는 경우에 특히 애착 유형의 영향을 잘 알 수 있었다. 연수 이후에 공격적인 행동으로 되돌아간 것으로 확인된 교사들이 있었는데, 해당 연수는 주로 로저스 모델(Rogers, 1983, 1990)을 기반으로 하는 교육이었다. 로저스 모델은 교사에게 감정적 충돌을 최소화하면서 교사의 내면을 잘 연마하고 상대적으로 쉽게 적용될 수 있는 이론으로 생각된다. 그런데 이 이론은 교사와 학생의 신뢰를 기본으로 가정하는 애착 모델이어서 이 기본 모델이 붕괴될 때, 교사들이 과거의 행동 패턴으로 더 돌아가게 만드는 경향이 있었다.

　나와 함께 일했던 교사들은 자신의 애착 내력을 먼저 배우고, 쉽지 않은 모델로부터 연수하기 시작해서 점차 쉬워지는 방향으로 배웠고, 그리고 시간이 다소 흐른 뒤에야 학생들을 신뢰할 수 있다는 것을 배웠다.

　하트(Hart)는 비록 애착 이론에 기초하여 설명하지 않았지만, 다른 용어를 사용하여 비슷한 결과를 보고했다. 그러나 그의 주장은 명확히 애착 이론과 일치한다.

　공동의 기본적 소속감을 개인이 느낄 수 없으면 마음은 소외와 불안이 지배하게 된다. … 이렇게 되면 마음을 터놓기보다 마음을 닫게 되고, 우리의 에너지를 자기 보호에 쏟게 만들어 교사와 학생 모두를 경계심을 가지고 조심스럽게 지내도록 만들 수 있다. 우리를 깊이 있게 요청하는 상대방, 자리, 관계에 반대로 거리를 유지할 수도 있다. 경계심은 예의 없는 행동으로 나타나거나 심지어 자기를 보호하기 위한 폭력적인 표현처럼 공격적인 형태를 취하기도 한다.

Hart, 2007, p.8

교사의 애착 유형은 공격적인 행동에 영향을 미치나?

교사의 공격성에 애착 관계는 중요한 영향을 미치는 요인이다.

이것은 자료를 통해서도 확인된다. 특정 교사들의 학생을 향한 공격적 태도는 분리불안에 따른 저항 행동과 방어적 배제 등 애착을 처리하는 과정이면서 동시에 스트레스 반응이기도 하다. 공격적 태도를 지녔다고 해서 교사들이 단지 좋은 시스템을 망치는 문제 교사로 비난받는 것은 큰 의미가 없다. 교사들이 어떻게 교사가 되어 교실에 참여하게 되었는지를 새롭게 이야기하도록, 어떤 과정을 통해 교직에 이끌렸는지를 더 분명히 이야기하는 것이 어쩌면 더 나을 수 있다. 물론 이런 주장은 교사로서 성장하고 발전하는 것을 가로막는 문제들을 해결해 나가는 동안, 학교 관리자가 변함없이 자신의 안전기지가 되어 줄 것이라고 느낄 때만 가능하다.

교직을 선택한 사람 중 일부는 교정적 정서 경험에 대한 욕구가 무의식적으로 영향을 미친 것인가?

CIND에 참여한 모든 교사를 포함해 표본의 상당한 비율의 교사가 이 질문에 대해 그렇다고 대답할 것이다. 또한 분명히 많은 교사가 학교에서 교사 역할을 수행하면서 교정적 경험을 얻을 수 있었을 것으로 보인다. 중등교사보다는 초등교사가 이러한 교정적 경험을 더 많이 하는 것으로도 보인다. 아마도 이는 학교의 종류와 학교에서 맡은 직무의 역할에 따른 구조적 차이 때문이다. 중등교사의 경우, 중등교사가 무의식적으로 추구할 수도 있는 교정적 정서 경험을 학교 구조가 막는 것일 수도 있다는 생각도 해 본다.

학생과의 친밀한 관계 형성을 원치 않고, 다른 사람과의 거리를 통제할 수 있는 구조를 원하는 교사에게 중등학교의 구조는 매력적일 수 있다. 교실 경험의 결과에 따라 달라지지만, 대부분의 교사는 교실에서 불안, 회피 수준이 모두 낮아진다. 이는 구조적 어려움에도 불구하고 중등교사들도 학생, 관리자들과 만나는 과정에서 교정적 정서 경험을 얻는다는 것을 보여 준다.

교사 중 일부는 학생, 동료, 관리자에게 교정적 정서 경험을 무의식적으로 바라는가?

어떤 의미에서 이 질문에 대답하는 것은 거의 불가능하다. 그리고 이 질문은 정신역동적 접근법이 교육에서 설 자리가 없다고 믿는 사람들에게 언제나 이의를 제기할 수 있는 여지가 있다.

교실 생활에서 많은 무의식적 처리 과정이 일어나고, 아마도 교실에서 일어난 모든 일을 일일이 설명하기란 불가능할 것이다. 아인슈타인은 "베토벤 5번 교향곡을 특정한 기압 차의 조합으로 정확하게 설명할 수 있다. 그러나 이렇게 하는 것이 무슨 의미가 있나? 음악을 듣는 경험은 그런 식으로 밝힐 수 없다"라고 말했다. 중요한 것은 교직을 진로로 결정하고, 직업으로 결정한 사람들은 성장할 수 있어야 한다는 것이다. 그리고 교사와 학생이 함께한 교실 경험의 결과를 토대로 교사는 학생과 함께 성장해야 한다. 만약 교사와 학생의 성장이 일어나지 않는다면, 교사들은 자신을 보호하기 위해 학생과의 방어적 전투만 하고 지낼 것이다. 이는 궁극적으로는 관련된 모든 사람을 만족시키지 못하게 된다. 교실에서 배움이 일어나는 동안 학생뿐만 아니라 교사도 그 경험으로 힘을 얻어야 한다. 배움과 성장의 경험이 의식적인 혹은 무의식적인 동기에 의한 것인지는 실질적으로 거의 중요하지 않다.

교사가 교정적 정서를 경험하지 못할 때, 다음 단계에 어떤 일이 생기나?

가르치는 일을 하면서 학생을 자립할 수 있게 하는 성장에 기여했다는 기쁨이 없을 때, 많은 교사들은 교정적 정서를 경험하기 어렵다. 교사들이 학생과의 관계를 형성하는 내면 세계의 본질적 이해가 흔들릴 때 나타나는 교사들의 이직률과 학생을 향한 공격성의 수준은 교직이 얼마나 어려워지고 있는지를 보여 주는 지표가 될 수 있다. 이 주제는 새롭고 창의적인 방식으로 다루어질 필요가 있는 관심 분야이다.

교사의 애착 유형에 따라 가르치는 방식의 차이도 다른가?

가르치는 방식의 차이에 애착은 중요한 요인으로 작용하고, 애착을 통해 교사의 많은 면을 설명할 수 있다. 불안정 애착을 가진 교사들이 교직을 선택했을 때, 학생에게 거절당하는 느낌을 받는 상황에 꽤 취약한 모습을 보인다. 그래서 그들은 분리불안과 이때 나타나는 저항감으로 인해 학생을 징벌할 위험이 있다. 반면, 교실에서 일하면서 얻을 수 있는 긍정적인 경험은 많은 교사들에게 꽤 강력한 영향을 끼치는 것으로 보인다. 그러므로 애착 유형은 교사의 전문직 정체성이 건전하게 발전하는 데 중요한 요소이다. 또한 애착 유형은 교직을 포함해서 사람을 돕는 직업을 가진 모든 사람에게 보람 있고 성공적인 경력을 만드는 구성요소라고 생각한다.

교사의 불안정 애착은 교실에서 공격적으로 반응하는 데 영향을 미치는 요인인가?

불안정 애착의 교사들은 교실에서 더 공격적 반응을 보일 가능성이 높고, 특정한 상황에서 분명히 스트레스를 받는 것으로 보인다. 불안정 애착과 공격성에 관한 문헌 내용에 따르면, 애착과 공격성에 대한 관련성은 매우 높은 편이고 잘 연구되어 있다.

이번 연구에서 제기된 중요한 질문은 CIND와 같은 단기 통합 치료가 불안정 애착 교사의 관계 패턴을 바꾸고, 가르치는 경험에서 교정적 정서 경험을 갖게 할 수 있느냐 하는 것이다. 지금까지의 결과로 보면 일부 교사들에게 CIND의 효과가 5년간 지속되는 것으로 나타났다고 한다. 이것은 좋은 소식이다. 하지만 교직 경력은 그보다 더 오래 지속된다. 그래서 지금까지 수집한 긍정적인 근거에도 불구하고 확실한 주장을 하기에는 너무 이르다.

초등교사와 중등교사에게 교직의 경험은 다르게 영향을 미치는가?

이 질문에 대한 답은 명확하지 않다. 초등학교인가 혹은 중등학교인가보다 교사의 애착 배경이 더 중요한 것 같다. 그리고 다른 애착 배경이 초등학교 교사가 될 것인가, 중등학교 교사가 될 것인가를 선택하는 데 영향을 미치는 것으로 보인다.

초등학교 교사와 중등학교 교사의 역할 차이에 대한 영향을 평가하는 것은 거의 불가능하다. 고려해야 하는 너무 많은 변수가 있고, 이 변수의 대부분은 연구 설계를 할 때 통제할 수가 없다. 애착의 측면에서 보면, 짧은 시간 동안 많은 학생을 맡는 것과는 달리 긴 시간 더 적은 학생을 맡는 구조의 초등교사가 교정적 경험을 할 수 있는 관계에 더 유리하다고 말할 수 있다. 그러나 교실의 경험은 불안감을 감소시키는 주요한 요인이다. 따라서 잠재적 차이의 세부 사항을 밝히기 위해 혼합 연구 방법을 사용하여 각각 다른 환경에서 시간이 지남에 따라 가르치는 일의 효과를 탐구하는 후속 연구가 아마도 향후 이 주제를 확장할 것이다.

교직 경험은 시간이 흐르면서 교사의 애착 유형에 영향을 미치는가?

이 질문에도 명확하게 답변하기 어렵다. 분명히 불안과 회피라는 두 가지 고차원의 애착의 구성 개념으로 볼 때 경험이 많은 교사는 경험이 부족한 교사보다 더 안정될 것으로 보인다. 그러나 교직 이직률이 매우 높기 때문에 아마도 처음부터 좀 더 안정적인 애착 배경을 가지고 교직을 시작한 교사들이 더 오래 남아 경험이 많은 교사가 될 수도 있다. 이 같은 결과는 자료를 왜곡할 수 있다.

만약 교사-학생 관계가 애착 관계가 아니라 긍정적인 비애착 관계라면, 친밀감과 의존성에 따른 불안의 수준과 이 연구에서 발견한 친밀감에 따른 회피의 수준 간의 차이를 설명할 것이다.

애착 이론 관점에서 교사의 교실 행동을 이해할 때 회피나 불안은 핵심 개념인가?

회피는 교실에서 형성되는 관계를 이해할 때 더 중요한 개념으로 보인다. 불안은 보편적이고, 중요하지만, 아주 흔하다. 회피에 대해서는 지금까지 학술 연구와 CIND 과정을 통해 연구된 교사들 간에서 더 많은 차이를 보인다. 면담을 통해 알게 된 것은 많은 교사들이 회피 전략에 가장 큰 어려움을 갖고 있다는 사실이었다. 대부분의 교사는 학생들과 감정적 거리가 유지되기를 원했다. 하지만 많은 학생이 선생님과 가까운 관계를 간절히 원했다. 더 많은 학생이 가까워지려고 노력할수록 교사들은 더 많은 압박을 당한다고 느꼈다. 이것은 결국 학생들과의 거리를 유지하기 위한 공격적인 반응으로 이어졌다.

도움받기를 원하지만, 상담을 통해 세상을 이해하는 방식을 재구성하기 시작하는 과정에서 상담자와의 관계에 충분한 신뢰가 형성될 때까지 저항하는 내담자들처럼, 교사들의 공격적 반응 역시 이러한 역설적 반응과 다르지 않다. 상담자는 내담자가 저항하는 심리적 배경을 이해하고 그것을 존중하지 않는다면, 치료는 제대로 이루어지지 않을 것이다. 비슷한 방식으로 교정적 정서 경험을 얻기 위해 일을 시작한 교사들도 막상 이런 경험을 하게 되면 저항하게 될 것이다. 그리고 만약 저항하게 된다면, 교정적 정서 경험은 일어나지 않는다는 것을 확인하게 될 것이다. 다음에서는 교사 교육, 교사 연수, 교사를 위한 지속적인 지원과 학교 관리자에 대한 시사점을 논의한다.

예비 교사 교육에 대한 시사점

작금의 교사 사직률을 보면 전통적 교사 양성 제도만으로 교사의 육성이 가능하다는 주장은 불확실한 가정이다. 마찬가지로 오늘날 교실의 복잡한 교육적 어려움을 고려하면, 어느 정도 합리적인 능력이 있는 사람이라면 대부분 일정한 준비를 거쳐 교실에 들어와 교사를 할수 있다는 주장은 받아들이기 쉽지 않다. 교사들이 어떤 준비를 거쳐교실에 들어오든 간에 신규 교사들은 교직을 적절하게 수행하는 데필요한 기초 교육을 받았다는 것을 확인해야 한다. '전통적인' 교사양성 제도와 '대안적인' 교사 양성 제도 간의 토론은 현재 무익하다. 미래의 교사를 양성할 혁신적이고 새로운 모델이 요청된다.

Center for Innovative Thought, 2006, p.17

애착 이론의 원리를 예비 교사 교육에 포함하는 것은 교사 교육자에게도, 정책 차원에서도 예비 교사 교육이 현재 운영되는 방식에 대한 중대한 도전이다. 교정적 경험에 대한 교사의 필요와교정적 경험을 얻기 위한 내적 작동 모델의 변화에 대한 교사의 방어를 직접 다루는 CIND는 예비 교육 단계에서 교사의 성장을 일어나게 하는 강력한 방법이 될 것이다. 예비 교사 교육에 CIND를 적용하는 것은 분명히 중요한 일이다.

예비 교사들은 더 불안해하며 불안이 클 수 있다는 사실을 인정하고 준비하고, 또 회피 전략이 교사들에게 교실에서의 어려움을 초래할 수 있다는 것을 검토하고 다른 실행을 준비할 수 있어야 한다. 교사들은 평상 시 자신이 타인과 관계하던 방식과는 다르게 접근해 오는 학생들로 인해 불안해지기도 한다. 교사의 불안은 학생들이 접근할 때 내적 작동 모델을 통해 자신을 보호하기 위한 무의식적 회피 전략을 일으킨다. 관계를 맺는 새로운 방식에 대해 저항하는 교사는 학생들과 만나 경험할 수 있는 교정적 정서 경험을 놓치게 된다.

예비 교사 교육에서 교사의 방어를 재구조화하면, 교사들은 깊이 있는 관계를 통한 교정적 정서 경험을 어렵게 하던 두려움에서 벗어나 교실에서 관계를 맺는 새로운 형태를 경험할 수 있을 것이다. 만약 교사의 불안이 관계 경험이 쌓이면서 감소하는 것으로 확인되면 예비 교사 교육에서 관계 형성에 관한 부분은 긍정적 효과를 기대할 수 있다. 어떤 교사들의 경우, 학생과 동료와 형성할 수 있는 관계에서 교정적 정서 경험을 얻을 가능성이 최소한으로만 존재하는 경우도 있다. 그러나 이런 경우, CIND를 예비 교사 교육에 적용하면 교정적 경험을 예비 교사 교육에서도 얻을 수 있게 할 수 있다. CIND가 적용되면 예비 교사들은 교실에 들어가기 전에 자기 자신과 다른 사람의 무의식적인 요구를 알아 가고, 교정적 경험을 얻는 과정을 시작할 것이다. 지금까지 연구된 바에 따르면 처음부터 교실에서 더 강력한 관계를 촉진할 수 있을 것이다. 현재 예비 교사 교육에서 관계를 구축하기 위한 교육을 실습하고 있지 않지만, 이러한 교육은 교사의 정서적 회복력과 유연성을 길러 교사가 학생에게 직접 보이는 불안을 줄여 줄 가능성을 가지고 있을지도 모른다.

예비 교사 교육에서 CIND는 여러 방식으로 사용될 수 있다. 5장과 6장에서 제시된 모델을 따를 수도 있고, 각각의 교생 실습 이후 이를 보고하는 모임에서도 쓸 수 있다. CIND는 예비교사들이 실제 가르치면서 경험한 감정을 탐색하는 구조를 만든다. 예비 교사들이 교직을 선택한 동기 중의 하나인 애착의 요구가 충족되지 않거나, 인정되지 않을 수 있다는 생각을 예비 교사들에게 알려 주면, 통찰력 있게 변하여 학생의 거절에 대한 취약함이 줄어들기 시작할 수 있다. 예비 교사들이 학생에게 반응할 때 두려워하지 않고 유연하게 대처할 능력을 갖추게 된다. 그 결과 예비 교사들은 관계 행동의 이전 양식으로 돌아가지 않고, 그들이 마주치게 될 불가피하고 어려운 상황을 모두 훈련하는 데 집중할 수 있다. 전통적으로 인지적 측면을 크게 강조했던 예비 교사 교육의 다른 측면에 토론 방법으로서 CIND를 포함할 수 있을 것이다.

예비 교사 교육을 어떻게 할 것인가는 교실에서 학생들의 웰빙에도 중요할 것이다. 본 연구와 인용된 많은 문헌에 따르면, 교사의 공격성이란 문제는 널리 퍼져 있고 학생들의 웰빙을 크게 해친다. 이러한 보고는 서구 사회에서 이 문제의 중요성을 겨우 다루기 시작했을 뿐(Sava, 2002)이라는 반증이다.

만약 교사의 공격성이 애착 욕구가 충족되지 않았거나 정서 불화로 애착 욕구를 방어한 결과라면, 교사 교육자들은 이 문제를 예비 교사 교육과정의 일부로 직접 다루는 것이 필요하다. 예비 교사들이 가르칠 학생들, 특히 불안정 애착 학생들을 다루면서 경험하게 될 관계의 어려움을 미리 예방하기 위해 교사가 자신과 자신의 정서적 강점과 약점을 이해하는 것은 필수적이다. 이는 상담자들이 받는 일종의 훈련과 같다. 나는 가르치는 일은 예방적 심리학의 형태이고, 심리학자를 훈련하는 기술을 통해 교사와 학생 모두를 보호하고 지지하는 방식으로 교사가 학생들을 대하도록 지원할 수 있고, 이것을 적용하는 게 좋지 않을까 주장한다. 모든 학생의 30~40%가 불안정 애착인 모집단 연구(Brennan et al., 1998)는 불안정 애착 교사들에 대한 문제를 제기한다. 비영어권 문헌에서 확인된 공격적인 반응을 완화할 방법을 CIND 같은 형태가 제공할 수도 있다.

이러한 접근의 잠재적인 이점은 교사 이직률의 감소로 나타날 수도 있다. 교사 이직률이 조금이라도 줄어들면 절약한 비용으로 추가적인 훈련 비용을 조달하고도 남을 것이다. 그러나 이것은 단순히 비용의 문제를 넘어서 훨씬 더 큰 도움을 줄 것이다. 혁신적 사고를 위한 센터(Center for Innovative Thought)는 《교사와 불확실한 미국의 미래 *Teachers and the Uncertain American Future*》(2006)에서 미국에서 교직은 "위기에 처했다"(p.9)라고 보고했다. 이는 영국과 오스트레일리아에서도 마찬가지이다. 예비 교사 교육에 CIND 같은 활동을 포함해서 교직 이직률을 단지 몇 퍼센트라도 낮출 수 있다면, 비용 절감뿐만 아니라 정서적이고 관계적인 측면에서도 큰 도움이 될 것이다.

혁신적 사고를 위한 센터(2006)는 미국 전역에서 교사가 부족한 위기에 대처하기 위한 임무를 맡았다. 이 기관은 상황에 대한 폭넓은 관점을 가지고 교사, 교육자와 정부에 상당히 도전적인 보고서를 발표했다.

다른 입장을 취해야 할 때가 왔다. 교사들은 존경과 높은 소명 의식을 반영한 급여를 받을 만하다. 그러나 교사들이 예전과 같은 방식으로 일하면서 더 많은 예산을 촉구한다면 국민들이 납득하지 못할 것이다. 현재 교사들의 전통 중 일부는 재검토되어야 한다. 가르치는 직업은 작금에 다른 직업보다 훨씬 더 위기에 처해 있다. 우리는 위기를 인정해야 한다.

Center for Innovative Thought, 2006, p.17

교사 교육에서 위기의 쟁점을 다루는 것은 현재 필수적이다. 분명히 우리는 지금은 작동하지 않는 '이전과 다를 바가 없는' 방식으로 그 쟁점을 다루어서는 안 된다. 이제 우리의 관심을 초임 교사에게 돌려 보자. 초임 교사들은 우리에게 어떻게 교사 교육을 바꿔야 한다고 말할까?

경험이 많은 교사들은 학급 관리와 까다로운 학생들을 어느 정도 능숙하게 다루는 반면, 초임 교사들은 많은 어려움에 직면한다. 게다가 초임 교사에게 대단히 중요하게 보이는 새로운 요인들이 드러난다. 점차 중요해지고 있는 쟁점인 소진은 아마 놀랍게도 교직에 들어온 지 첫 8개월 이내에 나타났다(Pillay et al., 2005, p.24). 필레이와 동료들은 내적 자제력과 유능감 지각 간의 긍정적인 관계를 논의하면서 스스로 평가한 웰빙과 스스로 평가한 유능감 사이의 유의미한 연관성을 보고한 바 있다. 이는 중요한 발견이고, 예비 교사와 경험이 많은 교사들 315명에 관한 연구에서 사실로 확인되었다(Riley, 2009a). 그러나 교사가 스스로 평가한 유능감은 스트레스와 웰빙의 수준과는 관련이 없었다.

교사가 교실에서 대처하기 위해 사용하는 이인화 수준을 고려할 때, 교사에 의해 인지된 역량 즉 교사가 이인화를 잘하는 것은 학생들에게 부정적인 영향을 미칠 수도 있다(Pillay et al., 2005).

"부정적이고, 냉담하고, 사람들에게 거리를 두는 태도"로 정의된 이인화는 몇몇 교사들에게는 중요한 반응 기제로 보고되었다

(Pillay et al., 2005, p.24). 즉, "교사가 상호작용을 성공적인 결론으로 끌어낼 충분한 기술이 부족한 상황에서 좀 더 어려운 인간적 상호작용을"(Pillay et al., 2005, p.29) 해결해야 할 때 이인화를 방어기제로 사용했다. 이를 통해 무능하다고 느껴지는 기분을 최소화하며, 자기를 보호하고 있을 수도 있음을 시사한다. 학생들과 상호작용에 이인화 전략을 쓰면서도 교사들은 자신들의 유능함을 만족스러운 혹은 그 이상의 수준으로 평가하고 있었다. 이 쟁점은 더 깊이 탐구해야 할 제안으로 넘어갔다. 이는 쉽게 켰다 껐다 할 수 있는 것이 아니기 때문에 보고되지는 않았어도 교사들은 아마도 동료들에게도 이인화하고 있었을 것이다. 이는 유능감 지각에 대한 자기 평가 수준에 관하여 '무엇을 위한 유능감인지?'라는 질문을 제기한다.

초임 교사뿐만 아니라 많은 경력직 교사들도 교직을 떠나고 있어 학급 관리가 어렵다고 보고되고 있다. 교육학적 전문성의 수준과 관계없이 이인화한 교사는 공감적 교사보다 관계적 어려움이 더 크다. 여러 연구에 의하면 이인화한 교사들의 학급 관리는 어려움을 일으키는 악순환이 반복된다(Cano-Garcia et al., 2005; Maslach, 1999 참조).

학급 관리와 멘토링을 다루는 교사 연수에 대한 시사점

CIND의 원리에 기반한 교사 연수는 현재 학교에서 공격적인 행동을 보이는 교사들에게 치유하는 방법을 제공할 수도 있다. 경험이 많은 교장들이 배웠던 것과 동일하게 6장에서 보고한 방식인 강사 훈련 모델(train-the-trainer model)로 학교 심리학자와 상담가들은 CIND 사용법을 배울 수 있을 것이다. 이렇게 하면 심리학자와 상담가들이 초임 교사 멘토링을 맡아야 할 선임 교사를 양성할 수 있으므로 학교에 폭넓게 실행하는 것도 고려할 수 있을 것이다. 초임 심리학자와 마찬가지로 초임 교사가 경험이 많은 교사에게 전문적인 멘토링을 받는 것처럼, 많은 교육 제도에는 모든 신규 교사들에게 다가가는 방법이 이미 있다. 만약 교사/멘토들이 CIND 기술을 사용하도록 훈련받으면, 그들은 교직에 들어오는 모든 교사와 새로운 방식으로 일할 수 있을 것이다. 또한 그들은 학생과의 관계에 어려움이 생길 수 있는 다른 동료들을 돕는 것도 가능할 것이다. 이 모델을 사용하면 모든 학교에 CIND 훈련을 받은 상담가와 교사들이 상대적으로 빠르게 최소한 몇 명이라도 상주하는 것이 보장될 것이다.

학교 리더십에 대한 시사점

교사들의 리더십 연구 결과를 보면, 리더십은 좋은 부모 역할 이라는 관점과 큰 차이 없는 결과를 보인다(Popper, 2004; Popper et al., 2004; Popper & Mayseless, 2003; Popper et al., 2000).

관리자와 동료 관계는 교사들에게 교정적 경험을 제공할 수 있다. 관리자와의 관계는 교사들에게 변화의 기회가 서서히 제공되는 교사-학생의 관계보다 훨씬 더 오래 지속된다. 그리고 더 중요한 것은, 관리자와 동료 관계가 교사의 내적 작동 모델을 장기간에 걸쳐 바꾸기도 한다는 점이다.

이전에 보고된 자료들에 따르면, 교사가 학생들과 맺는 관계보다 동료나 상급자와 맺는 관계가 교정적 정서 경험을 제공하는 것일 수도 있다고 한다. 영국의 교육기준청(Office for Standards in Education, Children's Service and Skills, Ofsted)이 발행한 비행 학생의 관리에 대한 전국적인 최신 연구(ISQ Briefings, 2007)는 학생들의 잘못된 행동을 잘 관리한 교실에서 공통으로 나타난 여러 가지 특징을 제시했다. 흥미로운 발견 중 하나는 교장이 교사들을 확실히 지지해 준 정도에 대한 것으로, 관리자들이 잘 지지해 주는 교사가 학생을 잘 보호했다. 좀 더 눈에 띄게 더 많이 지지해 주는 교장이 학교에 있을수록 학생 비행의 발생 빈도나 정도는 더 낮아졌다. 이 보고서는 학교 관리자들의 강력한 지지를 받은 교사들은 학생들에게 좀 더 이른 시기에 더 적절하게 반응할 수 있었고, 종종 효과적으로 부적절한 학생의 행동을 미연에 방지할 수 있었음을 시사한다.

교육기준청 보고서의 핵심 내용은 안전기지의 측면으로도 설명할 수 있다. 교장이 가까이에서 지지해 주고 교사들이 안전기지가 있다고 느끼면, 교사들은 문제를 다룰 때 조기에 유연하게 반응하면서 더 쉽게 학생들을 위한 안전기지가 될 수 있다. 교사들은 학생들에게 정서적인 지지를 제공하고, 학생도 격려하는 교사의 행동을 모델링하게 된다. 교사가 학생을 위한 안전기지가 되는 것이다. 그러면 6장에서 묘사한 삼각주의 비유와 매우 비슷하게 학생과 학생의 상호작용에 흘러가는 효과도 나타난다(ISQ Briefings, 2007). 그 결과 모든 교실에서 애착으로 인해 발생한 불안이 감소하고, 정서적 온도조절 장치를 재설정하여 학습에 더 많은 시간을 쏟을 수 있게 된다. 이 보고서에서 사용한 언어는 좋은 육아법에 관한 문헌의 언어와 매우 유사하다. 이 보고서의 제목을 '안전기지에서 안전기지로의 가르침'으로 바꿔도 좋았을 것이다.

학교 관리자를 위한 시사점도 중요하다. 애착이 설정한 목표는 단순히 신체적으로나 정서적으로 가까운 것이 아니라 "안정감을 느끼는 것"이므로(Fonagy, 2001), 대부분 사례에서는 학교의 직속 관리자, 즉 지도부나 교장이 지지해 줄 때 교사들은 안정감을 느낄 수 있다. 교장으로부터의 지지가 '느껴지는' 관계 안에서 이 교사들은 학생들의 거부나 위협을 덜 받게 될 것이다. 이는 교육기준청의 연구에서 입증한 것처럼, 교사가 교실에서 문제를 일으키는 학생들에게 더 빠르고 효과적으로 더 적절하게 반응하도록 할 수 있다(ISQ Briefings, 2007). 그러므로 교사들이 학교의 지도부로부터 안정감을 느끼고 지역의 장학사도 그들을 지지해 준다고 느끼는 가운데, 자신들의 역할을 잘 수행하는 것이 매우 중요하다. 이는 안정감이 하나의 안전기지에서 다른 안전기지로 물처럼 흐르는 것과 같다.

호주 교육 노동조합의 조사에 따르면, 빅토리아주의 1년 차 교사 4분의 3 이상이 단기 계약으로 고용되었다(Smith, 2007). 이런 형태의 고용 관행은 교사들의 불안 정도를 높여 교사가 교실에서 두려워하거나 공격적인 반응을 보일 가능성이 증가할 수 있다. 정규직일 경우 초임 교사들이 수업의 실제 업무를 다룰 수 있게 더 많은 정서적인 자원을 남길 수 있으므로 초임 교사에게 안전함을 더해 준다. 그래서 이는 리더십 문제이기도 하다.

이 자료는 정책 입안자들에게도 시사점을 준다. 멘토 교사가 최소 5년의 경험을 갖도록 함으로써 신규 교사를 위한 교직 입문 멘토링 프로그램을 실행 및 조정해 가도록 하는 것이 좋다. 이 멘토 교사들은 관계에 대한 불안과 회피 모두에서 유의하게 더 낮은 수준을 보인다고 할 수 있다. 따라서 신규 교사들과 믿을 만한 관계를 더 잘 형성할 수 있을 것이다. 즉, 몇몇 신규 교사들이 추구하는 교정적 정서 경험을 주기 시작할 수 있는 더 좋은 입장에 있다.

관리자들이 성과가 낮은 교사들에게 제안하는 프로그램으로, 실행해야 하는 '필수 과정'의 일부로서 CIND를 유용하게 이용할 수도 있다. 교사들의 낮은 성과는 많은 경우 학급 관리와 관련되어 있어서 대부분 애착과 관련이 있다고 볼 수 있다. 애착과 관련되어 낮은 성과를 나타내고 있다면, 그 교사는 교정 전략인 CIND로 혜택을 받을 것이라고 가정하는 것이 합리적이다. 따라서 CIND를 학교 관리자 연수 과정뿐만 아니라, 지원 직종과 관련된 모든 관리자 연수 과정에 포함하는 것이 유익할 것이다.

리더십, 동료 관계 및 교사와 학생 관계의 조합을 조사하는 연구는 그 설계가 복잡하지만, 학교에서 교사가 경험하는 복잡성을 탐색해 볼 수 있는 가능성을 제공한다. 또한 쌍방향적 정보를 분석하는 새로운 방법은 학교 공동체의 구성원들 사이의 의미 있는 관련성을 발견할 수 있는 많은 가능성을 제공한다(Gonzales & Griffin, 1997; Kenny et al., 2006). 이는 개별 교사와 전체 학교 공동체의 개혁에 기대감을 높여 준다. 리더십이라는 안전기지에서 안정감이 학교 전체로 흐르면 많은 교사에게 필요한 방식으로 교사들을 지지할 수 있어, 교사들이 건강하지 않은 회피 전략을 줄일 수 있다. 그리고 교사들이 교실 관계에서 잠재적인 기쁨을 더 충만하게 경험하기 위한 상태를 조성할 수 있게 된다.

향후 연구를 위한 제안

가르치는 일에 애착 이론을 긍정적으로 적용한 많은 사례가 있다. 교실에 관한 반복된 연구(Baldwin, 2007; Carnelly & Rowe, 2007; Lemche et al., 2006; Mikulincer et al., 2003; Shaver & Mikulincer, 2002)처럼 교사에게 마중물이 될 안정감을 목표로 추후 연구를 하는 것이 필요하다. 그런 연구들을 통해 행동적·인지적·정서적인 변화를 기록하면, 교사들이 안정감을 느끼며 일할 수 있는 최선의 지침이 무엇인지 알 수 있을 것이다.

관리자는 교사와 학생들이 느끼는 안정감의 정서를 측정하는 데 사용할 수 있는 '학교 안전기지 척도'를 개발할 수 있다. 이 척도는 현재 사용되는 교사와 학생들의 태도에 대한 기존의 설문 조사와 함께 유용한 추가 사항이 될 것이다. 결국 CIND는 교사와 관리자가 관행을 개선하도록 효과적으로 개입하는 모델로 작용할 것이다. CIND는 6시간의 일대일 대화를 통해 실행되는 자원이 적게 드는 접근법이다. 강사 훈련 모델에 기초해 CIND를 폭넓게 적용하는 연구는 교사가 자신의 교육 강점과 약점에 대해 성찰할 수 있는 더 많은 기회를 제공한다.

오래된 병의 새로운 술, 혹은 새로운 병의 오래된 술?

학생 지도에 관하여 교사가 배울 수 있는 많은 기술은 진실한 관계에 기반을 두고 있다. 이는 칼 로저스(1951, 1961/1989, 1990)의 연구로 시작되어 이후 많은 연구자가 폭넓게 개발하였다. 그런 교육 기술을 통합하기 위해 애착에 대한 이해가 줄어든 교사는 세상이 어떻게 작동하는지에 대한 이해, 즉 내적 작동 모델에 위협이 된다는 것을 알 수 있다. 그들의 수업에서 무엇을 바꾸어야 할지 더 깊은 차원에서 이해하도록 요구하는 통찰력이 없으면, 새로운 기술을 교사 연수에 도입해도 지속하기 어렵다. 루이스(2006)의 연구를 통해 알게 된 것은 초반에 개선된 상황이 있어도 지속되기는 힘들다는 것이었다. 어떤 교사들은 자신이 새로운 기술과 양식, 교육과정을 통해 나아지리라는 것을 믿을 수 없다고도 말한다.

이 책에서 보고한 연구에서 가장 힘이 되는 결과는 CIND 과정을 경험한 모든 교사는 더 느긋하고 유연하게 일하고 있다고 보고되었으며, 상급자들이 이를 확인했다는 것이다. 어떤 교사들은 CIND에 참여한 후 거의 5년 가까이 좋은 변화를 지속하고 있었다. "폄하된 평가에 갇혀 있던 사람이 성숙해질 때, 이전에 몰랐던 자기 자신은 예상할 수 없었던 자원이 된다. 자기이해가 힘이 된다"(Bateson, 1991, p.5).

향후 더 탐구해야 하는 것은 CIND 모델이 예비 교사 교육과 교사들의 지속적인 연수에 포함될 수 있는지 여부이다. CIND는 교사를 회복시키고 소진을 예방하는 모델로 작용할 수 있다. 교사가 되는 것이 어떤 의미인지, 칼 로저스의 연구를 약간 수정하여 교사가 진정 어떤 사람인지에 대한 탐색을 계속함으로써, CIND는 예비 교사가 자신들의 취약성을 검토하도록 유도한다. 그리고 이 과정은 개인적인 안전기지를 형성하는 내적 작동 모델이 어떻게 작동하는지 다시 이야기해 보는 것이 방법이 될 수 있다.

결론과 권고 사항

교사 자격을 부여하고 교사를 등록하고 채용하는 사람들, 교사들이 일하는 공동체, 그리고 교사라는 직업 자체에 대한 일련의 중요한 질문이 있다. 오늘날 교사에 대한 기대와 책무성이 증가하는 시대에 교사가 갖춰야 한다고 인정되는 최소한의 지식과 기술이 무엇일까? 교사는 아동 발달, 대인관계 기술, 학급 운영과 교육학적 내용을 얼마나 알아야 하는가? 이런 질문에 대한 충분한 답변은 없다. 중등교사의 아동 발달과 대인관계 관련 기술 발달의 지식에 대한 질문은 거의 제기되지 않았고, 기껏해야 일부가 비공식적으로 다루었을 뿐이다. 적어도 정부와 정책 입안자는 교사들이 대인관계와 관련 기술에 대해 거의 교육을 받지 못했고, 가끔은 아동 발달 과정을 잘 이해하지 못한 채로 어렵고 때론 심리적으로 벅찬 일을 하고 있다는 것을 인정해야 한다. 교사와 전문적 교사 단체는 때때로 이 점을 강조하여 말하지 않는데, 일부에서는 이 지식이 얼마나 중요한지에 대한 인식이 부족하기 때문이다. 아동 발달과 대인관계 기술을 알고 있는 것이 큰 도움이 된다는 것을 알려 주어야 할 필요가 있다.

앞서 이야기한 것처럼 더 광범위한 교육 관련 연구 공동체들이 아동 발달과 대인관계 관리라는 주제에 대해 금기시해 왔다는 것을 우리는 인정할 필요가 있다. 우리는 이 금기 풍토를 제거하려고 노력해야 한다. 그러나 이를 별생각 없이 반사적으로 행동하는 것이 아니라, 부드럽고, 조심스럽고, 연민을 가지고 접근해야만 한다. 논리적으로 새로운 예비 교사 교육 훈련 제도가 자리를 잡고 효과를 발휘하기 위해서는 이 주제들을 초반부터 다루기 시작해야 한다. 마치 심리학자가 내담자에게 너무 관여할 때의 위험을 조기에 감지하도록 훈련받는 것처럼, 교사들도 학생에 관한 비슷한 위험을 알아차릴 수 있어야 하고, 이러한 일은 조기에 이루어져야 한다. 또한 개별 교사를 보호하는 광범위한 윤리 규정과 종합적인 지침을 개발하고 실행하며, 윤리적인 방식으로 어떻게 행동할 것인지 세부적인 조언을 함으로써 교직 종사자들이 이 문제의 중요성을 인정할 필요가 있다. 규제 기관보다 교직 종사자들이 스스로에 대한 강령을 가장 잘 개발하고 관리할 수 있다.

오래된 관행 깨뜨리기

교사뿐만 아니라 학생의 웰빙을 위해서도 교사 교육과 연수의 변화가 중요하다. 교사들의 공격성은 현재 광범위한 문제이고, 학생의 웰빙에 대단히 해롭다. 이러한 검토를 기반으로 나는, 교직 생활 중 교사들이 학생들과 상호작용할 때 분명 경험하게 될 관계적 어려움을 예방하기 위해 교사가 자신과 자신의 정서적 강점과 약점을 이해하는 것이 필수적이라고 주장한다. 만약 우리가 진지하게 교육을 개선하려고 한다면, 현재의 교사 연수에 세 가지 중대한 변화가 일어나야만 한다.

우선 정부는 예비 교사 교육과 기존 교사들의 재교육에 충분한 투자를 해야 한다. 이는 소비되는 비용이 아니다. 오히려 가장 중요한 자원인 우리의 아이들에 대한 투자이다. 둘째, 예비 교사 교육, 전문적 관리 감독 및 수업에 특히 애착 이론 같은 감정과 정서적 지지에 특화된 연구를 포함하는 변화가 실행되어야 한다. 마지막으로 이런 실천을 위해 심리학자들이 사용하는 것과 유사한 종합적인 윤리 강령과 자세한 지침을 교직 종사자들이 개발하고 도입해야 한다. 취약한 사람들, 그리고 감정적으로 안정되지 않은 사람들과 함께 끊임없이 변화하는 환경에서 일을 하는 심리학자들과 유사한 강령이 필요하다.

위에서 개관한 것처럼, 이러한 권고 사항은 광범위한 영향을 미칠 수 있는 시사점을 포함하고 있다. 그럼에도 이 권고 사항들은 학교에서 다양한 장점으로 작용할 수 있다. 심리학자들처럼 교사들도 매우 인간 집약적인 환경에서 일하고, 사람을 돕는 직업이 가져오는 동일한 위험을 안고 일을 하고 있다. 그러나 현재 교사들은 공식적으로 사람들을 이해하고 대하는 데 필요한 기술을 훈련할 곳이 없다. 제2차 세계대전 이후 도움이 필요한 귀환 병사들이 쇄도했었다. 이때 심리학자들을 어떻게 훈련하고 실무를 담당하게 할지 재고하도록 계획된 회의가 있었다. 이 회의에서 전문 분야로서 심리학의 육성을 다루었다(Baker & Benjamin, 2000; Benjamin, 2000; Peterson, 2007; Peterson, 2000 참조).

교직 종사자들은 교사와 학교 관리자들을 보호하기 위해 이런 전례를 따르고 그 이상도 해야 할 때이다. 애착 이론은 우리가 '인간'으로 태어났다는 사실을 간과하지 않으면서 우리가 스스로를 발견할 수 있다는 시대적 요청에 대응할 수 있는 이론이다. 또한 애착 이론은 이러한 시대에 맞게 학교가 어떻게 변화해야 하는지를 재고하고 상상할 수 있는 많은 가능성을 제공한다.

8장

애착 이론으로 더 깊이 들어가기

이전 여러 장에서 애착 이론을 교직에 더 적용하고 싶은 독자들을 위하여 애착 이론의 다양한 측면들을 소개하고 세부 사항을 다루었다. 이번 장에서는 CIND 개입을 구성할 때 애착 이론을 어떻게 적용하였는지 설명할 예정이다. 그리고 많은 교사들이 교사 경력 초반기에 왜 교직을 떠나게 되는지 애착 이론과 관련하여 설명하고, CIND 개입의 시사점 등에 대해서도 기술한다.

애착 이론

인간 행동에 관한 모든 복잡한 이론들처럼 애착 이론 또한 새로운 정보를 발견하고, 적용하면서, 이론을 확장하고 발전시켜 왔다. 애착 이론의 많은 요소들이 이미 교육에 적용되고 있다. 애착과 교육에 관한 최근의 연구들을 조사해 보면 최근에만 300건 이상의 연구가 이루어졌다. 이 연구의 많은 부분은 학생의 애착 배경과 성적과의 관련성을 탐구하는 것들이었다. 애착과 관련하여 교사의 소진 문제를 다룬 연구도 하나 있었다(Diaz, 2003). '좋은 교사'에 대한 학생과 교사의 인식을 조사한 흥미로운 연구(Beishuizen et al., 2001)도 있었는데, 연구자들은 초등학생과 중등학생 간의 유의한 차이를 보고했다. 초등학생들은 좋은 교사의 주요한 자질을 잘 가르치는 것이라고 묘사했지만, 교사들에게 의존하는 애착을 보였다. 반면 중등 학생들은 좋은 교사를 가르침보다는 관계를 잘 맺는 교사로 묘사하였다. 이 연구에서 중등학교 현장의 좋은 교사는 학생들과 개인적인 관계를 맺을 수 있는 사람임을 보여 준다. 중등 학생과 교사 자신이 보여 준 관계에 대한 강조는 학생과 교사 모두 관계가 가르치고 배우는 데 필수 요인이라고 보았다는 것을 시사한다. 교사 한 명과 하루의 대부분 시간을 함께 보내는 초등학생들은 어쩌면 관계의 중요성이 너무 당연해서 이를 주요 요인으로 보지 않았을 수도 있다.

인간 발달에 관한 방대하고 폭넓은 이론인 애착 이론이 교육과 관련하여 매우 유용하게 기여될 수 있는지 더 심화된 연구가 필요하다. 나의 이전 논문(Riley, 2009a)에서 서술한 것처럼 아동기 애착 유형이 3세경 정해진 이후 상대적으로 안정화되고, 이후에 학교에서 애착이 형성되고 유지되는 관계를 이해하려면 애착의 성인기 이론 모델이 더 적합한 것으로 생각된다. 성인 애착 이론을 이용하여 교실 관계의 역동적 상황을 더 섬세하게 설명할 수 있다. 교사와 학생의 관계는 강하고 탄탄한 측면도 있지만, 어떤 면에서는 파편화될 수 있고 쉽게 부서질 수 있는 관계이기도 하다. 그리고 많은 관계는 강력한 관계와 부서진 관계라는 양 극단의 사이 어딘가에 있기 마련이다. 이는 교실을 들여다보면 누구나 알수 있는 사실이다. 교사들이 학생들과 관계를 형성하고 유지하는 방식을 체계적으로 관찰하고 조사해 보면, 여러 중요한 차이가 근본적으로 있다는 것이 밝혀지고 있다. 특히 교실과 교무실에서 일어나는 애착 과정을 이해하는 데 볼비(1978, 1988a, 1988b)의 '안전기지' 개념은 애초에 생각했던 것보다 훨씬 더 폭넓게 적용되고 있다. 그러나 이 개념이 학교 상황에서 얼마나 유용한지 충분히 고려하려면 애착 개념의 프레임워크 전반을 먼저 이해해야 할 필요가 있다. 즉, 안전기지 개념과 연관된 이론 설계 전체를 이해하려면, 우리는 처음으로 돌아가 근본부터 철저하게 이론에 접근할 필요가 있다.

애착 행동 체계는 근본적으로 인간을 포함한 종(種)의 구성원 간의 연결 체계이다. 아마 내가 키우는 강아지는 애착은 종들 사이에도 발생한다고 주장할지도 모르겠다. 애착은 물리적이며 감정적인 근접성의 일종으로 근접성을 추구하는 것이 핵심이다. 수년에 걸쳐 많은 연구자가 근접성 개념에 중요하게 공헌하며 이론적 발전을 추동하였다(Aberbach, 1995; Ainsworth, 1982, 1985, 1989, 1991; Ainsworth et al., 1978; Bowlby, 1975, 1980, 1982, 1983, 1988a; Bretherton, 1985, 2003; Hrdy, 2009; Main, 1999; Sroufe & Sampson, 2000 참조). 초기에 물리적 거리를 조절한다는 개념에서 출발한 애착 이론은 지금 "안정감을 느끼도록" 행동한다는 목표로 애착 행동을 이해하고 있다(Fonagy, 2003a; Waters & Waters, 2006). 애착의 원리를 이용해서 교실 내의 복잡한 관계를 설명하고 이해하려는 교사는 우리가 태어난 이후 평생에 걸쳐 작동하는 애착의 근본 원리를 먼저 이해할 필요가 있다. 애착 행동 체계는 우리가 학교에 입학하기 전부터 자동적이고 안정적으로 작동하기 때문에 이 개념은 학교의 전문적 교육자와의 관계와 무관하게 보일 수도 있다. 하지만 애착 이론의 전반을 이해하고, 특히 애착 이론이 활성화되는 과정을 이해하게 되면, 교실과 직접적으로 깊은 관련이 있고, 교실 과정을 설명하는 도구로서 명백하게 도움이 된다는 것을 이해할 수 있을 것이다.

애착 이론의 역사와 발전: 새로운 모델

애착 이론은 정신분석학의 대상관계이론(object relations)의 전통으로부터 출발했다. 볼비는 "진화론, 동물행동학, 통제이론 및 인지심리학의 개념"(Bowlby, 1998a, p.120)을 통합하여 더 엄격한 과학적 방법을 이론의 개발에 도입하는 데 관심이 있었다. 그는 당시 모든 정신분석가들이 사용했던 회고적 증거보다 예측적 증거를 찾으려 했다. 결국 볼비는 당시 정신분석의 두 가지 주류적 입장이었던 멜라니 클라인(Melanie Klein)과 클라인을 따르는 학자들이 지지하던 대상관계이론(Klein, 1986)과, 지그문트 프로이트(Sigmund Freud)의 딸인 안나 프로이트(Anna Freud)와 안나 프로이트를 지지한 학자들이 주장한 욕동이론(drive theory) 모두를 거부하게 되었다. 거부의 이유는 부분적으로 각각의 이론이 양육자와 자녀 관계의 중요성을 무시했다는 볼비의 견해 때문이었다. 그는 경험적 증거보다 철학에서 유래했다고 생각했던 다른 이론들을 반박했다. 그 이론들은 밥을 먹이거나(클라인) 아니면 성적 본능(안나 프로이트)에서 유래된 본능을 따르는 모델이었다.* 실제 임상 사례는 정신분석이론과 훨씬 다르게 나타난다는 볼비의 우려는 볼비를 반대하는 사람들 사이의 논쟁에 불을 붙였지만, 어느 쪽도 자신들의 지적 영역이 더 옳다는 것을 압도적으로 증명하기는 어려웠다(Knox, 2003). 논쟁은 두 이론의 명분을 모두 저해하기만 했을 뿐이다(Fonagy, 2001). 그 시대 정신분석가의 생각에 대한 볼비의 우려는 클라인이나 안나 프로이트 둘 다 본능을 주장하지만,

---

* 프로이트는 본능적 욕동이론을 훨씬 일찍 주창했다. 정신분석학 내부의 정치를 미루어 볼 때, 그는 당대 이론에 도전한 정말 용감한 이론가였음을 알 수 있다. 애착 이론에 대해서는 볼비가 이런 도전가였다.

이를 입증할 과학적 지지가 결여되었고, 그들 모두 그러한 과학적 증거를 발견하는 데 관심이 없었다는 것이다(Holmes, 1993b).

원래 볼비의 목적은 그에게 강한 인상을 남긴 두 가지 서로 다른 행동 이론인 동물행동학과 정신분석을 통합하는 것이었다. 동물행동학은 진화적인 관점을 사용하여 종의 행동을 과학적으로 연구하는 이론이었는데, 특별히 정신분석에 근대 심리학과 "자연과학에서 수용되는 기준"(Bowlby, 1988a, p.120)을 도입하려고 했다. 정신분석가로서의 수련을 시작하기 전에 볼비는 닐(A. S. Neill)이 세운 서머힐(Summerhill, 1968/1985) 스쿨과 유사한 '진보적인' 대안 학교(Holmes, 1993b)에서 잠시 일한 적이 있다. 이곳에서 볼비는 정서적으로 혼란스러운 아이들과 의사소통을 할 수 있는 자신의 능력을 발견했고, 이들이 불행하고 혼란스러운 어린 시절로 인해 어려움을 겪고 있다는 점에 주목했다.

프로이트가 정신분석을 발전시킨 것처럼 애착 이론의 발전은 유아기 박탈에 관한 관심으로 시작되었다(Fonagy, 2003a). 대안 학교에서의 경험으로 인해 볼비는 박탈을 좀 더 체계적으로 연구하기 위해 정신분석가로 수련을 받기로 결정하게 되었다(Holmes, 1993b). 하지만 이 결정은 이후 정신분석의 전통과 결별하게 되는 출발점이기도 했다.

볼비는 내적 욕동이 아닌 각각의 아기가 태어나 경험한 외부 환경의 실재가 "무의식적 내적 세계를 형성하는 핵심 과정"을 구성한다고 주장함으로써 정신분석의 전통과 결별하기 시작했다. 오늘날 이 주장은 당연해 보일 수 있지만, 당시로서는 정신분석적 전통과 결별을 밝히는 혁명적 주장이라고 할 수 있었다. 볼비는 모든 종은 아닐지라도 대부분의 종을 애착이 주된 동기가 되는 체계로 보았다. 그리고 볼비는 자신의 믿음대로 애착의 작동과 다른 환경 체계들과의 접점에 대한 확실한 증거를 발견했다고 생각했다.

동시대 연구자들의 주장도 볼비에게 깊은 인상을 남겼다. 로렌츠(Lorenz, 1935)는 새끼 거위가 따라다니는 행동은 본능이 아니라, 초기 각인의 결과임을 입증했다. 할로와 그의 동료들(Harlow, 1958; Harlow & Harlow, 1965; Harlow & Zimmermann, 1959)의 붉은털원숭이 연구는 논란이 많았는데, 태어날 때 생물학적 어머니와 분리된 새끼 원숭이들을 '철사 엄마(wire mother)'의 도움으로 키웠다. 이 실험으로 새끼 붉은털원숭이들은 털은 없지만 우유를 줄 수 있는 철사 엄마보다, 그들을 먹일 수는 없지만 털로 덮인 철사 엄마에게 매달리는 것을 선호한다는 놀라운 발견을 했다. 할로는 이 실험으로 사랑의 본질을 발견했다고 주장했다.

해리 할로가 새로운 연구 수단으로 사용한 필름 영상 촬영은 애착에 대한 논란을 해결하는 과정에 간접적으로 도움을 주었다. 할로의 연구에서 어미 원숭이로부터 새끼 원숭이를 분리한 것에 대한 고통이 잘 나타났고, 대리모의 역할은 심리적 발달에 충분하지 않다는 것이 분명하게 나타났다. 애착 이론의 타당성에 대한 논란과 관련하여 어미-새끼 관계의 애착에서 유대가 가장 우선한다는 발견은 아주 중요한 결과였다.

할로와 짐머만(1959)은 전통적인 과거의 사고와 달리 음식 제공 없이 안전기지로 작용하는 대상에 더 애착하려는 새끼 원숭이의 욕구를 입증했다. 새끼 원숭이들은 먹을 것을 주지 않는 털로 덮인 어미 원숭이를 선택하고, 먹을 것을 충분히 줄 수 있는 철사로 된 어미 원숭이를 선택하지 않았다. 철사로 된 어미 원숭이는 안정적 애착 관계를 맺는 데 실패했다. 심지어 털로 덮인 어미 원숭이가 압축된 공기를 분사하거나, 핀을 이용해 무작위로 새끼 원숭이들을 놀라게 하고 상처를 입힐 수 있는 벌을 줄 때에도 새끼 원숭이들은 털로 덮인 어미에게 매달렸다. 이렇게 증명된 애착은 그 이후에는 먹이는 것 그리고 성적 추동과 동등한 힘을 가진 내적 욕동으로 여겨졌다. 이러한 결과로 볼비는 두 가지를 깨달았다.

- 일단 형성된 애착은 지속된다.
- 애착은 강력하지만, 반드시 긍정적인 힘인 것은 아니다.

로렌츠의 새끼 거위는 먹이를 주지 않았음에도 유대관계를 맺었고, 붉은털원숭이 또한 유대관계 없이도 먹이를 먹는다는 결과가 나타나면서, 볼비는 먹이와 무관한 생물학적 근거를 가진 이론으로 애착 이론을 상정했다. 볼비는 당대의 인간 발달에 대한 정신역동적 개념에 근본적 도전을 하였다. 볼비는 주변의 공격으로부터 보호받는 것이 애착의 가장 큰 목적이라고 보았고, '후생적' 모델로 애착 이론을 발전시켜 나갔다.

후생적 사회생물학 모델

후생설(後生說)은 유기체의 발달이 어떻게 진행되는가 하는 것과 발달의 가능한 경로를 설명해 주는 이론이다(Waddington, 1977). 그러나 후생학은 이제 사회생물학 모델로 더 많이 불린다(Fonagy, 2003a). 유아가 새로운 세상에 태어날 때 여러 노선의 발달이 가능하다. 각 발달은 식사, 수면의 양과 질, 운동, 돌봄의 수준, 안전함 등과 같은 그 유기체와 환경 사이의 특정한 상호작용에 달려 있다. 이 이론은 당시 정신분석 이론가들이 지지했던 호문쿨루스(homunculus)* 모델과 정반대에 있다. 호문쿨루스 모델은 발달을 그 종(種)의 각각의 구성원이 동일하게 미리 정해진 발달 단계를 통과하는 것으로 설명했다. 환경적 영향과는 무관하게 미리 정해진 모든 단계를 순서대로 통과해야 하는 프로이트의 단계와는 다르게(Holmes, 1993b), 볼비의 후생적 모델은 클라인의 "위

● [역주] 라틴어로 '작은 인간'이라는 뜻. 16세기 스위스의 연금술사 파라켈수스 Paraceleus(1493~1541)가 제안한 연금술로 만들어진 인조 생물체를 의미한다.

치(positions)"와 더 비슷했다. "그러므로 소위 발달의 '구강기'로 불리는 것처럼 어떤 '단계'에 있는 것이 아니라, 불안 애착은 아이의 애착 욕구와 이를 완전히 채워 줄 수 없는 부모 사이에서 가능한 후생적 절충이 된다"(Holmes, 1993b, pp.219~220).

최근 신경과학의 발달로 인해 환경적 자극은 인간 두뇌의 신경 회로 연결(그리고 재조직화 혹은 신경 가소성)에 실제로 중요한 역할을 한다고 확인하였다(Abel & Kandel, 1998; Ramachandran, 2003; Schore, 2001a, 2001b, 2001c). 두뇌 발달 과정은 최소한 20대 초반까지 계속된다고 알려졌다. 이런 발견으로 대부분 완성된 상태로 태어나 거의 3세까지면 발달이 완료된다고 여겨졌던 최근까지의 두뇌 발달 이론에 대한 극적인 재평가가 이루어졌다(Schwartz & Begley, 2002). 시간이 흐르면서 볼비에서 시작되어 에인스워스와 다른 연구자들이 이어간 연구는 '본성 대 양육'의 논의를 '양육을 통한 본성', 혹은 후생학/사회심리학 중의 하나로 재설계되었다. 볼비는 인간은 애착을 형성하도록 물려받은 유전적 소인이 있지만, 애착의 질은 개개인마다 환경적으로 매개된다고 믿었다. 이는 당시 정신과학계에 심각한 이론적 도전이었다(Knox, 2003).

1930년대에 대부분 서로 독자적으로 일하면서, 꼭 성인만을 진단 대상으로 보지 않았던 많은 임상의들은 주양육자와 유아 사이의 유대가 깨지면 유아의 인성 발달에 부정적인 영향이 있고, 나이가 어릴수록 부정적인 영향도 커진다는 결론에 이르렀다. 아이의 인생 초창기에 생길 수 있는 분리는 병원에 입원하는 것으로 인한 영향이 있었고, 제2차 세계대전으로 어머니와 아이의 유대가 복합적으로 붕괴하여 고아의 숫자가 늘어나면서 유대에 관한 연구는 진일보하게 되었다.

1949년 세계보건기구(WHO)는 노숙하는 아이들의 정서적 상태를 연구할 목적으로 당시 젊은 정신과 의사였던 볼비를 임명하였다(Bowlby, 1988a). 이 업무를 맡게 된 볼비는 서로 다른 영향으로 작성된 많은 문헌을 읽고 엮어 내야 하는 특별한 기회를 얻었다. 또한 이 업무에 대한 임명으로 볼비는 같은 분야를 연구하고 있던 유럽과 미국의 많은 연구자들을 만나기 위한 여행을 할 수 있었다. 그 연구의 결과로 볼비는 《모성 보호와 정신 건강 *Maternal Care and Mental Health*》(1951) 논문에서 "유아기의 불충분한 모성 보호*는 인성 발달에 부정적인 영향을 미친다. … 그리고 모성 박탈로 인해 발생하는 영향을 어떻게 단기적 그리고 장기적으로 줄일 수 있는지, 아니면 최소한으로 완화할 것인지에 대한 권고를 하였다"라고 기록하였다(Bowlby, 1988a, pp.21~22).

흥미롭게도 1960년대 초부터 애착 이론의 발달과 영향으로 아동 양육의 심리학이 행동주의에서 벗어나 정서주의로 크게 이

● 볼비는 그 시대의 언어를 사용하였다. 그 시대에는 유아와 아동에 대한 주양육자는 대체로 어머니였다. 이 이론은 젠더를 구분하지 않는다. 그러나 이 이론은 주양육자와 다른 양육자를 구분한다.

동하였다. 행동주의 심리학자들은 자신들이 가진 영향력과 권력으로 젊은 부모와 아이들에게 가해와 손상을 줄 수 있었다. 행동주의 양육은 과학적 아동 양육이라는 이름으로 아동을 보호하는 데 도리어 비극을 초래한 면들도 있다. 볼비가 우는 아이를 내버려 둔 채 스스로 잠들게 하는 것은 잘못되었다고 주장했을 때(실제로 아이에게 주의를 기울이는 것은 아이를 망치기보다 아이의 발달을 독려한다), "이는 아이에게 도움이 되었을 뿐 아니라 부모에게도 실질적 유익이 되었다"라고 허디는 말한다(Hrdy, 2009).

주양육자나 애착 대상으로부터 아이가 분리될 때의 영향이 어떻게 나타나는지를 보여 주기 위하여 볼비는 영상의 힘을 사용했다. 볼비가 의뢰하고 제임스 로버트슨(James Robertson)이 제작한 〈병원에 간 두 살 아이 *A Two-year-old Goes to Hospital*〉라는 영상은 오늘날에도 애착 유대가 훼손되었을 때 겪을 수 있는 고통을 보여 주는 데 잘 활용되고 있다.

볼비는 자신의 애착 발달 이론에 관한 정신분석계 동료들의 비판에 개의치 않고 소수의 헌신적인 동료들과 연구를 지속하여 근거를 쌓아 나갔다. 에인스워스가 "광범위하고 다양한 근거를 검토하여, 논란을 일으킨 많은 쟁점을 숙고했던" 중요한 연구를 출판한 1962년이 되어서야 비로소 애착 연구에 대한 더 합리적인 접근이 시작되었다(Bowlby, 1988a, p.23). 그러나 그간의 논란이 과학자로서의 볼비의 명성에 어느 정도 훼손을 가한 것은 사실이다.

포나기(1999b, 2001, 2003b; Fonagy & Target, 2003)는 후에 당시 격렬했던 논쟁과 볼비가 허수아비 논법*을 사용하여 공격을 어떻게 방어했는지를 자세히 서술했다. 포나기는 볼비 그리고 볼비를 비판했던 쪽 모두 논쟁을 잘 발전시키지 못했을 뿐 아니라, 자신들의 이론을 방어하기 위해 타당한 증거를 배제하면서 상처를 주어 불필요한 균열이 오래, 깊이 이어지게 되었다고 결론지었다. 최근에 이르러서야 인지 신경과학, 학문적 심리학(academic psychology), 정신분석, 분석심리학 등의 각 분야에서 개별적으로 쌓인 증거들을 주의 깊게 종합한 이론적 가교가 만들어지고 있다(Dennett, 1995; Fonagy, 2003a; Grossmann, 1995; Knox, 2003). 에인스워스가 기여한 공헌에 이론이 더해져, 애착 이론은 이론적인 '저장소'가 커지면서 이전에는 이질적이고 서로 경쟁적이라고 보았던 이론들이 하나로 모여지고 있다. 다음 단락에서는 이러한 주장을 규명할 애착 이론의 근본적인 개념인 '절망'과 '분리'를 더 자세히 다룰 것이다.

- [역주] 선거전이나 선동적인 대중 연설에서 많이 쓰이는 고전적인 논쟁술이다. 상대방의 주장을 약점이 많은 주장으로 슬쩍 바꾼 뒤, 그렇게 만들어진 허수아비를 한 방에 날려 버린다. 그렇게 하여 마치 상대방의 주장이 이미 무너진 것처럼 기정사실화한다.

절망

매리스(Marris, 1958)가 보고한 미망인의 애도 단계를 바탕으로 볼비는 절망(despair)을 둘러싼 개념을 새롭게 정의했다. 볼비는 건강한 애도와 병적 애도 모두에서 자기 자신과 타인 그리고 상실한 대상을 향한 분노를 공통된 단계에서 확인할 수 있었다. 또한 이 흥미로운 관찰에서 볼비는 애도하는 사람들은 상실에 대한 '믿지 못함(disbelief)'을 드러내는 경향이 있다는 것에도 주목했다. 볼비가 상정했던 믿지 못함은 부인(denial)으로 잘못 개념화되기도 했다. 또한 그는 애도하는 사람들이 "재결합의 희망을 품고, 상실한 사람을 찾는"(Bowlby, 1988a, p.32) 경향이 있다는 것과 이런 경향이 종종 무의식적으로 사람들에게 나타난다는 것도 발견했다. 이 믿지 못함의 개념은 볼비의 분리 개념과 이어져 있다.

분리와 애도의 연관성

런던의 타비스톡 연구소(Tavistock Institute)에서 볼비와 함께 일했던 콜린 머레이 파크스(Colin Murray Parkes, 1986)는 애도에 대한 광범위한 연구를 했다. 그는 1950년대 후반부터 사별, 상실, 그리고 비통의 과정을 연구했다. 후에 베스트셀러가 된 엘리자베스 퀴블러-로스(Elizabeth Kübler-Ross)의 책 《죽음과 죽어감 On

Death and Dying》(1970)으로 파크스의 연구는 대중화되었다. 《사별: 성인 인생의 비탄에 관한 연구 *Bereavement: Studies of Grief in Adult Life*》(Parkes, 1986)의 두 번째 개정판 서론에서 볼비는 파크스가 확인한 건강한 애도와 병적인 애도의 과정은 오랫동안 지속하는 집약적인 연속체이며, 이 과정은 각각의 명백하게 다른 과정이 아님을 언급했다. 파크스는 사람들 대부분이 사별에 보이는 반응의 주요한 특징을 다음과 같이 개관했다(Parkes, 1986, p.202).

1. 자각의 과정. 예를 들어, 사별한 사람이 상실을 인정하지 않거나 회피하다가 수용으로 이동하는 방식
2. 경고 반응 - 불안, 초조해짐, 그리고 생리학적으로 수반된 공포
3. 어떤 형태로든 상실한 사람을 찾으려는 충동
4. 사별한 사람에게 상실을 너무 일찍 수용하라고 압박하면, 그 사람을 향해 분노를 폭발하면서 생기는 분노와 죄책감
5. 자신이 내적으로 상실됐다는 느낌이나 손상됐다는 느낌
6. 동일시 현상 - 자기 내부에 그 사람이 있다는 감각을 동반하거나, 혹은 감각이 없어도 상실한 사람의 특징, 버릇, 증상을 받아들이는 것
7. 애도의 병리학적 변이. 예를 들어 반응이 과도하거나, 오래

계속될 수 있음. 반응을 억제하기도 하고 왜곡된 형태로 나
타나는 경향도 있음

인지 방어와 무의식 처리

무의식은 많은 행동주의 이론가들로부터 철학적으로 인정받지
못하는 경향이 있기에 정신분석 이론에서 가장 논쟁적 요소로 여
겨져 왔다. 어떤 이론가들은 무의식을 완전히 부정하기도 했는데,
가장 유명하고 단호한 비평가는 스키너(B. F. Skinner, 1974)였다.
그러나 1991년에 딕슨(Dixon)과 헨리(Henley)는 실험을 통해 정보
의 무의식 처리를 강력하게 지지한다고 발표했다. 연구자들은 실
험 참가자에게 감정이 드러나지 않는 얼굴 이미지를 보게 했다.
동시에 행복 혹은 슬픔을 함축한 단어를 부지불식간에 제시했다.
연구자들은 부지불식간에 보여 준 단어에 담긴 감정은 얼굴에 대
한 참가자의 반응에 영향을 준다는 것을 알아냈다. 그들은 실시간
으로 직접적인 행동 변화를 끌어내는 무의식 처리에 대한 증거를
제시하여, 참가자들이 눈치채지 못했던 자극에 대한 행동적 반응
을 입증했다.

이후 딕슨과 헨리의 결과를 입증하고 확장하는 많은 흥미로운
연구가 뒤따랐다(Baldwin, 1995, 2007; Baldwin et al., 1996; Banse,
1999; Bartz & Lydon, 2004; Branigan et al., 2005; Carnelley &

Rowe, 2007; Desmet & Declercq, 2006; Hazan et al., 2004; Lemche et al., 2006; Mallinckrodt, 2007; Mikulincer et al., 2000; Mikulincer et al., 2001; Mikulincer et al., 2003; Peterson & Park, 2007; Shaver & Mikulincer, 2002). 다른 연구는 애착과 관련하여 내재된 경험과 그 경험이 행동에 미치는 효과를 직접 측정했다(Anderson & Berk, 1998; Green & Campbell, 2000). 미쿨린서 등(Mikulincer et., al, 2002)은 어휘를 결정하여 표시하는 과제에서 순식간의 위협을 점화 장치로 사용했다. 그들은 "심지어 중립적인 맥락에서도 애착 불안은 애착 대상의 표상에 대한 접근성을 높인다. 반면 위협의 점화가 단어를 구분하는 것일 때, 애착 회피는 이러한 활성화를 억제한다"라고 보고했다(Mikulincer et al., 2002, p.881). 또한 만약 애착의 안정감을 실험적으로 강화한다면, "인지적으로 열린 자세와 공감을 쉽게 키우고, 자신을 초월하는 가치를 강화하며, 외집단 구성원에 대한 관용을 촉진"할 수 있다는 것도 알아냈다(Mikulincer et al., 2005, p.817).

애착 행동 예측: 성인 애착 면접과 자기 보고

성인의 복잡한 애착 행동과 육아에서의 애착 행동을 유용하게 예측하기 위해 메리 메인(Mary Main)과 동료들은 '성인 애착 면접(Adult Attachment Interview, AAI)'을 개발했다(Bakermans-Kranenburg

& IJzendoorn, 1993; Cassidy & Shaver, 1999; George et al., 1984; Main, 1990; Wei-li, 204). 성인 애착 면접은 메리 에인스워스와 동료들이 개발한 '낯선 상황 검사 *Strange Situation Test*'(Ainsworth et al., 1978; Bretherton, 1992)를 기반으로 만들어졌다. 낯선 상황 검사는 애착 이론의 발전에 실증적으로 중대한 공헌을 한 연구로 판명되었다. 낯선 상황 검사가 애착 이론의 발전에 중요하다는 것을 즉각 알아보았던 볼비는 이 검사의 진가를 제대로 인식했다. 낯선 상황은 유아의 애착 유형을 결정하기 위해 유용하게 활용되었다.

'성인 애착 면접'은 아직 태어나지 않은 유아의 애착 유형을 예측하는 검사로 사용하려고 개발되었다. 성인 애착 면접의 원래 목표는 불안정 애착 유형을 가진 어머니를 정확하게 식별해서 그들에게 일찍부터 육아교실 같은 애착을 수정할 수 있는 기회를 제공하여, 불안정 애착 유형 부모의 자녀들에게 안정 애착을 가질 가능성을 높이는 것이었다. 성인 애착 면접은 곧 어머니가 될 사람의 어린 시절 기억을 이용하도록 설계한 종합적인 면접 프로토콜이다. 일련의 열린 질문으로 구성된 성인 애착 면접은 성인들이 아동기 애착 유형에 관한 자신의 기억을 회상하고, 그때의 경험이 자신이 성장하는 데 미친 영향의 인식을 성찰하도록 요청한다. 성인 애착 면접은 향후 유아가 3세에 이를 때의 애착 유형을 70%의 정확도로 예측할 수 있다고 알려졌다(Bakermans-Kranenburg & IJzendoorn, 1993).

이 모델의 개발자들은 성인 애착 면접 검사를 운용하고 점수를 기록하는 신중한 훈련을 하여 정확하지만 시간과 자원이 많이 드는 검사 도구를 개발하였다. 후속 연구는 에인스워스의 유아 애착 범주를 이용하여 성인 애착 면접의 범주가 타당한지 검증하였다 (Allen et al., 2005; Bakermans-Kranenburg & IJzendoorn, 1993; Fonagy et al., 1991).

성인 애착 면접이 상당한 효과가 있지만 이를 효과적으로 이용하기에는 어려운 단점이 있는 것으로 평가되고 있다. 잘 훈련된 면담자가 한 번에 한 사람만 시행할 수 있고, 각 면접에 수집된 자료를 해석하는 데 매우 많은 시간이 드는 등 성인 애착 면접 검사는 까다로운 점이 많다. 그렇지만 오랫동안 성인 애착 면접이 성인 애착 검사의 최고의 표준으로 여겨져 왔다. 하지만 최근 하잔과 셰이버(1987)가 애착의 자기 보고 검사 수단을 처음 개발한 이후, 1980년대 후반부터 애착 배경을 결정하는 더 효율적인 수단을 찾으려는 노력이 계속되고 있다. 하잔과 셰이버의 연구를 고려하여 자기 보고 검사와 같은 유형의 유용하고 효율적인 대안을 찾기 위한 많은 연구가 계속되고 있다. 덜 까다롭고, 덜 차별적이지만 충분히 좋은 자기 보고 도구가 상당히 개발되고 검증되고 있다 (Allen et al., 2005; Bakermans-Kranenburg & IJzendoorn, 1993; Bartholomew & Horowitz, 1991; Crowell et al., 2002; Fonagy et al., 1996; Fraley & Shaver, 2000; Fraley et al., 2000; Fraley et al., 2000;

Hazan & Shaver, 1987, 1990, 1994a, 1994b; Hazan & Zeifman, 1999; Kirkpatrick & Hazan, 1994; Knox, 2003; Scharfe & Bartholomew, 1994; Shaver & Brennan, 1992; Shaver & Hazan, 1987; Sibley et al., 2005; Sperling et al., 1996; Stein et al., 1998; Stein et al., 2002; Zhang & Hazan, 2002 참조). 타당한 척도를 개발하려는 이런 노력이 계속되어, 상당히 많은 예비 교사와 경험이 많은 교사들의 애착 배경을 조사하여 자료화할 수 있었다. 물론 선행적으로 개발된 성인 애착 면접이라는 도구가 없었다면 이런 시도는 불가능했을 것이다.

하잔과 셰이버의 연구를 통하여 성인 애착 유형을 예측하는 데 3세 때의 애착 유형이 유용하게 사용될 수 있다는 것이 입증되었다. 일반적으로 양육자는 자신의 애착 행동 패턴을 아이들에게 전달하며, 양육자가 전하는 것과는 상반된 중요한 경험을 하여 이 전달 고리를 깨뜨리지 못한다면, 결국 양육자의 행동 패턴은 다음 세대로 전해진다는 볼비의 예측은 이 연구에서도 검증되었다. 이 연구의 의미는 만일 교사들이 부모와는 다른 상반된, 다른 중요한 애착 경험을 학생들에게 제공할 수 있다면 학생들의 삶이 바뀔 수 있다는 좋은 소식을 담고 있다.

리더십과 학교에 대한 애착

교사들이 학교라는 기관의 구조 안에서 상급자와 맺는 관계를 성찰하는 것은 유용하다. 학교 교사들이 지지해 주는 교사는 전문적 역할을 수행하도록 도와주는 안전기지가 학교 안에 있다고 느낄 것이다. 이러면 공감이 커지고 돌보는 행동도 늘어난다고 실험으로 증명되었다(Baldwin, 2007; Mikulincer et al., 2005; Peterson & Park, 2007).

자신의 상급자가 지지해 주지 않는다고 느끼는 교사는 도움이 필요할 때 지원이 없으면 더 방어적으로 변할 수 있다(Lemche et al., 2006; Mikulincer et al., 2000; Mikulincer et al., 2003; Mikulincer et al., 2002). 방어적 교사들은 상급자의 행동으로부터 자신을 보호하기 위해 자기 행동에 더 사로잡힐 수 있다. 이런 교사들은 직장에서 도움이 필요할 때 그들을 도와줘야 하는 사람들에게 도움을 받을 수 없기 때문에 직업적으로나 개인적으로 스스로 자신을 돌보아야 한다고 느낄 것이다. 결국 이들은 학교에 불안정하게 애착하게 되고, 결국 불안정 애착으로 예측되는 방식으로 더 행동할 것이다.

물론 모든 종류의 행동이 가능하겠지만, 이 상황의 교사들은 본인의 환경이 실제보다 더 안전하다고 느껴지도록 학생들이 따라야 하는 규칙을 더욱 엄격하게 정할 가능성이 커진다. 이런 교사들은 학교라는 체계 내에서 안전기지를 획득하지 못한다. 그들은 자기 자신과 학생들이 엄격하게 따라야 하는 규칙을 만들어야 한다고 강요받았다고 느낄 수 있다. 이렇게 되면 그 학급의 각 구성원은 대인관계의 자연스러운 상호작용을 경험하지 못하고, 정해진 역할극 안에 갇히는 결과를 야기한다. 교사와 학생 모두 느끼는 안정감의 수준을 높일 수 있었는데, 교사의 이런 반응으로 학생들과 깊은 관계를 맺을 가능성이 줄어든다는 것이 역설적이다.

CIND를 향한 질적 연구

교사들의 자기 보고 형식을 통해 교실 내부에서의 공격성*이 알려졌는데, 교사들의 공격성에 대한 근본적인 원인이 애착과 관련되어 있는지, 아닌지에 대한 연구가 시작되는 계기가 되었다. 그리고 만약 그렇다면 공격성을 줄이기 위한 연수를 어떻게 개발해야 하는지 알아내려고 이러한 연구도 추진되었다.

이 연구를 위한 접근은 멜라니 클라인과 애착 이론을 발전시킨 학자들에 의한 대상관계 개념과 해리 스택 설리번의 실천적인 질문들로 구성되었다. 설리번은 증명 가능한 질문을 통해 호기심 넘

• 교사가 자기 보고한 교실 내 공격성은 학생에게 화를 내며 소리를 지르거나, 학생에게 빈정대거나 공개적으로 창피를 주거나, 누가 잘못했는지 확인되지 않을 때 학급 전체에 벌을 주는 것으로 정의한다.

어선 관심을 조사하고자 했다. 원래 설리번은 대인관계의 불안을 피하는 방법을 통해 환자들을 도우려고 했었다.

교사들에게 도움을 주기 위해 철저히 조사하려고 했고, 신중하게 질문을 만들고, 상황을 고려하여 다듬고자 했다. 예리한 질문 한 개는 우둔한 질문보다 훨씬 많은 정보를 얻을 수 있었다. 그러나 예리한 질문이 잘못된 방향을 가리키면 더 잘못된 결과를 얻을 수도 있다. 매우 복잡하고 특수한 교실 환경에서 작동하는 보이지 않는 과정과 교실에 갇혀서 지내는 교사들이 서로 어떻게 조응하지 못하는가를 알아내는 방법을 찾아야 했다. 그래서 조사 방법으로 정신분석을 도입하기로 결정했다. 하지만 이 분야는 오랜 기간 많은 논쟁이 있었기 때문에 여러 가능한 많은 방법 가운데 왜 이 방법을 선택했는지 신중하게 이유를 밝혀야 했다.

탐구 방법으로서 정신분석

정신분석가는 스스로에게 최악의 적이 될 수 있다는 주장이 있다(Fonagy, 2001, 2003a; Knox, 2003). 역사적으로 정신분석가들은 심리학과 신경과학에서 유래한 새로운 지식을 받아들이는 데 느릴 뿐만 아니라, 이에 저항해 왔다(Knox, 2003). 역사를 돌아보면, 수십 년간 정신분석가들은 실증적인 방법이 아니라, 철학적 입장에 따라 여러 파벌로 분열되어 다른 학파의 이론을 논리적으로 다루는 것을 거부했다. 뇌과학의 부인할 수 없는 발전에 대하여 정신분석가들이 집단적으로 취한 방어적 입장은 거의 반지성적으로 보일 정도였다. "새로운 연구 방법을 통해 정신분석의 통찰력을 더 자세히 설명할 수 있게 되고, 그래서 내용이 더 풍부해지는 것이 아니라, 어렵게 얻은 정신분석적 통찰력이 오히려 '파괴'될 수 있다고 여기는 비합리적인 신념이 팽배했다"(Fonagy, 2003c, p.x). 정신분석가들의 이런 관점은 복잡한 행동을 조사하고 설명하는 방법인 정신분석을 조직적으로 평가절하하도록 만들었다.

이에 반해 심리학 분야에서는 행동을 이해하는 데 상대적으로 새로운 지식의 발견과 적용을 추구하고 지적 영역을 구축해 나갔다. 심리학자들, 특히 정신분석적 탐구에 대한 대응으로 행동주의에 기반을 두고 연구를 해 온 심리학자들은 정신분석을 그다지 달가워하지 않았다. 심리학자들은 정신분석가들과는 반대로 진정한 과학적 지식은 실증적 접근을 통해서만 얻을 수 있다고 주장했고, 특히 "아주 집중적인 행동에 대한 관심"을 주장했다(Fonagy, 2003b, p.xi).

심리학자들은 치료적 개입의 효과를 결정하는 행동의 연구에 대한 환원주의자들의 "의도적으로 순진한 접근"이 "행동의 관점에서 설명하기 쉬운 만큼 정신분석적인 생각의 관점에서도 설명하기 쉽다"는 것을 인정하지 않았다(Fonagy, 2003b, pp.xi~xiii). 정신분석가들 또한 일상적으로 상대 측을 인정할 수 있는 기회를 무시했다.

최근 들어서야 두 분야를 통합하려는 진지한 노력이 시도되기 시작했다. 그러나 통합의 시도는 상대방의 의도를 여전히 경계하는 정신분석학계와 심리학계 두 분야 모두에게서 특정 부분에 대한 우려를 낳고 있다.

애착 이론가와 정신분석가 간의 불편한 관계는 널리 알려지게 되었고(Fonagy, 1996b, 2001), 비교적 최근 들어서야 두 관점이 통합될 때 유익함이 크다는 것이 진지하게 수용되고 있다(Bretherton, 1998). 다른 이론의 관점을 받아들이고 공통되는 핵심을 재진술하면, 애착 이론은 확장되고 심화될 수 있는 많은 가능성이 있다. 포나기(1999c)는 애착 이론에 정교한 정신분석적 개념화를 더하면 더 깊은 이해에 도달한다는 점을 시사했다. 이 쟁점을 다룬 바 있는 녹스(2003)는 정신분석과 애착 이론 두 이론 사이의 접촉점과 결별점을 상세히 설명하고, 두 이론 간 중첩되는 지점을 자세히 분석하여 기록한 바 있다. 일부에서는 논쟁과 저항이 여전히 계속 되고 있다. 단기 통합 심리치료의 성장(Gibney, 2003; Macnab, 1991a; Teyber, 2006)과 체계적 사고의 임상 실천에 대한 적용(Marmor, 1982, 1983)을 통해 어느 정도 다양한 심리 이론이 통합되고 있음을 보여 주고 있다.

이론의 통합 작업은 미래를 향한 치료를 통해 사람들이 개발해 나갈 수 있는 많은 기회를 열어 주었다. 그러나 동시에 이 작업은 여러 상호작용의 과정 동안 발생하는 다양한 면면을 살펴봐야 할 필요가 있다.

신경과학, 통제이론 그리고 인지심리학 등 최근에 발달하고 있는 이론들을 잘 포용한 현대판 정신분석은 예리한 조사로 폭넓은 영역을 분석할 수 있는 복합적이고 정교한 방법을 갖추게 되었다. 시간이 부족한 학교 관리자와 교사들에게 단기간 운영되는 형태의 CIND는 통합적으로 분석할 수 있는 가능성을 제공한다. 애착이론은 가교를 제공하고, 정신분석은 가교를 건널 수 있게 해 줄 것이다.

옮긴이의 글

의미 있는 관계를 맺고,
의미 있는 관계 경험을 제공할 수 있어야
학생 생활의 변화 그리고 학습의 변화도 시작됩니다

애착 이론은 많은 이론의 기초가 되는 이론입니다. 관계를 알기 위한 출발은 관계를 형성하는 애착에 대한 이해가 전제되어야 합니다. 그리고 무엇보다 자신의 상호작용을 성찰할 수 있어야 타인과의 관계도 이해할 수 있습니다. 특히 이 과정에서 생겨나는 자신의 감정과 그 영향을 아는 것은 필수적입니다. 다양한 크기의 학급에서 선생님의 관계 양식과 관계의 양상은 애착 유형을 파악하는 것을 통해 기초적 이해에 접근할 수 있습니다. 애착의 이해는 선생님들에게 자신에 대한 편함/불편함뿐 아니라 학생들과의 관계에서의 안정/불안정을 설명해 줄 것입니다. 부디 자기이해 내지 학생 이해에 이 책이 도움이 되기를 바랍니다.

이 책은 크게 네 가지 주제를 다루고 있습니다.

첫째, 교사들에게 관계와 감정의 중요성을 강조합니다. 3R의 R이 모두 관계(Relationship)로 바뀌어야 한다는 주장을 할 정도입니다. 저는 이 저자의 주장에 적극적으로 동조합니다. 모든 일의 기초는 관계 맺기에서 출발하고, 시민으로서 필요한 핵심 역량도 '관계 역량'이라고 생각합니다.

더불어 교사의 수업, 활동, 학생 지도 역시 교류가 밑바탕이 되며, 특히 그 교류 속에는 감정이 중요하게 흐르고 있습니다. 이 감정을 파악하고 조절하고 다룰 수 있는 교사와 그렇지 못한 교사는 차이가 크게 납니다. 이 감정을 다루는 것을 간과해서는 안 된다고 생각합니다. 가르침의 감정들에 관한 저자의 견해는 특히 우리에게 시사하는 바가 많습니다.

둘째, 이 책은 애착 관계의 기본 이론과 함께, 특히 선생님들의 애착 유형에 대한 성인 애착 모델 이론을 쉽게 소개하고 있습니다. 각 교사들의 애착 유형에 대한 특징도 서술되어 있습니다. 애착 이론과 애착 유형의 특징과 분석을 바탕으로 교사들은 자신을 이해하는 작업을 시도할 수 있습니다.

셋째, 이 책의 곳곳에 교사라는 직업의 정체성과 더불어 교사됨의 무의식적 동기부여와 애착 이론과의 관계를 설명하고 있습니다. 어떤 내적 힘이 자신을 교사로 이끌었는지, 안정감에 대한 욕구인지, 모험에 대한 욕구인지 등 다양한 해석을 시도하고 있으며, 초등교사와 중등교사의 애착 유형의 차이도 언급하고 있습니다. 교사됨의 동기는 애착 유형과 관련이 있으며, 교정적 관계 경험, 교정적 애착 경험과도 관련이 있습니다. 보다 쉬운 말로, 교직을 통해 바라는 것과 깊은 관련이 있는 것이지요. 동기를 알게 됨으로써 우리는 의식적으로 더 좋은 방향, 자신의 욕구를 더 발전적인 방향으로 바꾸어 나갈 수 있는 통찰을 얻게 됩니다.

넷째, 이 책의 후반부는 교사의 애착 유형 탐색과 교정적 애착 경험을 할 수 있는 멘토링, 상담 프로그램의 소개와 결과에 대한 내용으로 채워져 있습니다. '맥락적 통찰에 기반한 탐색 대담(CIND)'이라 명명된 프로그램의 특성, 시행 사례, 결과 등에 대해 소개하고, 애착 이론에 기반한 교사 면접을 통해 상처받은 교사, 혹은 힘들어하는 교사를 돕는 과정을 알려 주고 있습니다. 또한 CIND를 통한 개선 사례와 함께 교실에서 일하는 교사가 과거의 가족 경험, 학교 경험, 그리고 학생들과의 상호작용 과정에서 어떤 어려움을 느꼈고, 앞으로 어떻게 해결해 가야 할지를 보여 주고 있습니다.

이 책은 안전기지 역할을 해야 하는 교사에게 도움이 되는 애착 이론의 개념과 그 활용에 대해 상세하게 기술하고 있습니다. 이를 통해 신규 교사로부터 경력 교사에 이르기까지 애착 이론이 시사하는 바를 여러 면에서 잘 활용할 수 있을 것입니다. 이어서 책의 후반부에서는 애착 이론을 아우르면서 정신분석의 이해로 지평을 넓혀 가고 있습니다.

저자 필립 라일리는 현직 교사 경력과 함께 대학에서의 연구 경력도 있는 분입니다. 또한 애착에 기반한 상담과정을 개발하여 리더로서의 교사인 관리자들과 더불어 신규 교사들이 교실에서의 감정과 관계의 유형을 이해할 수 있도록 전파하는 노력을 기울이고 있습니다.

부디 교사 자신의 이해, 학생의 이해, 교사됨의 이해, 교사 자신의 애착 유형에 대한 이해와 더불어, 학생 애착 유형의 이해에 기초해서 덜 힘들고, 덜 상처 주는 교실 관계가 되기를 바라는 마음입니다. "의미 있는 관계 없이 의미 있는 배움은 없다"라는 제임스 코머의 말은 애착 이론과 다른 차원에서 출발한 말이지만 애착 이론의 의미를 포괄하는 중요한 언급이라고 생각합니다.

이 책을 알게 된 이후로 여러 방면에 활용해 왔는데, 이렇게 우리말로 옮겨 출간하게 되어 너무 기쁩니다. 출간에 힘써 주신 방송대 출판문화원의 여러분, 특히 박혜원 선생님께 감사드립니다. 그리고 초벌 번역을 해 준 박자연 선생님, 번역 검수에 참여해 준 강다윤, 구소희, 김대운, 김수진, 서은애 선생님께 감사드립니다. 옮긴이로서 여러 부분에서 오역이나 세련되지 못한 부분이 있음을 고백하며, 차후 기회가 있을 때마다 판이나 쇄를 거듭해 수정해 나갈 계획입니다.

관계의 어려움을 느끼는 많은 교사들에게 도움이 되기를 바라며, 교사들의 관계를 치유하는 프로그램에 널리 활용되기를 기대합니다. 번역의 과정과 시간 동안 도움을 준 가족과 성장학교 별의 동료들에게도 감사드립니다.

2023년 7월
옮긴이 김현수

강다윤

광명 광일초등학교 교사

학급에서 낯선 행동을 하는 아이들과 좋은 관계를 맺고 성장을 돕는 일에 보람을 느끼고 있다. 아이들의 글을 모아 학급 문집을 만드는 일, 선생님들과 시와 책을 함께 읽으며 가르침을 성찰하는 일에 관심을 가지고 있다. 지금은 애착 이론, ADHD 아동의 학교생활 돕기, 거트 비에스타의 교육철학에 대해 연구하고 나누고 있다. 경인교육대학교에서 석사학위를 취득하였고, '관계의 심리학을 연구하는 교사단'에서 6년째 공부하고 있다.

구소희

인천 삼산초등학교 교사

'관계의 심리학을 연구하는 교사단'으로 배움을 학생들과 실천하고 동료 교사들과 나누며 함께 성장하는 것을 큰 보람으로 여기고 있다. 초등상담교육연구회, 학급긍정훈육법 등의 전학공을 운영하였고, 인천관계중심생활교육지원단, 민주시민교육아카데미, 사회정서학습(SEL) 선도교사로 관련 분야 강사로도 활동하고 있다. 함께 만든 책으로는 《요즘 아이들 학급 집단 심리의 비밀》, 《소환된 미래 교육》, 《민주주의자들의 교실: 실천편》 등이 있다.

김대운
목포 목상고등학교 상담교사

중학교에서 8년간 역사를 가르치다 힘겨워하는 학생들의 마음을 어루만져주고 싶어 상담교사가 되었다. Wee센터와 중학교를 거쳐, 고등학교 Wee클래스에서 근무하고 있다. Wee클래스가 학교의 안전기지가 되었으면 하는 바람으로 오늘도 담임선생님과 학생들을 만나며 함께 성장하고 있다. '관계의 심리학을 연구하는 교사단', 비폭력평화교육센터, '교육센터 마음의 씨앗'의 '함께 이끌기 활동가 양성과정' 등을 통해 배움의 지평을 넓히고 있다.

김수진
인천 산곡초등학교 교사

교사가 되어 아이들과 함께 성장하고 있는 사람. 대학원에서 상담 석사 및 전문상담교사 1급 자격을 취득하며 자신을 이해하기 시작했고 '관계의 심리학을 연구하는 교사단'에서 애착을 만나며 아이들을 이해하는 폭이 넓어지고 있다.

서은애
용인 백현중학교 교사

'관계의 심리학을 연구하는 교사단'으로 교사와 학생과의 관계, 부모애착, 교사애착, 또래애착, 애착외상 및 주관적 안녕감(행복)에 관해 꾸준히 연구하고 있다. 연세대학교 교육대학원 상담교육 석사를 마치고 아주대학교 교육대학원 박사과정을 수료하였다. 교사와 학생 모두가 행복한 교실 및 학교를 꿈꾼다.

참고문헌(References and Selected Bibliography)

아래의 QR코드를 스캔하시면 이 책의 참고문헌 목록을 다운로드할 수 있는
페이지로 연결됩니다.